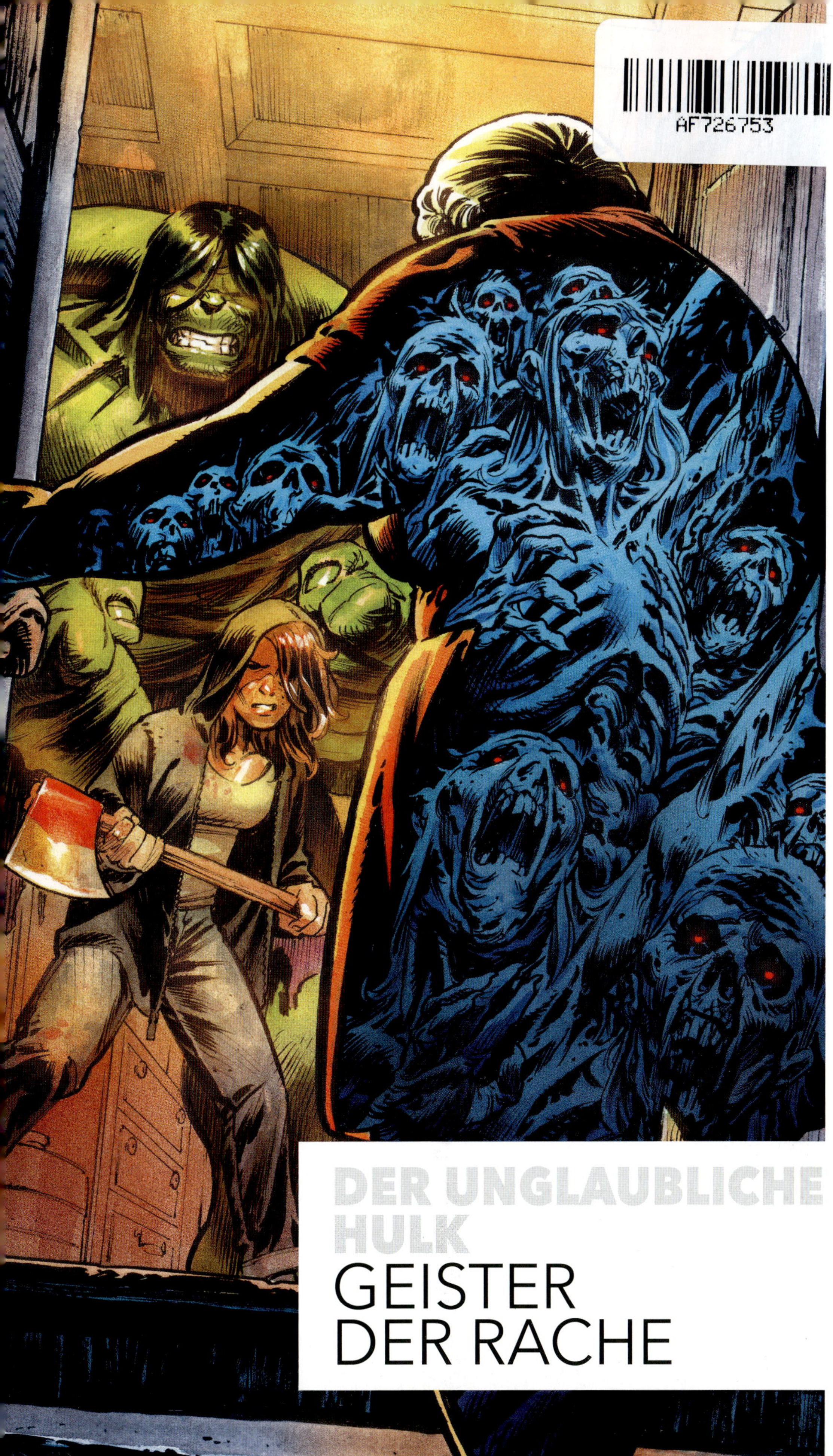

DER UNGLAUBLICHE HULK

GEISTER DER RACHE

DER UNGLAUBLICHE HULK

GEISTER DER RACHE
TEIL 1
Spirits of Vengeance, Part 1
Incredible Hulk (2023) 6
Januar 2024

GEISTER DER RACHE
TEIL 2
Spirits of Vengeance, Part 2
Incredible Hulk (2023) 7
Februar 2024

GEISTER DER RACHE
TEIL 3
Spirits of Vengeance, Part 3
Incredible Hulk (2023) 8
März 2024

FROZEN CHARLOTTE
TEIL 1
Frozen Charlotte, Part 1
Incredible Hulk (2023) 9
April 2024

FROZEN CHARLOTTE
TEIL 2
Frozen Charlotte, Part 2
Incredible Hulk (2023) 10
Mai 2024

FROZEN CHARLOTTE
TEIL 3
Frozen Charlotte, Part 3
Incredible Hulk (2023) 11
Juni 2024

KRIEGSTEUFEL
War Devil
War Is Hell (2019) 1 (II)
März 2019

PHILLIP KENNEDY JOHNSON
STORY

ALBERTO ALBURQUERQUE (War Is Hell)
DANNY EARLS (9-11)
NIC KLEIN (6-8)
ZEICHNUNGEN & TUSCHE

NIC KLEIN (8)
ANDRES MOSSA (War Is Hell)
MATTHEW WILSON (6-11)
FARBEN

CLAUDIA SARTORETTI
LETTERING

ALEXANDER RÖSCH
ÜBERSETZUNG

NICK LOWE
MICHELLE MARCHESE
WIL MOSS
KATHLEEN WISNESKI
REDAKTION USA

C. B. CEBULSKI
CHEFREDAKTEUR USA

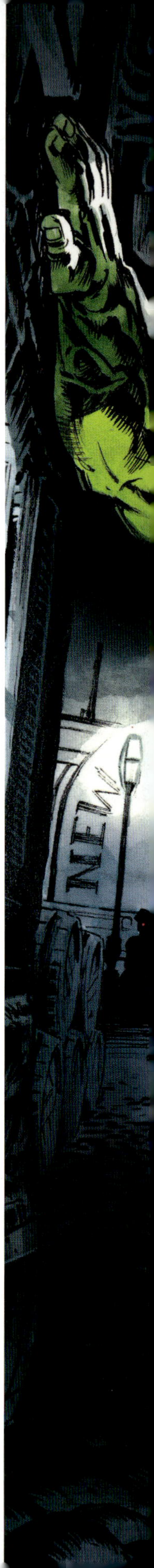

DER UNGLAUBLICHE HULK erscheint bei **PANINI COMICS**, Schloßstraße 76, D-70176 Stuttgart. Druck: Lito Terrazzi S.r.l. – Prato. Pressevertrieb: Stella Distribution GmbH, D-22297 Hamburg. Direkt-Abos auf **www.paninicomics.de**. Geschäftsführer **Hermann Paul**, Publishing Director Europe **Marco M. Lupoi**, Finanzen/Logistik **Felix Bauer**, Marketing Director **Holger Wiest**, Marketing **Fabio Cunetto**, Vertrieb **Alexander Bubenheimer**, PR/Presse **Steffen Volkmer**, Publishing Manager **Lisa Pancaldi**, Redaktion **Christian Endres**, **Harald Gantzberg**, **Aurelio Pasini**, **Anja Seiffert**, **Nicola Soressi**, **Kristina Starschinski**, **Daniela Uhlmann**, Übersetzung **Bernd Kronsbein**, **Alexander Rösch**, Proofreading **Marion Bergmann**, Lettering **Claudia Sartoretti**, grafische Gestaltung **Marco Paroli** (coordinator), **Simone Campisano**, **Cinzia Morando**, Art Director **Alessandro Gucciardo**, Redaktion Panini Comics **Annalisa Califano**, **Beatrice Doti**, Prepress **Cristina Bedini**, **Daniela Guidetti**, **Andrea Lusoli**, Repro/Packager **Alessandro Nalli** (coordinator), **Anna Boselli**, **Mario Da Rin Zanco**, **Valentina Esposito**, **Luca Ficarelli**, **Linda Leporati**. Deutsche Edition bei Panini Verlags-GmbH unter Lizenz von Marvel Characters B.V. Cover von **Nic Klein**, *Incredible Hulk* (2023) 7.

Digitale Ausgaben:
ISBN 978-3-7569-1142-4 (.pdf) / ISBN 978-3-7569-1143-1 (.epub) /
ISBN 978-3-7569-1144-8 (.mobi)

Bibliografische Information der Deutschen Nationalbibliothek
Die Deutsche Nationalbibliothek verzeichnet diese Publikation in der Deutschen Nationalbibliografie; detaillierte bibliografische Daten sind im Internet über dnb.d-nb.de abrufbar.

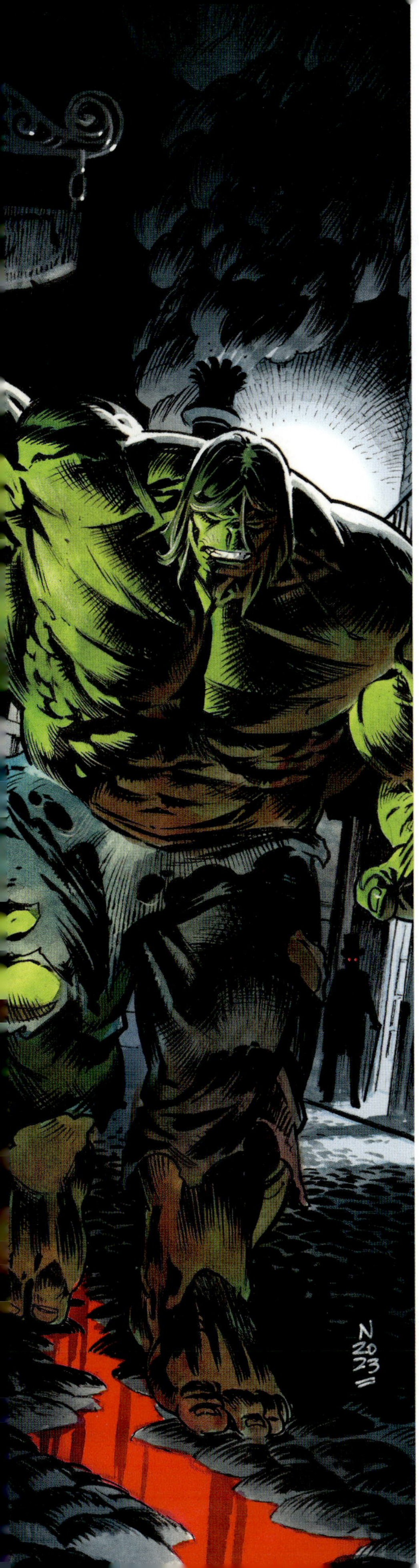

Vor vielen Jahren warf ein Gamma-Bombentest in der Wüste das Leben des brillanten Wissenschaftlers **Dr. Bruce Banner** vollkommen aus der Bahn. Bruce rettete den jungen **Rick Jones**, doch für das Genie wurde alles anders. Seit jenem Tag nämlich teilt er sich seine körperliche Existenz mit dem superwütenden, superstarken Goliath **Hulk**, der immer dann hervorbricht, wenn Bruce zu wütend wird, in große Gefahr gerät oder sogar stirbt. Banner und Hulk kommen in ihrem dualen Dasein mal mehr, mal weniger gut miteinander aus, genauso wie es manchmal einen tumben Hulk gibt und manchmal einen klugen. Mal war der Hulk außerdem eine Gefahr für die ganze Welt, mal gehörte er zu den **Avengers** oder anderen Heldenteams. Im ersten Band der Serie *Der unglaubliche Hulk* startete die neueste Gamma-Saga, in Szene gesetzt von Top-Autor **Phillip Kennedy Johnson**, Stammzeichner **Nic Klein** und diversen kreativen Unterstützern, und sie setzen voll auf finsteren Marvel-Monster-Horror! Derzeit richtet sich die Wut des Hulk ganz gegen Bruce, und der Gamma-Koloss möchte ihre Existenz ein für alle Mal übernehmen. Bruce lebt deshalb wie auf der Flucht und durchstreift die USA, um die Welt vor Hulk zu beschützen. Unterwegs schloss sich ihm bzw. ihnen die junge Ausreißerin **Charlie** an. Die Dinge werden dadurch verkompliziert, dass ein uraltes Monster, das sich selbst die **Älteste** nennt, Hulk jagt – um durch ihn die noch ältere und noch bösere **Mutter des Schreckens** zu erwecken. Nach einem Zusammenstoß mit einer Horde Zombies, einem von der Ältesten geschickten Riesenmonster sowie mit dem Sumpf-Ungeheuer **Man-Thing** schickte sie schließlich **Betty Ross**, die große Liebe von Bruce, in Gestalt der monströsen **Red Harpy**, um Bruce davon zu überzeugen, den Hulk an sie auszuliefern. Im Gegenzug würde die Älteste Betty und Bruce ein Leben ohne ihre monströsen Alter Egos ermöglichen. Bruce weigerte sich und setzte seine Reise mit Charlie fort – die aus den Nachrichten erfuhr, dass sie des Mordes an ihrem gewalttätigen Vater verdächtigt wird.

Christian Endres

GEISTER DER RACHE, TEIL 1

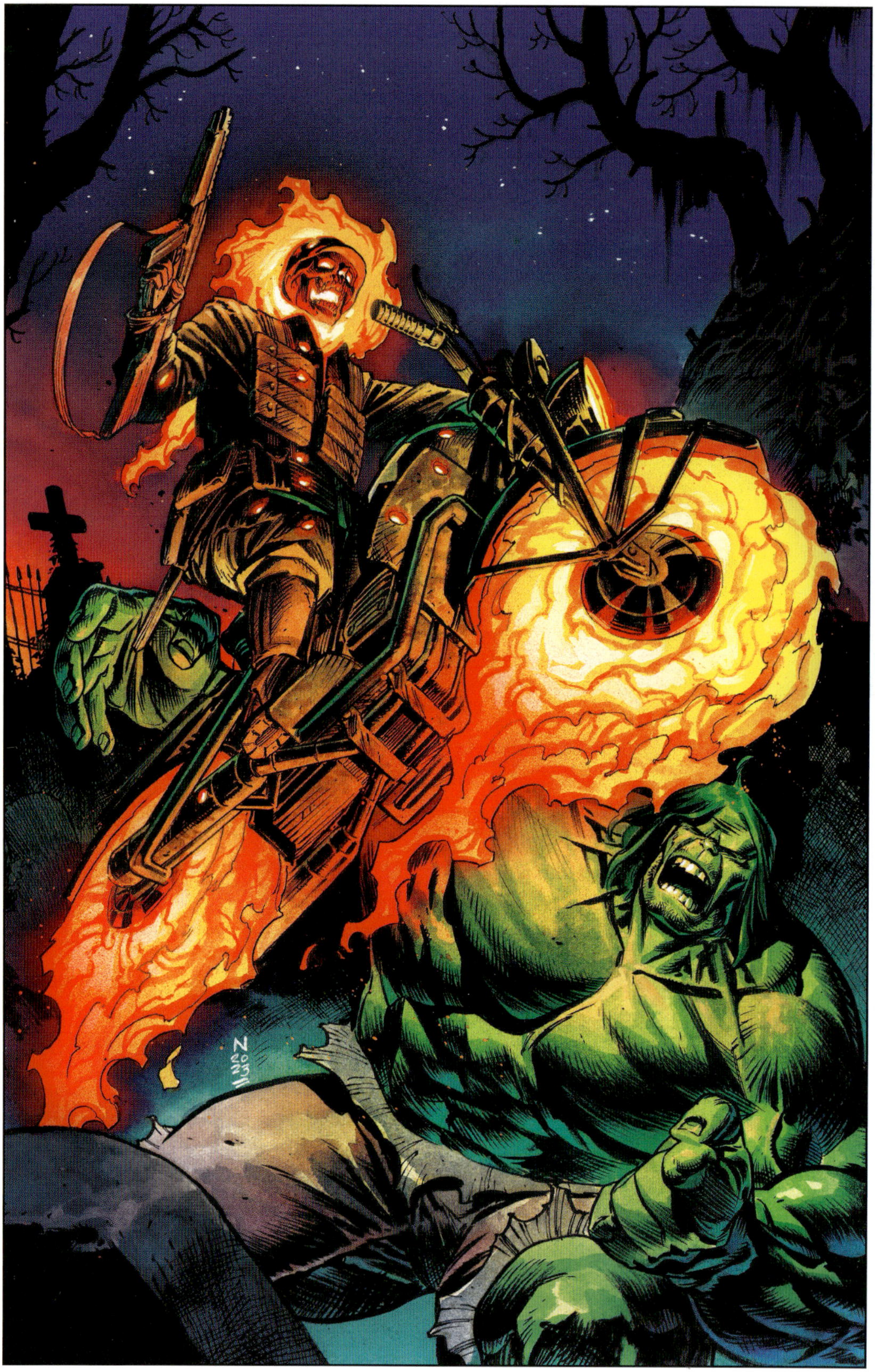

Incredible Hulk (2023) 6
Cover von **NIC KLEIN**

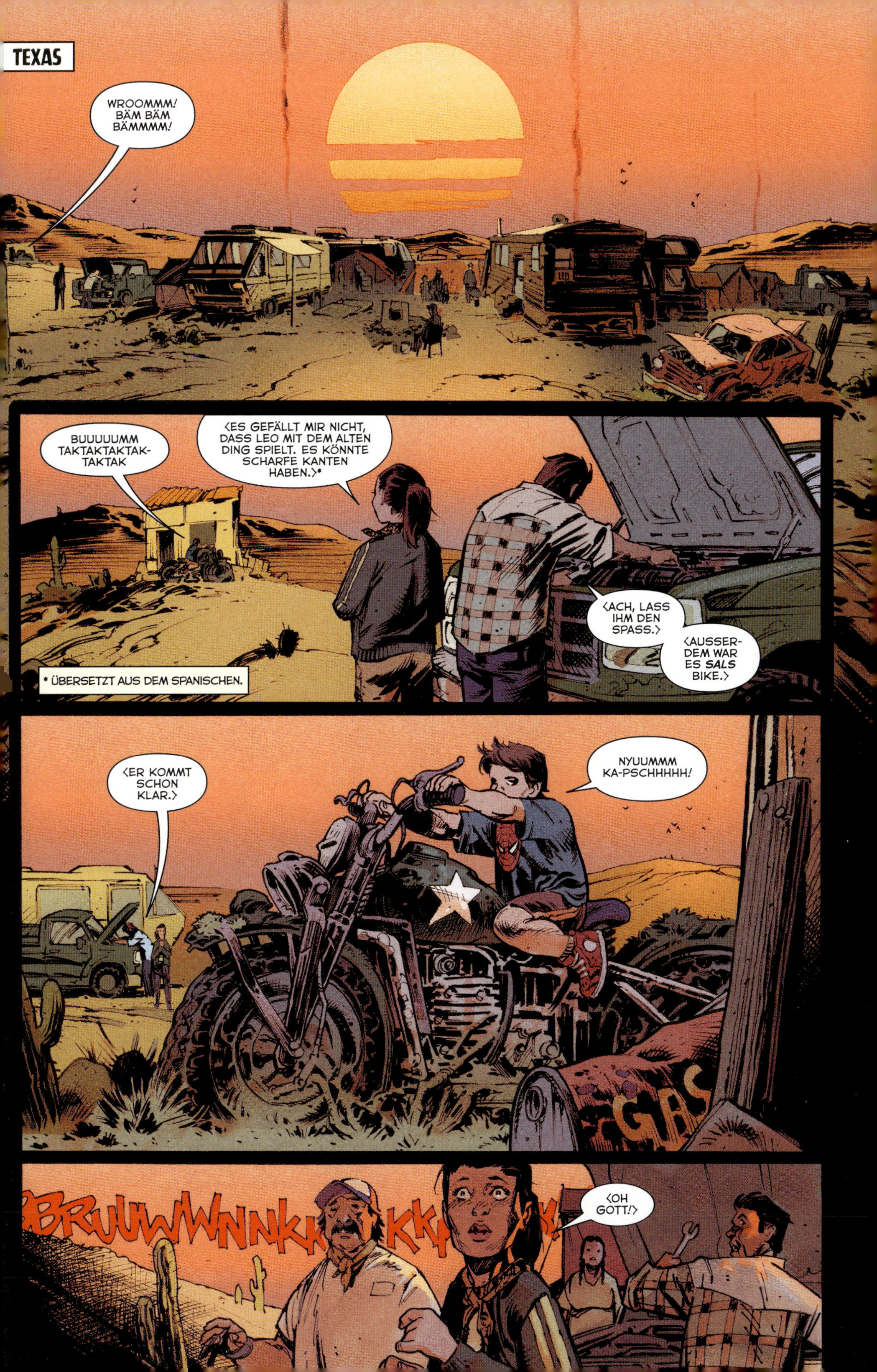
TEXAS
WROOMMM! BÄM BÄM BÄMMMM!
BUUUUUMM TAKTAKTAKTAK-TAKTAK
<ES GEFÄLLT MIR NICHT, DASS LEO MIT DEM ALTEN DING SPIELT. ES KÖNNTE SCHARFE KANTEN HABEN.>*
<ACH, LASS IHM DEN SPASS.>
<AUSSER-DEM WAR ES SALS BIKE.>
* ÜBERSETZT AUS DEM SPANISCHEN.
<ER KOMMT SCHON KLAR.>
NYUUMMM KA-PSCHHHHH!
GAS
BRUUWWNNKK
<OH GOTT!>

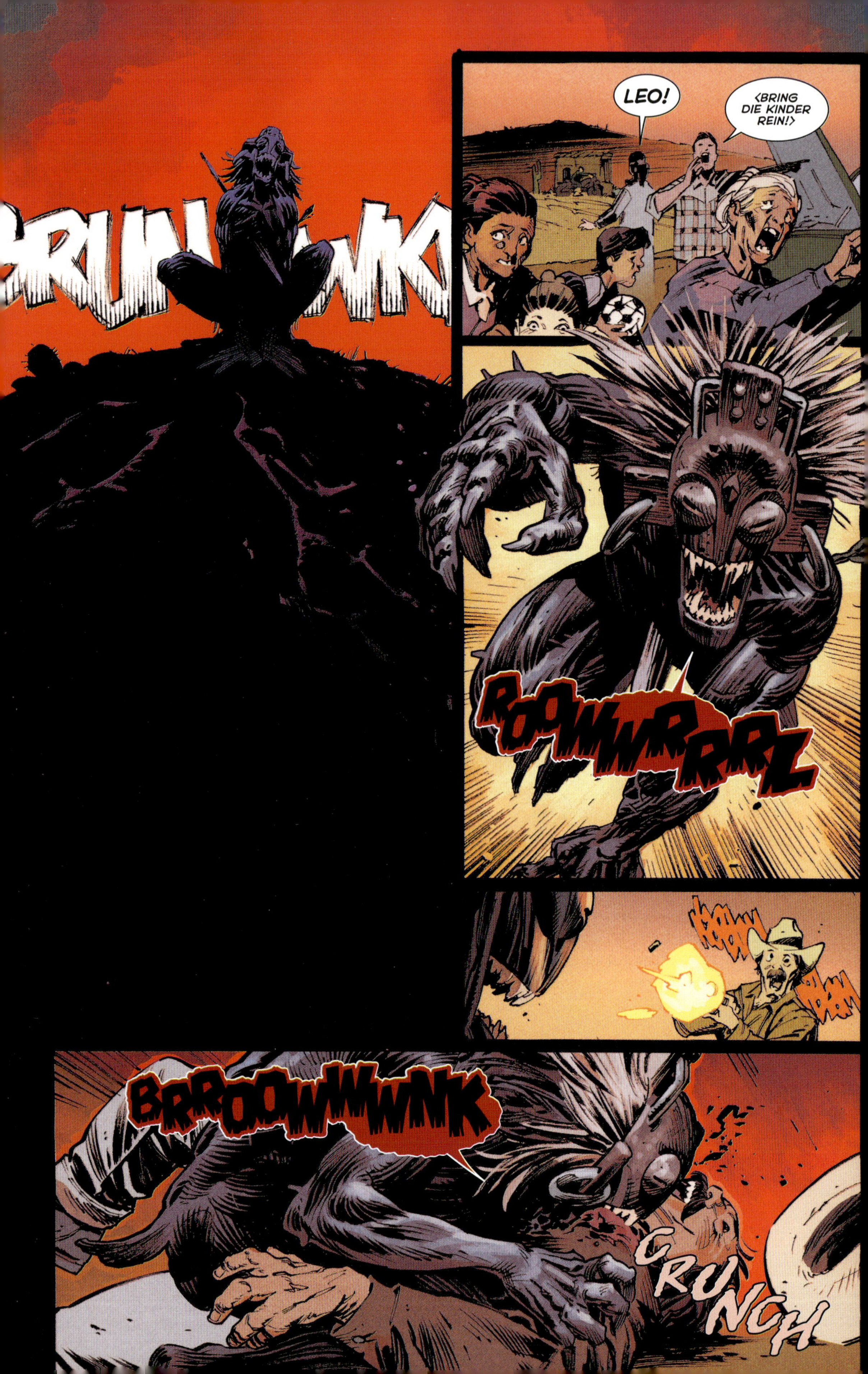
BRUN
WNK
LEO!
<BRING DIE KINDER REIN!>
ROOWWRRRL
BRROOWWWNK
CRUNCH

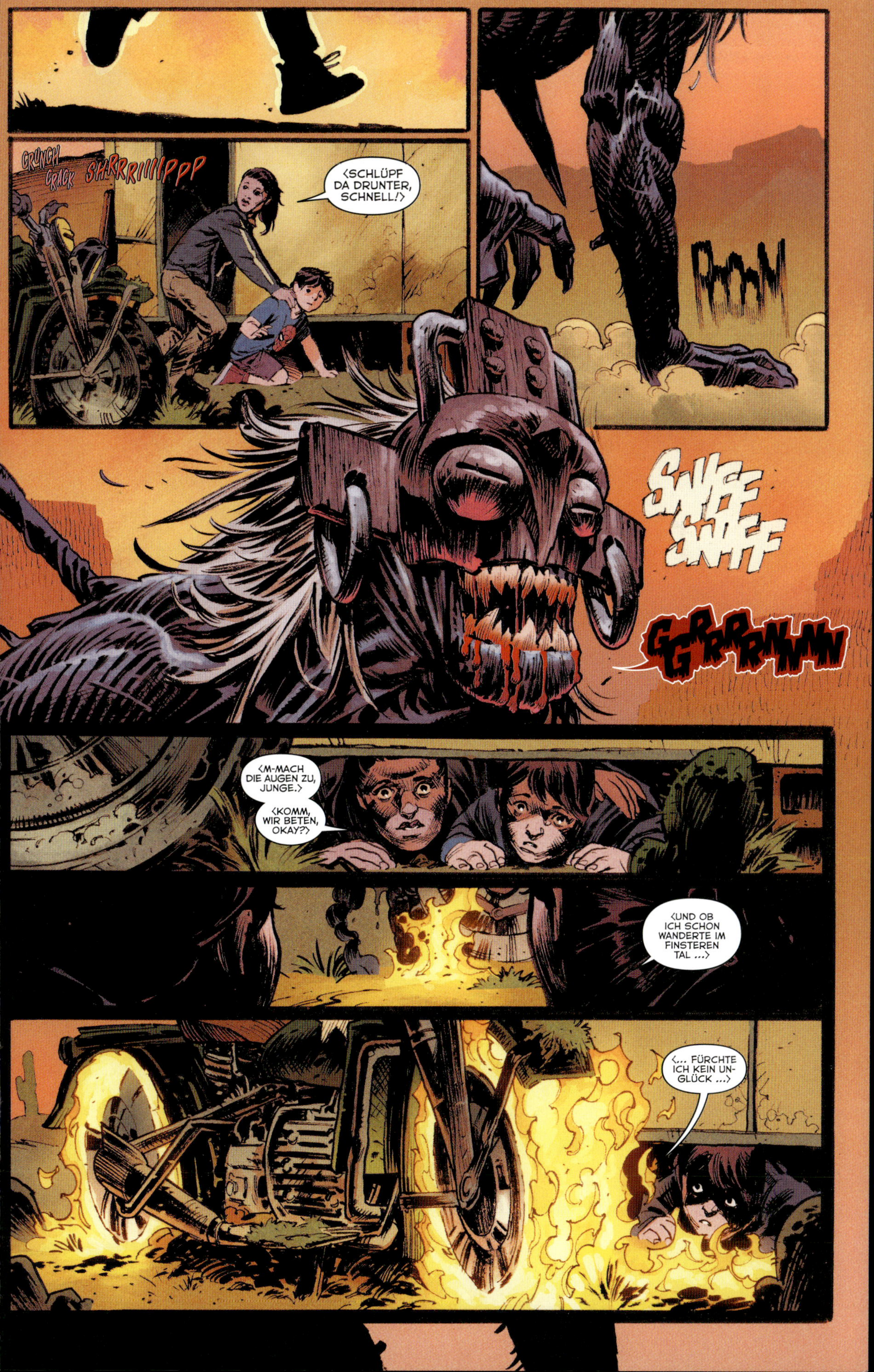

CRUNCH
CRACK
SHRRRIIIIPPP
‹SCHLÜPF DA DRUNTER, SCHNELL!›
‹M-MACH DIE AUGEN ZU, JUNGE.›
‹KOMM, WIR BETEN, OKAY?›
‹UND OB ICH SCHON WANDERTE IM FINSTEREN TAL ...›
‹... FÜRCHTE ICH KEIN UN-GLÜCK ...›

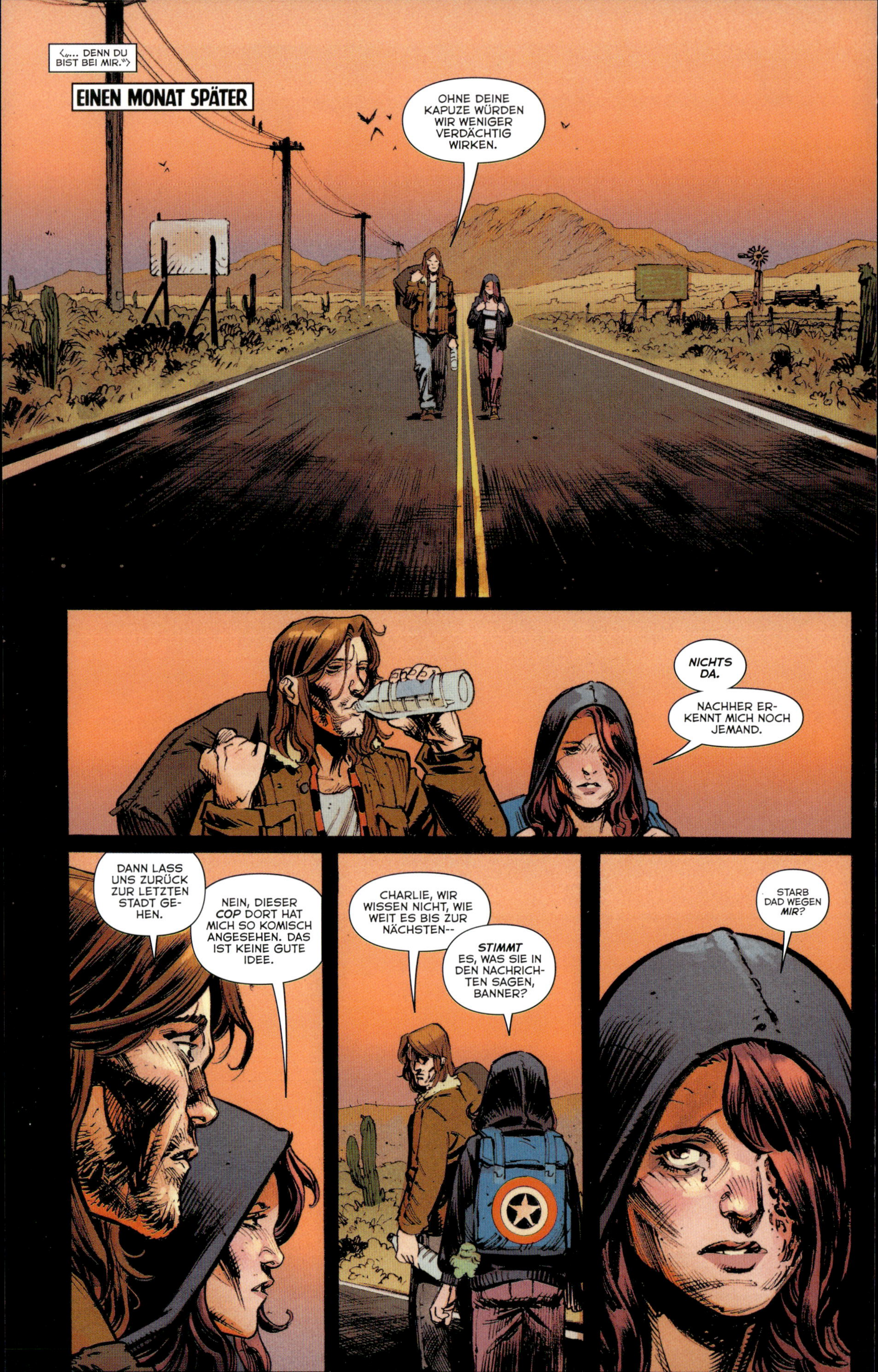
‹„… DENN DU BIST BEI MIR.“›
EINEN MONAT SPÄTER
OHNE DEINE KAPUZE WÜRDEN WIR WENIGER VERDÄCHTIG WIRKEN.
NICHTS DA.
NACHHER ER-KENNT MICH NOCH JEMAND.
DANN LASS UNS ZURÜCK ZUR LETZTEN STADT GE-HEN.
NEIN, DIESER COP DORT HAT MICH SO KOMISCH ANGESEHEN. DAS IST KEINE GUTE IDEE.
CHARLIE, WIR WISSEN NICHT, WIE WEIT ES BIS ZUR NÄCHSTEN--
STIMMT ES, WAS SIE IN DEN NACHRICH-TEN SAGEN, BANNER?
STARB DAD WEGEN MIR?

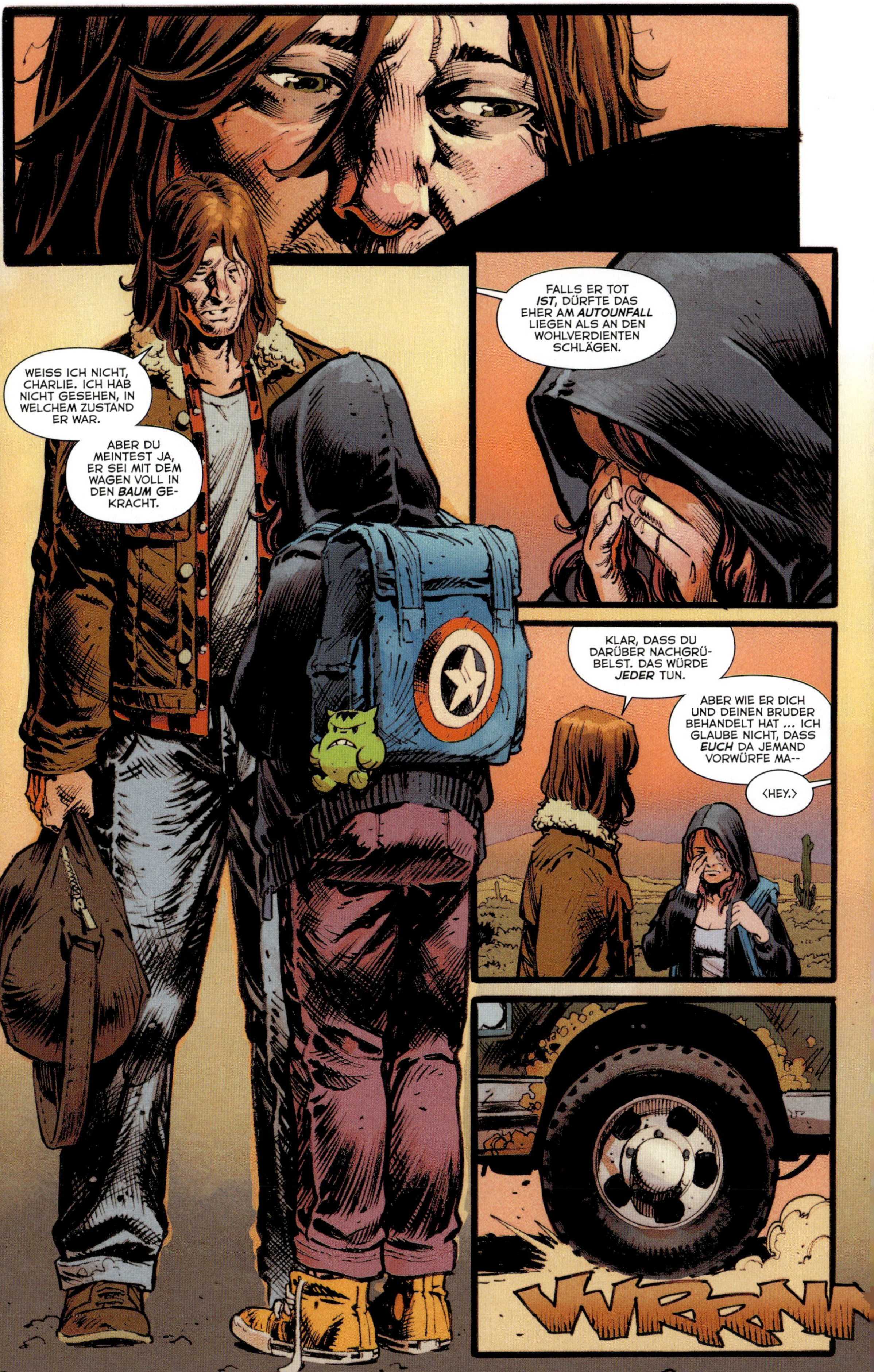
FALLS ER TOT IST, DÜRFTE DAS EHER AM AUTOUNFALL LIEGEN ALS AN DEN WOHLVERDIENTEN SCHLÄGEN.
WEISS ICH NICHT, CHARLIE. ICH HAB NICHT GESEHEN, IN WELCHEM ZUSTAND ER WAR.
ABER DU MEINTEST JA, ER SEI MIT DEM WAGEN VOLL IN DEN BAUM GEKRACHT.
KLAR, DASS DU DARÜBER NACHGRÜBELST. DAS WÜRDE JEDER TUN.
ABER WIE ER DICH UND DEINEN BRUDER BEHANDELT HAT ... ICH GLAUBE NICHT, DASS EUCH DA JEMAND VORWÜRFE MA--
<HEY.>
VVRRN

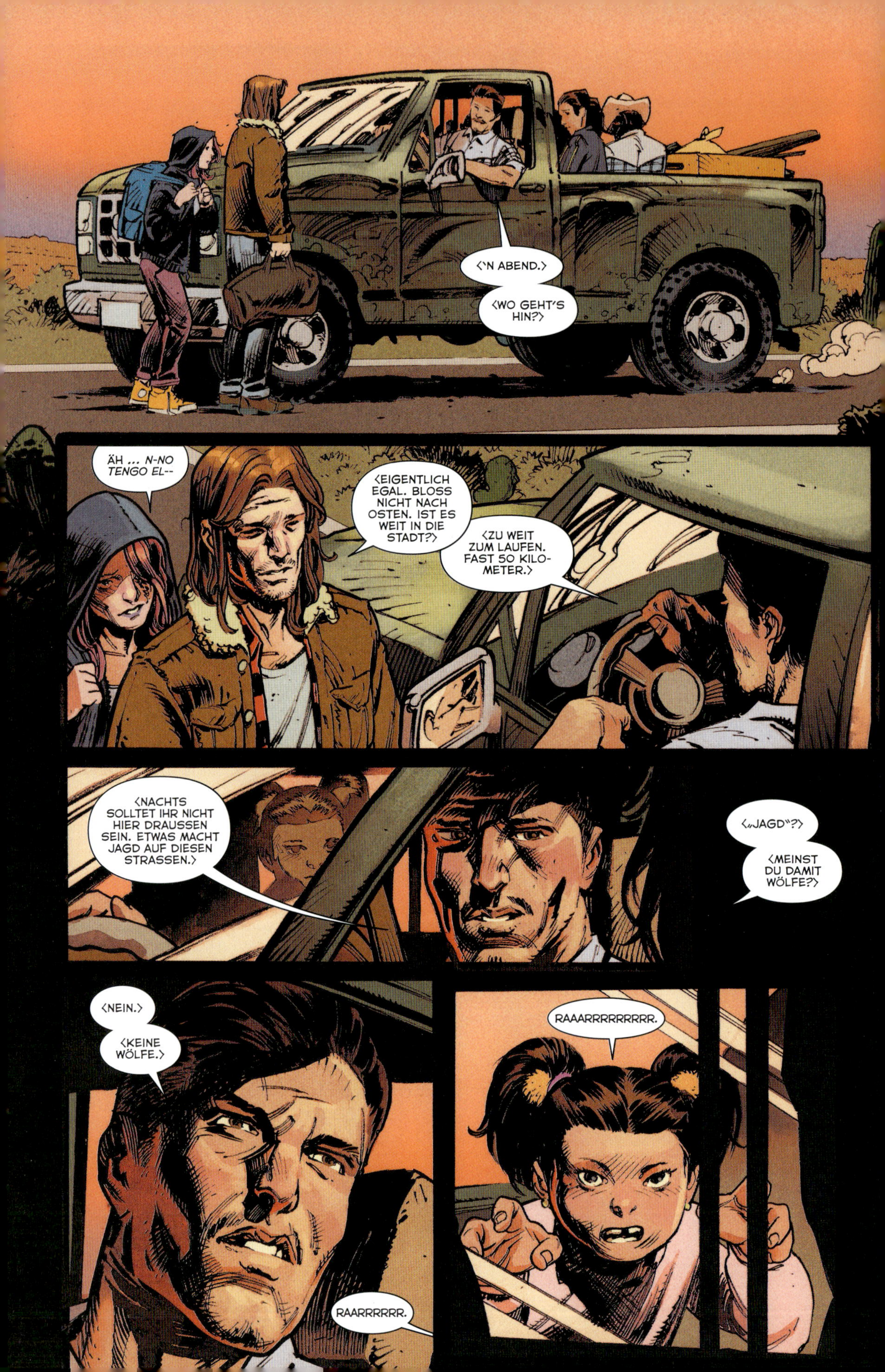
<'N ABEND.>
<WO GEHT'S HIN?>
ÄH ... N-NO TENGO EL--
<EIGENTLICH EGAL. BLOSS NICHT NACH OSTEN. IST ES WEIT IN DIE STADT?>
<ZU WEIT ZUM LAUFEN. FAST 50 KILOMETER.>
<NACHTS SOLLTET IHR NICHT HIER DRAUSSEN SEIN. ETWAS MACHT JAGD AUF DIESEN STRASSEN.>
<„JAGD"?>
<MEINST DU DAMIT WÖLFE?>
<NEIN.>
<KEINE WÖLFE.>
RAAARRRRRRRRR.
RAARRRRRR.

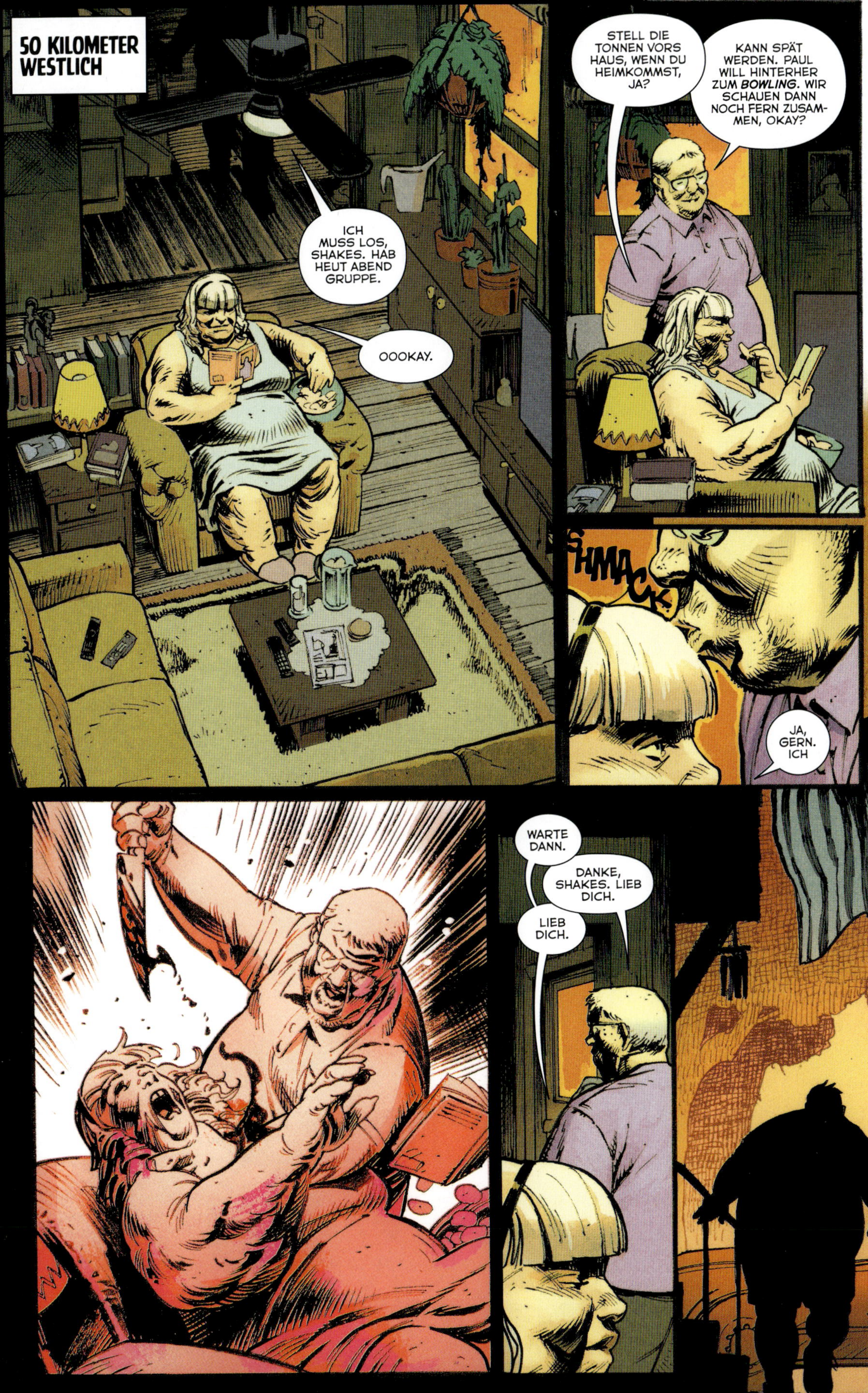
50 KILOMETER WESTLICH
ICH MUSS LOS, SHAKES. HAB HEUT ABEND GRUPPE.
OOOKAY.
STELL DIE TONNEN VORS HAUS, WENN DU HEIMKOMMST, JA?
KANN SPÄT WERDEN. PAUL WILL HINTERHER ZUM BOWLING. WIR SCHAUEN DANN NOCH FERN ZUSAMMEN, OKAY?
SHMACK
JA, GERN. ICH
WARTE DANN.
DANKE, SHAKES. LIEB DICH.
LIEB DICH.

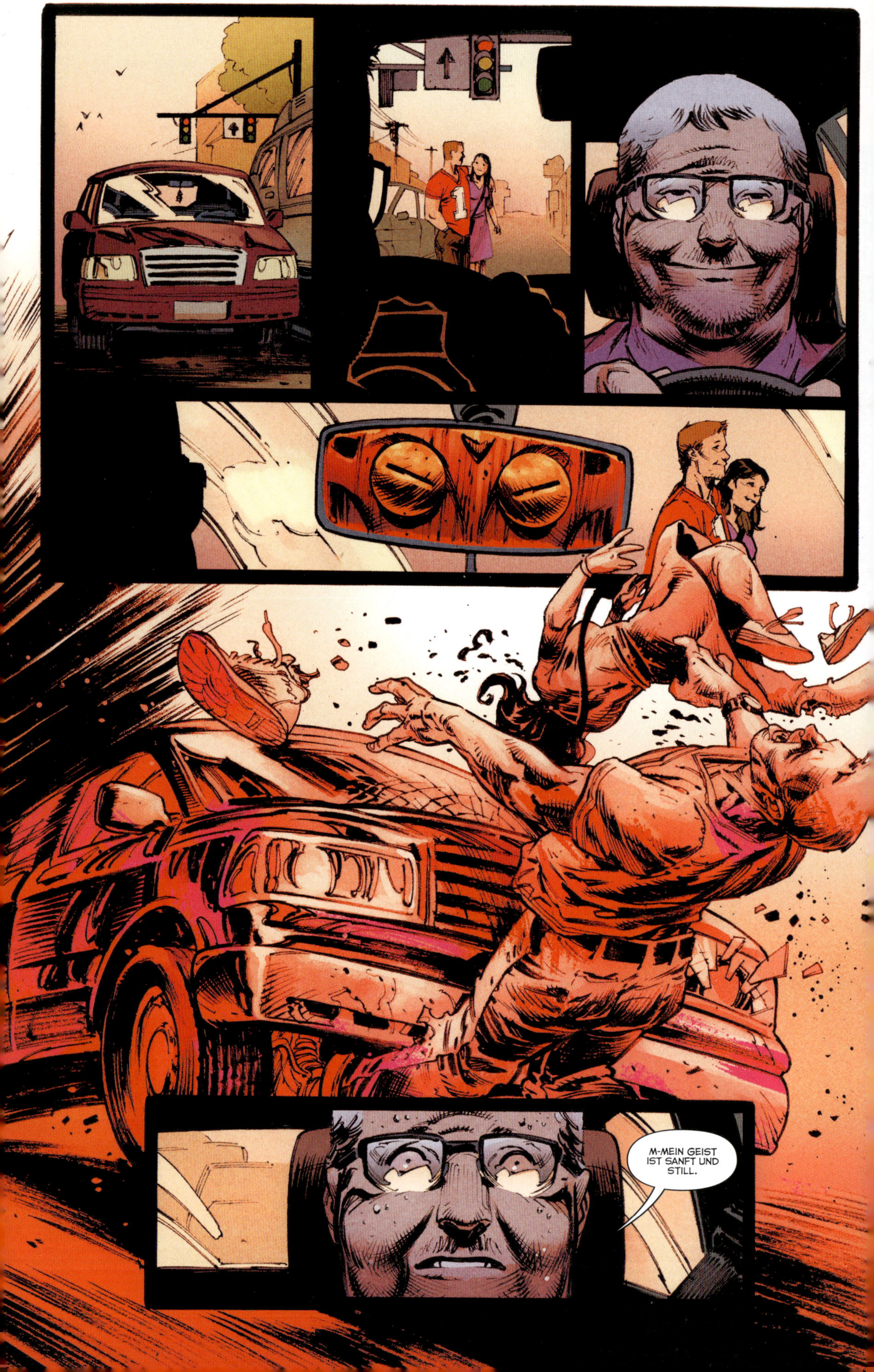
M-MEIN GEIST
IST SANFT UND
STILL.

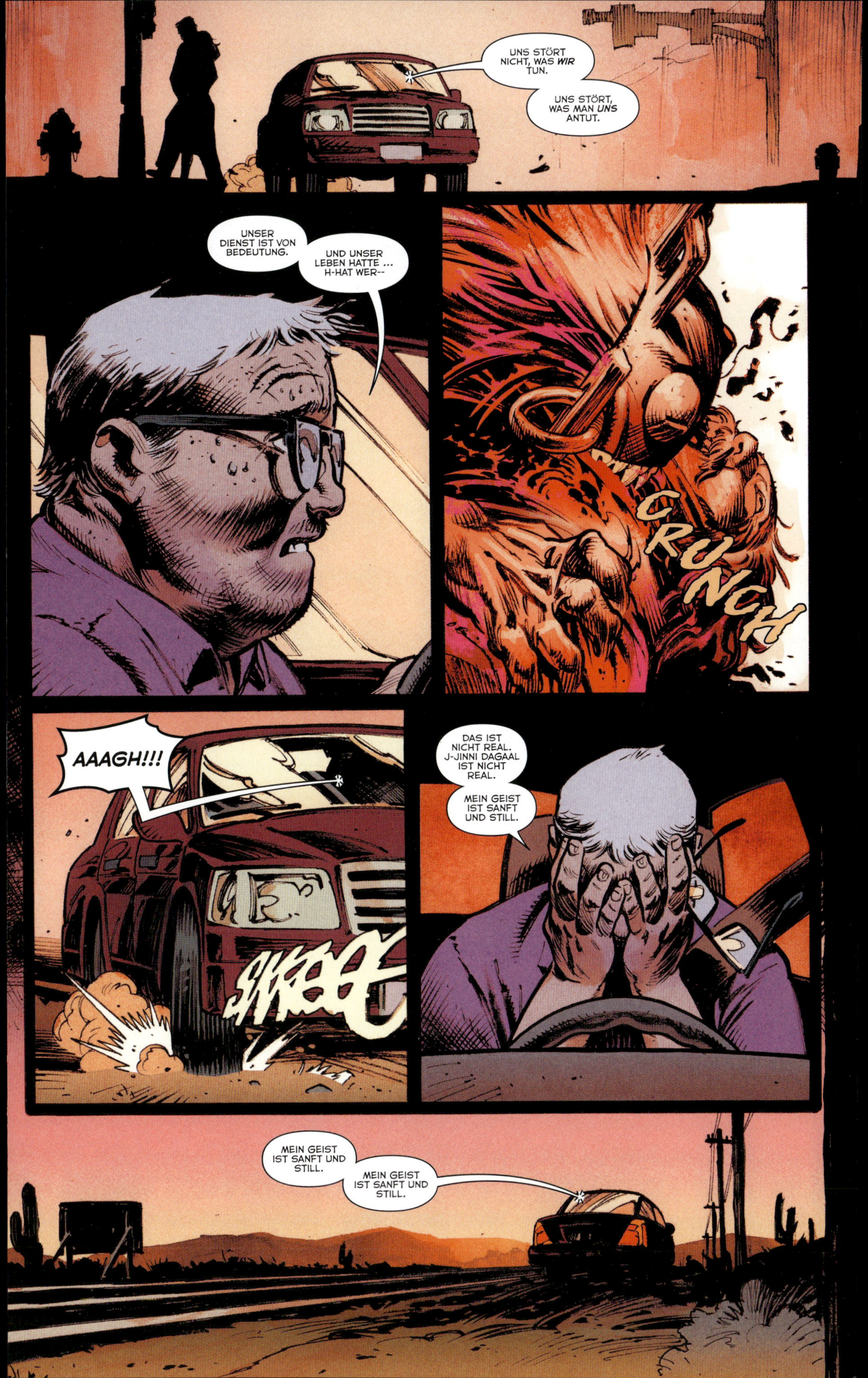
UNS STÖRT NICHT, WAS *WIR* TUN.
UNS STÖRT, WAS MAN *UNS* ANTUT.
UNSER DIENST IST VON BEDEUTUNG.
UND UNSER LEBEN HATTE ... H-HAT WER--
CRUNCH
AAAGH!!!
SKREE
DAS IST NICHT REAL. J-JINNI DAGAAL IST NICHT REAL.
MEIN GEIST IST SANFT UND STILL.
MEIN GEIST IST SANFT UND STILL.
MEIN GEIST IST SANFT UND STILL.

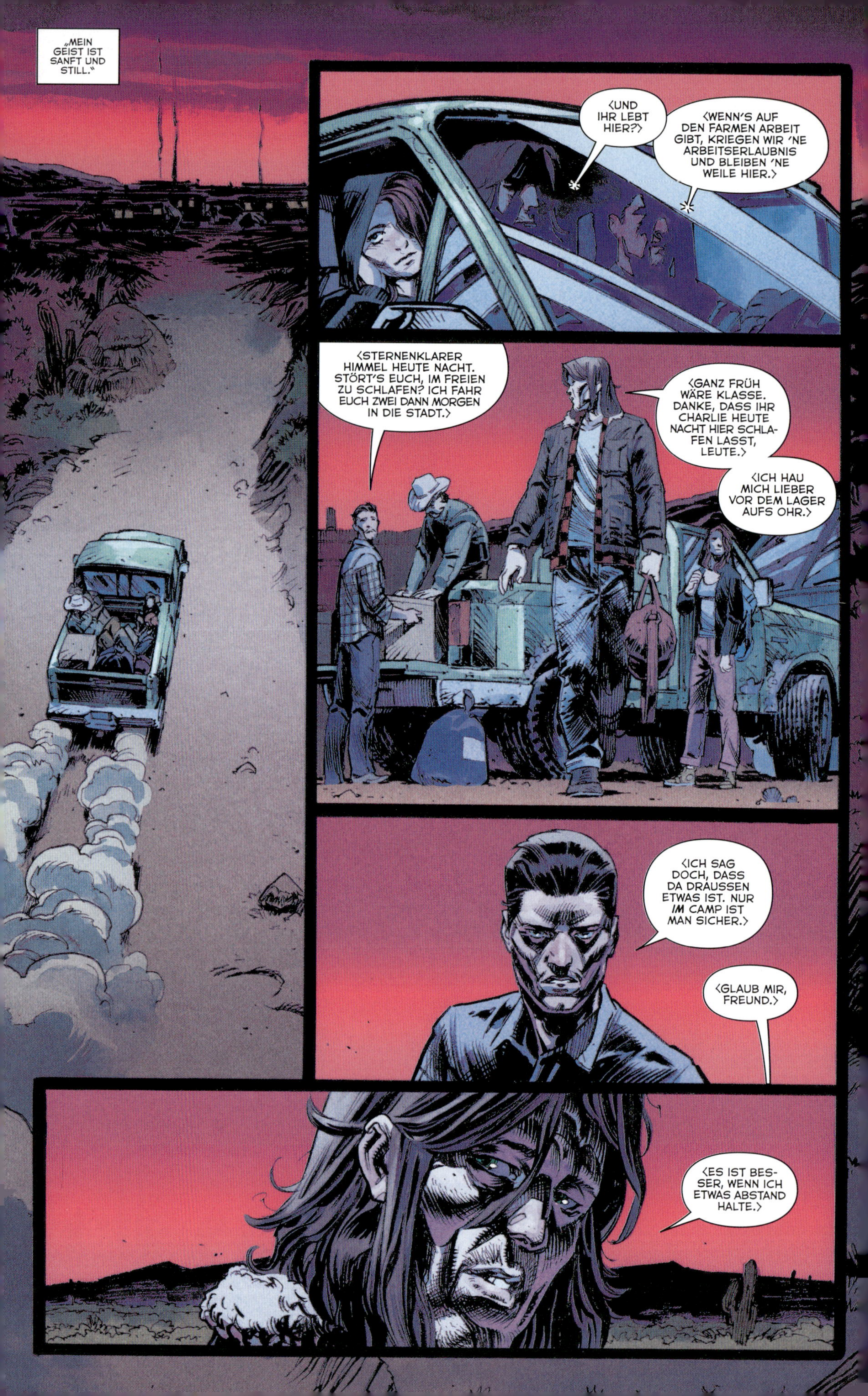
„MEIN GEIST IST SANFT UND STILL."
<UND IHR LEBT HIER?>
<WENN'S AUF DEN FARMEN ARBEIT GIBT, KRIEGEN WIR 'NE ARBEITSERLAUBNIS UND BLEIBEN 'NE WEILE HIER.>
<STERNENKLARER HIMMEL HEUTE NACHT. STÖRT'S EUCH, IM FREIEN ZU SCHLAFEN? ICH FAHR EUCH ZWEI DANN MORGEN IN DIE STADT.>
<GANZ FRÜH WÄRE KLASSE. DANKE, DASS IHR CHARLIE HEUTE NACHT HIER SCHLAFEN LASST, LEUTE.>
<ICH HAU MICH LIEBER VOR DEM LAGER AUFS OHR.>
<ICH SAG DOCH, DASS DA DRAUSSEN ETWAS IST. NUR IM CAMP IST MAN SICHER.>
<GLAUB MIR, FREUND.>
<ES IST BESSER, WENN ICH ETWAS ABSTAND HALTE.>

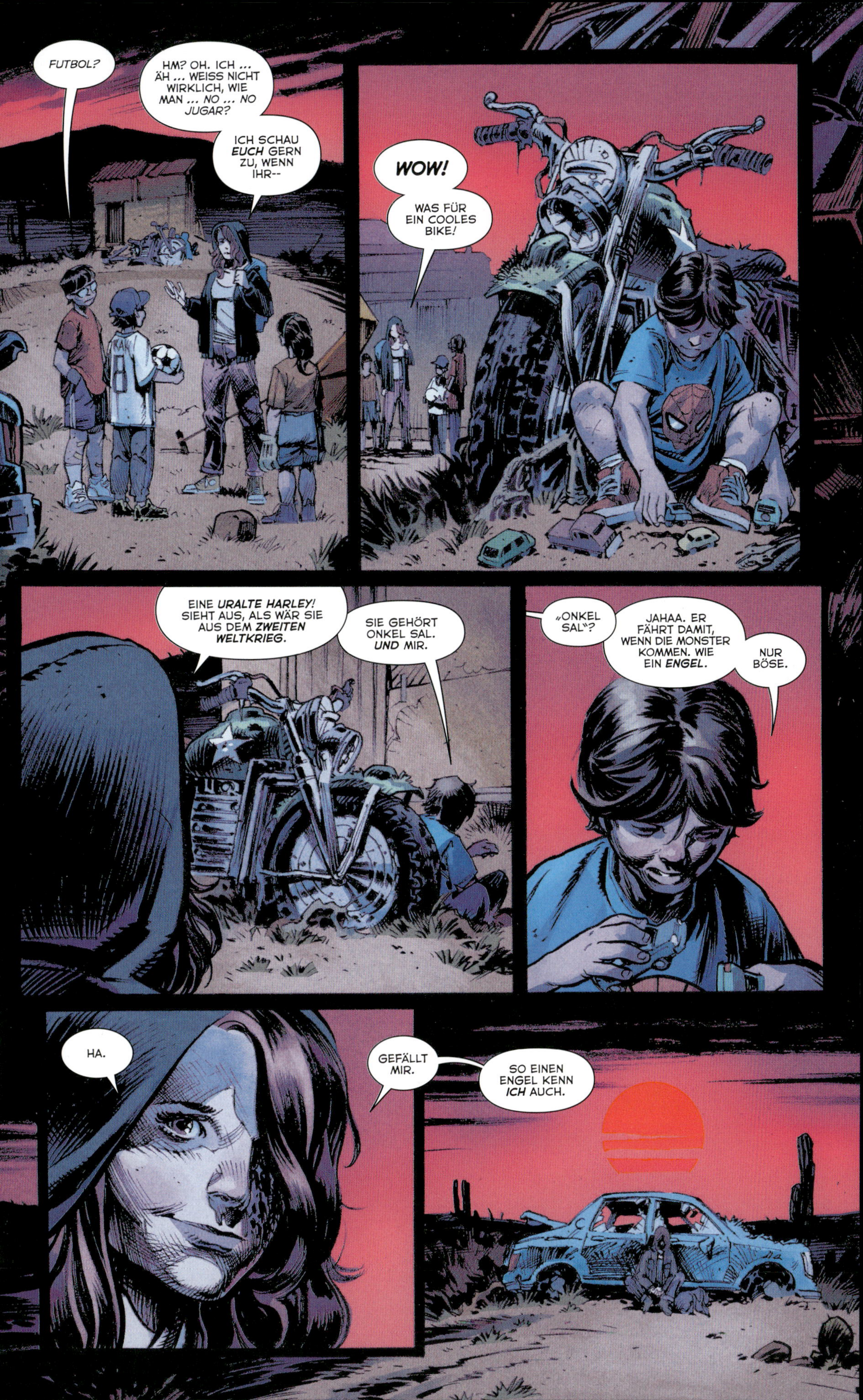
FUTBOL?
HM? OH. ICH ... ÄH ... WEISS NICHT WIRKLICH, WIE MAN ... NO ... NO JUGAR?
ICH SCHAU EUCH GERN ZU, WENN IHR--
WOW!
WAS FÜR EIN COOLES BIKE!
EINE URALTE HARLEY! SIEHT AUS, ALS WÄR SIE AUS DEM ZWEITEN WELTKRIEG.
SIE GEHÖRT ONKEL SAL. UND MIR.
„ONKEL SAL"?
JAHAA. ER FÄHRT DAMIT, WENN DIE MONSTER KOMMEN. WIE EIN ENGEL.
NUR BÖSE.
HA.
GEFÄLLT MIR.
SO EINEN ENGEL KENN ICH AUCH.

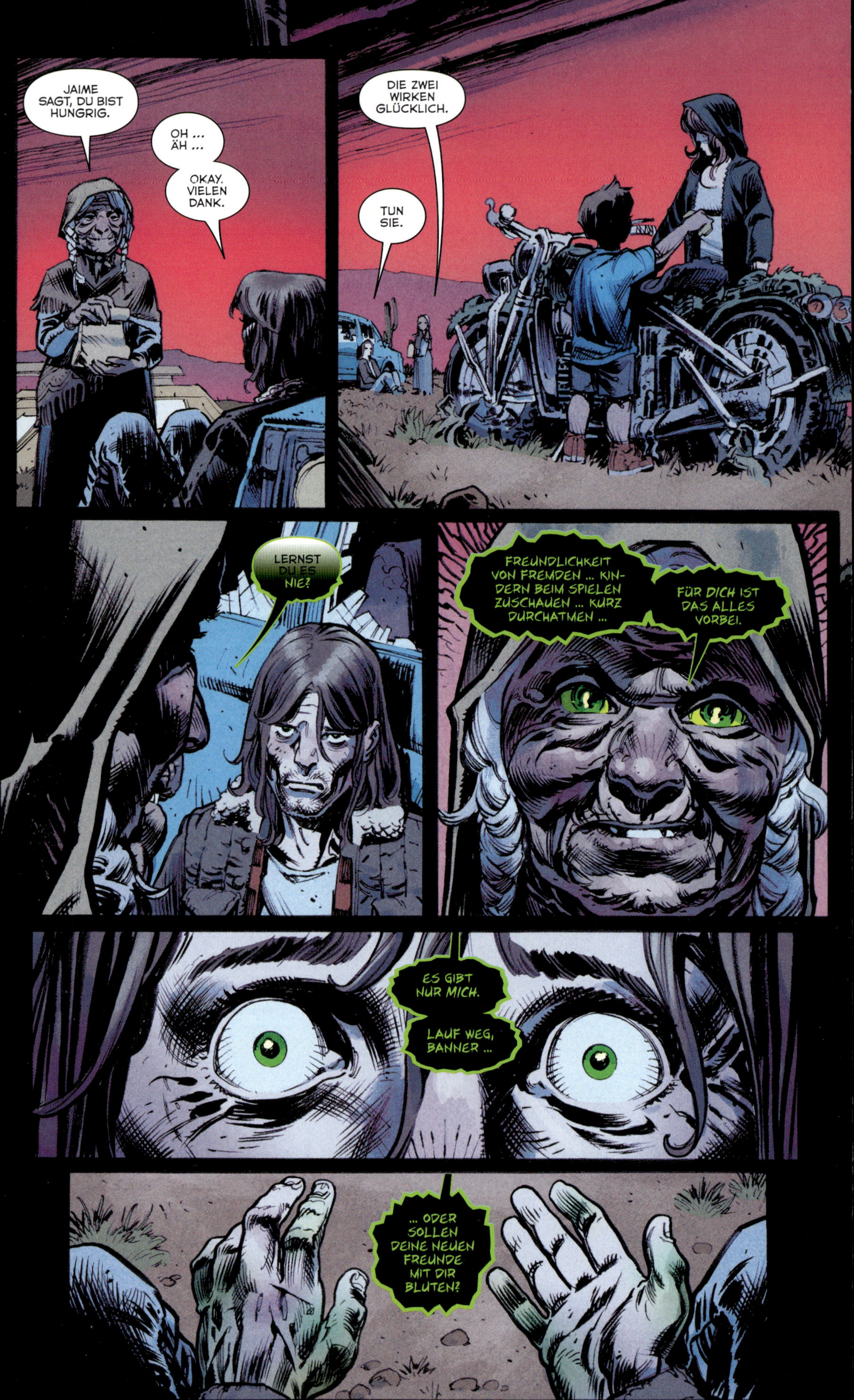
JAIME SAGT, DU BIST HUNGRIG.
OH ... ÄH ...
OKAY. VIELEN DANK.
DIE ZWEI WIRKEN GLÜCKLICH.
TUN SIE.
LERNST DU ES NIE?
FREUNDLICHKEIT VON FREMDEN ... KINDERN BEIM SPIELEN ZUSCHAUEN ... KURZ DURCHATMEN ...
FÜR DICH IST DAS ALLES VORBEI.
ES GIBT NUR MICH.
LAUF WEG, BANNER ...
... ODER SOLLEN DEINE NEUEN FREUNDE MIT DIR BLUTEN?

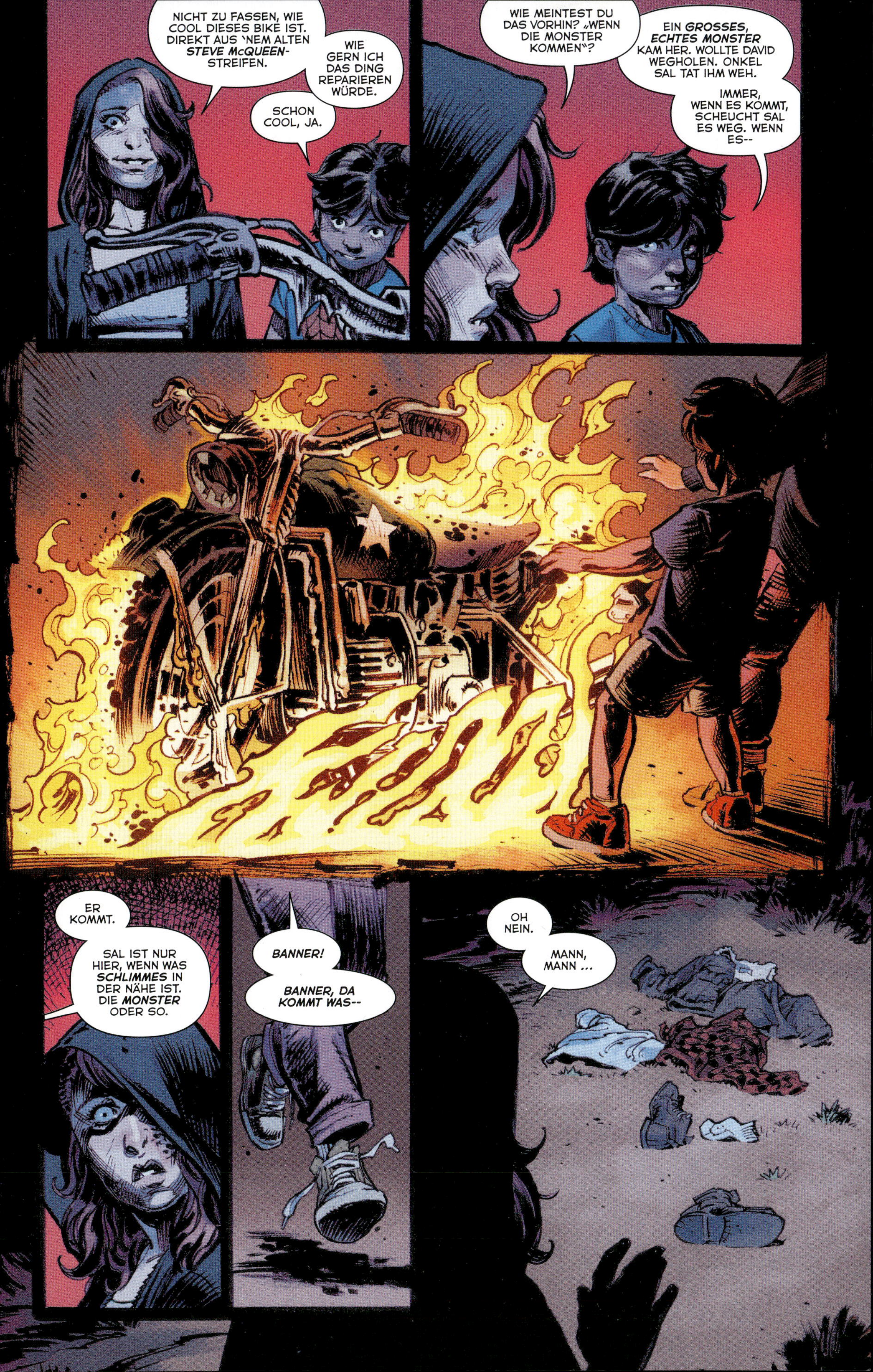
NICHT ZU FASSEN, WIE COOL DIESES BIKE IST. DIREKT AUS 'NEM ALTEN STEVE McQUEEN-STREIFEN.
WIE GERN ICH DAS DING REPARIEREN WÜRDE.
SCHON COOL, JA.
WIE MEINTEST DU DAS VORHIN? „WENN DIE MONSTER KOMMEN"?
EIN GROSSES, ECHTES MONSTER KAM HER. WOLLTE DAVID WEGHOLEN. ONKEL SAL TAT IHM WEH.
IMMER, WENN ES KOMMT, SCHEUCHT SAL ES WEG. WENN ES--
ER KOMMT.
SAL IST NUR HIER, WENN WAS SCHLIMMES IN DER NÄHE IST. DIE MONSTER ODER SO.
BANNER!
BANNER, DA KOMMT WAS--
OH NEIN.
MANN, MANN ...

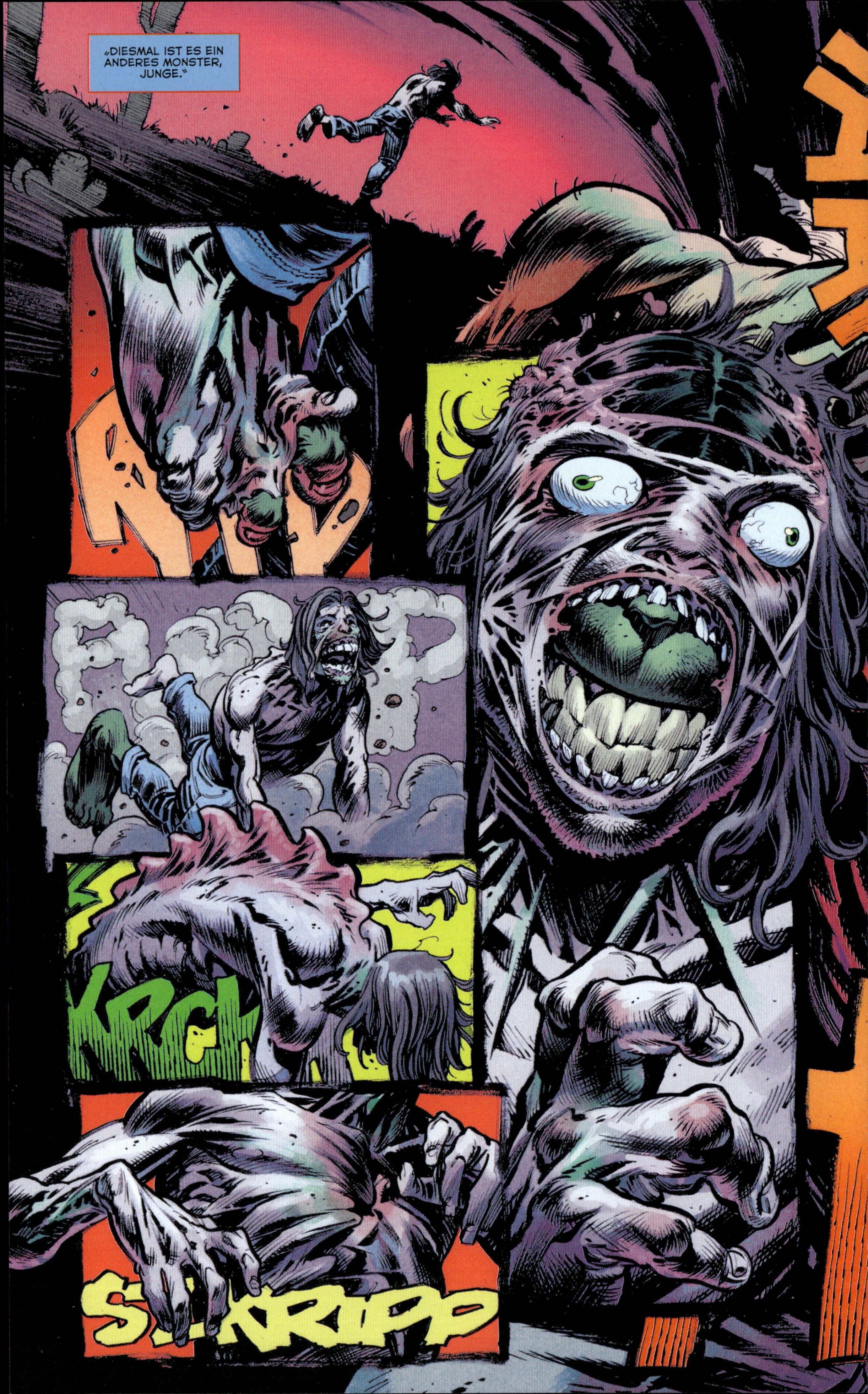
„DIESMAL IST ES EIN ANDERES MONSTER, JUNGE."
KRCH

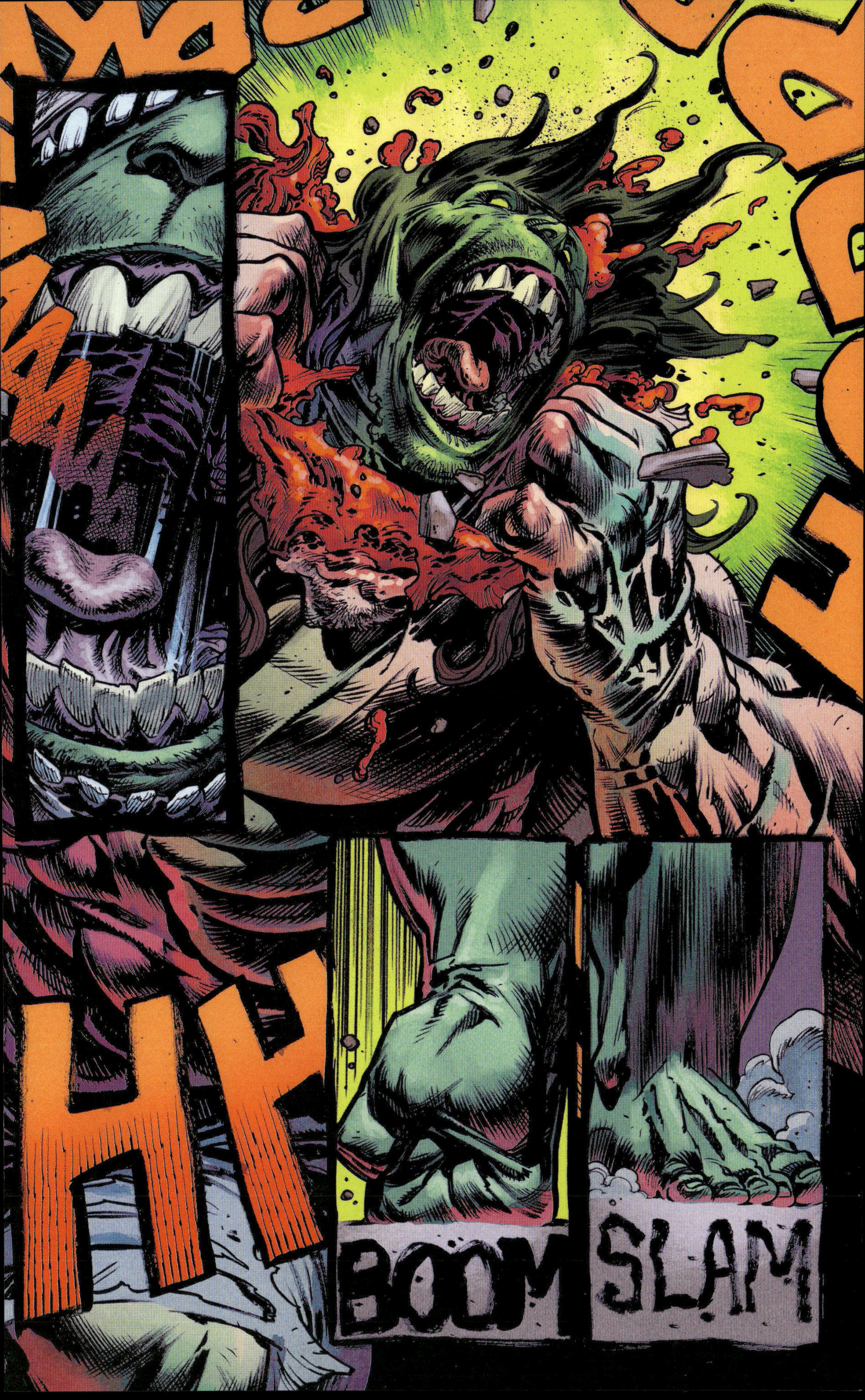
BOOM
SLAM

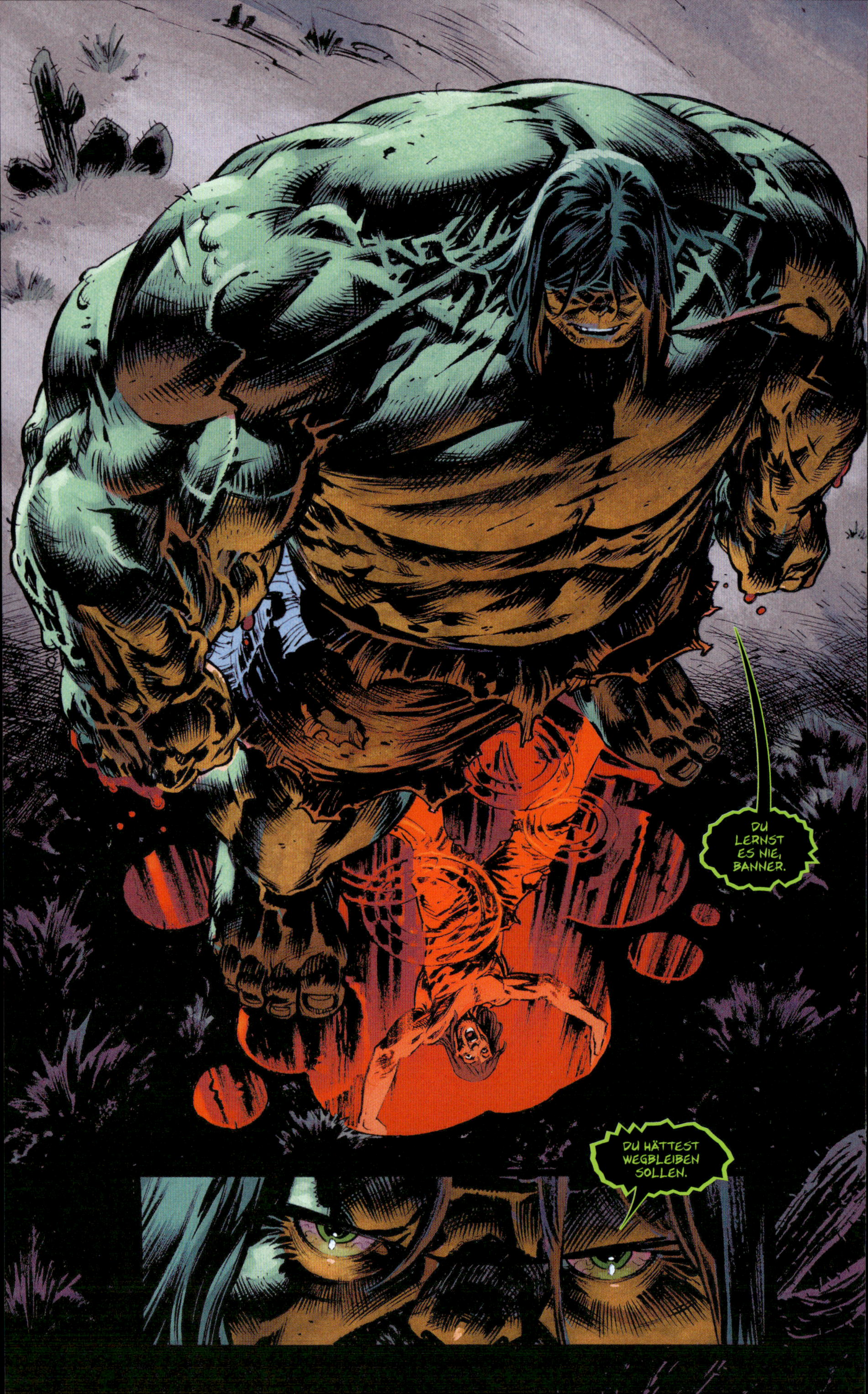
DU LERNST ES NIE, BANNER.
DU HÄTTEST WEGBLEIBEN SOLLEN.

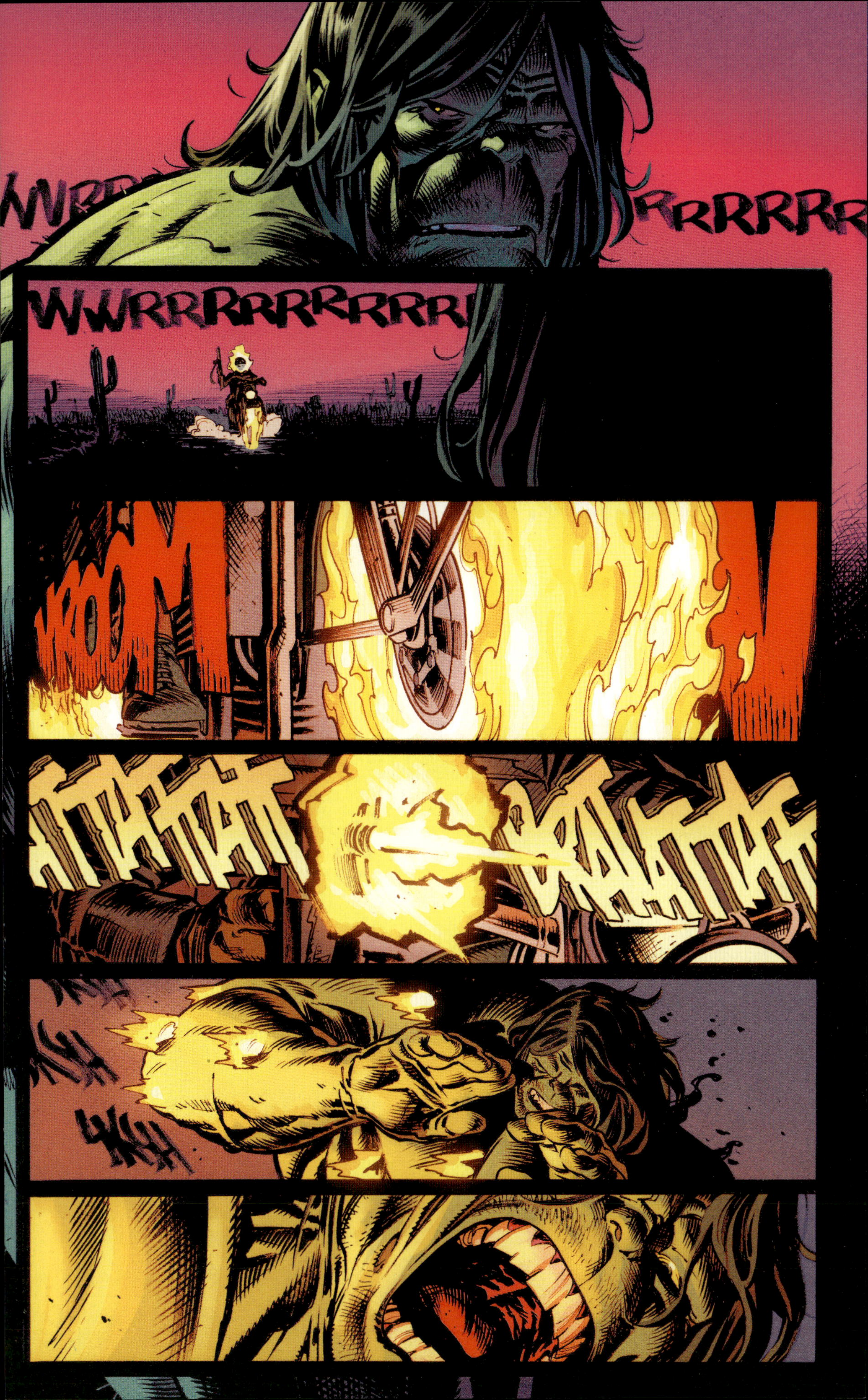
RRRRRR
WWRRRRRRRRRR
VROOM

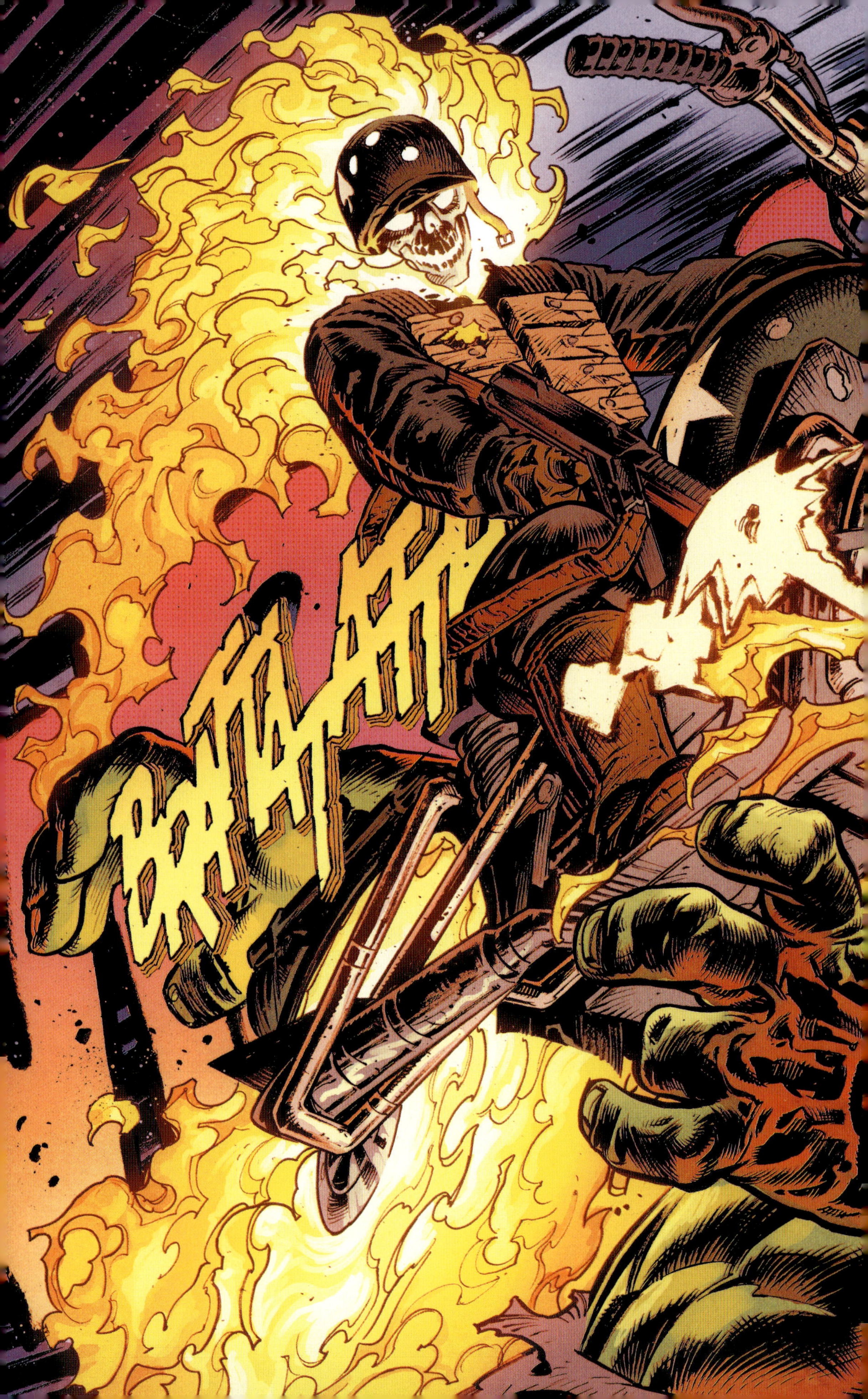
BRATATATT

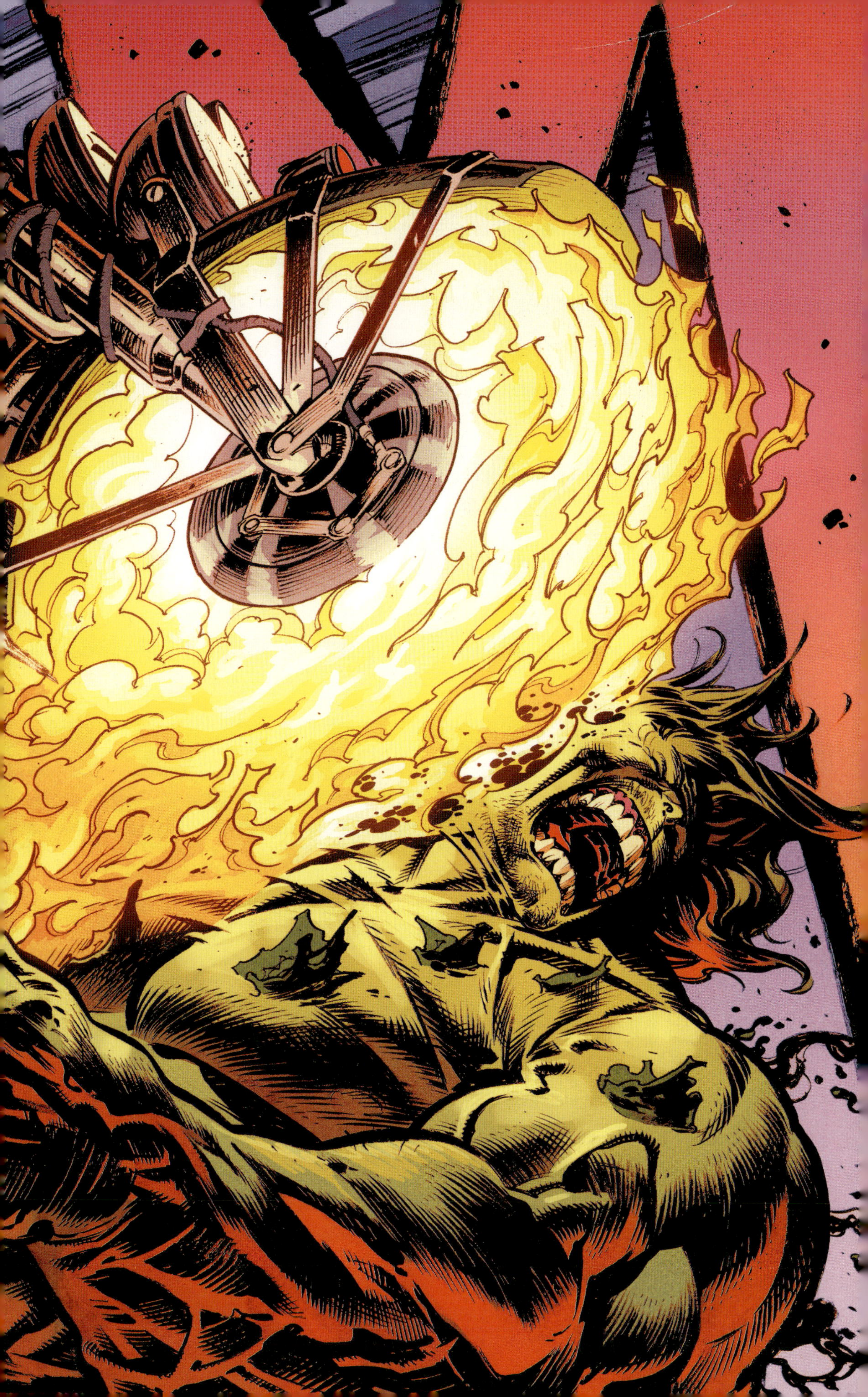

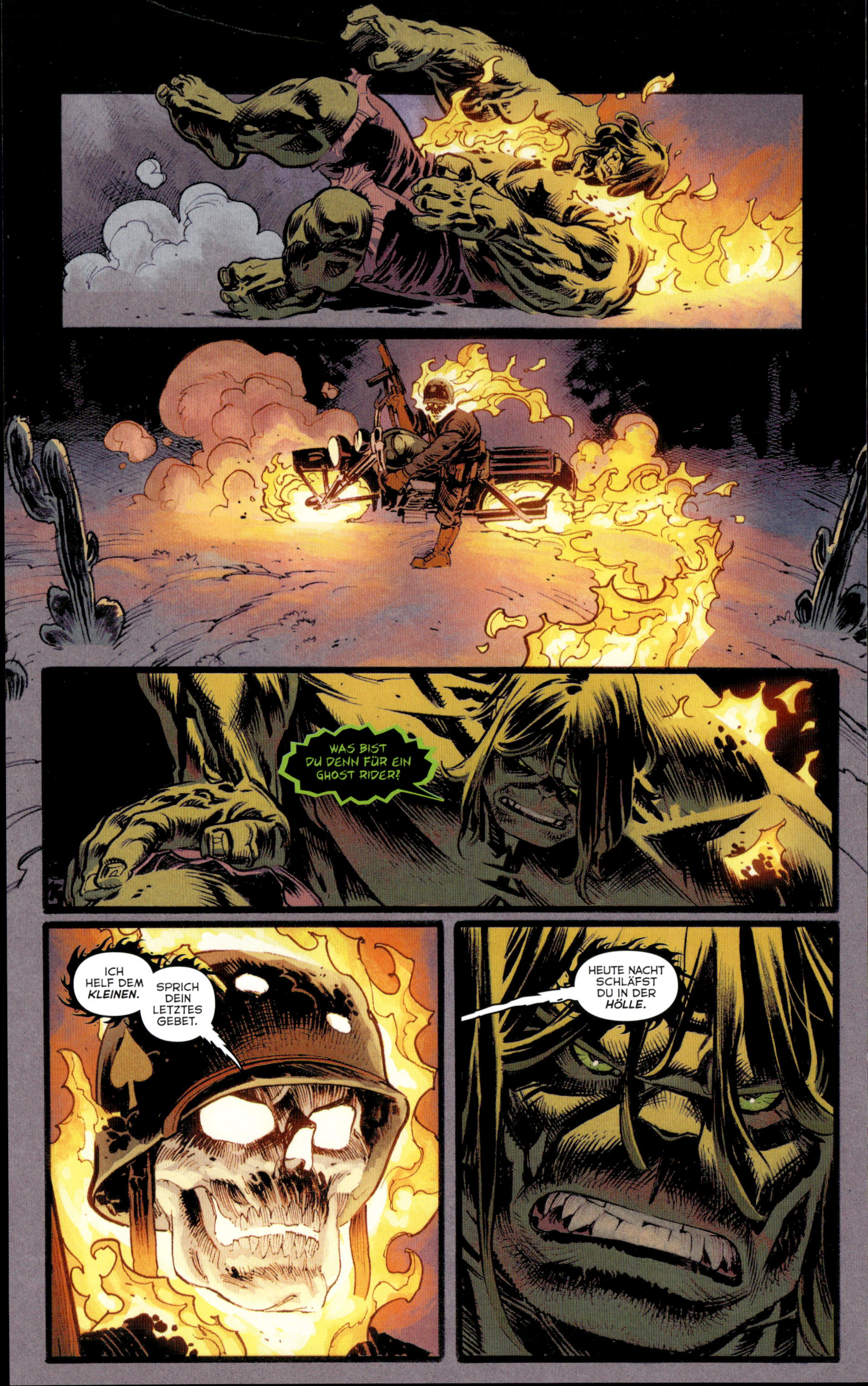
WAS BIST
DU DENN FÜR EIN
GHOST RIDER?
ICH
HELF DEM
KLEINEN.
SPRICH
DEIN
LETZTES
GEBET.
HEUTE NACHT
SCHLÄFST
DU IN DER
HÖLLE.

GEISTER DER RACHE, TEIL 2

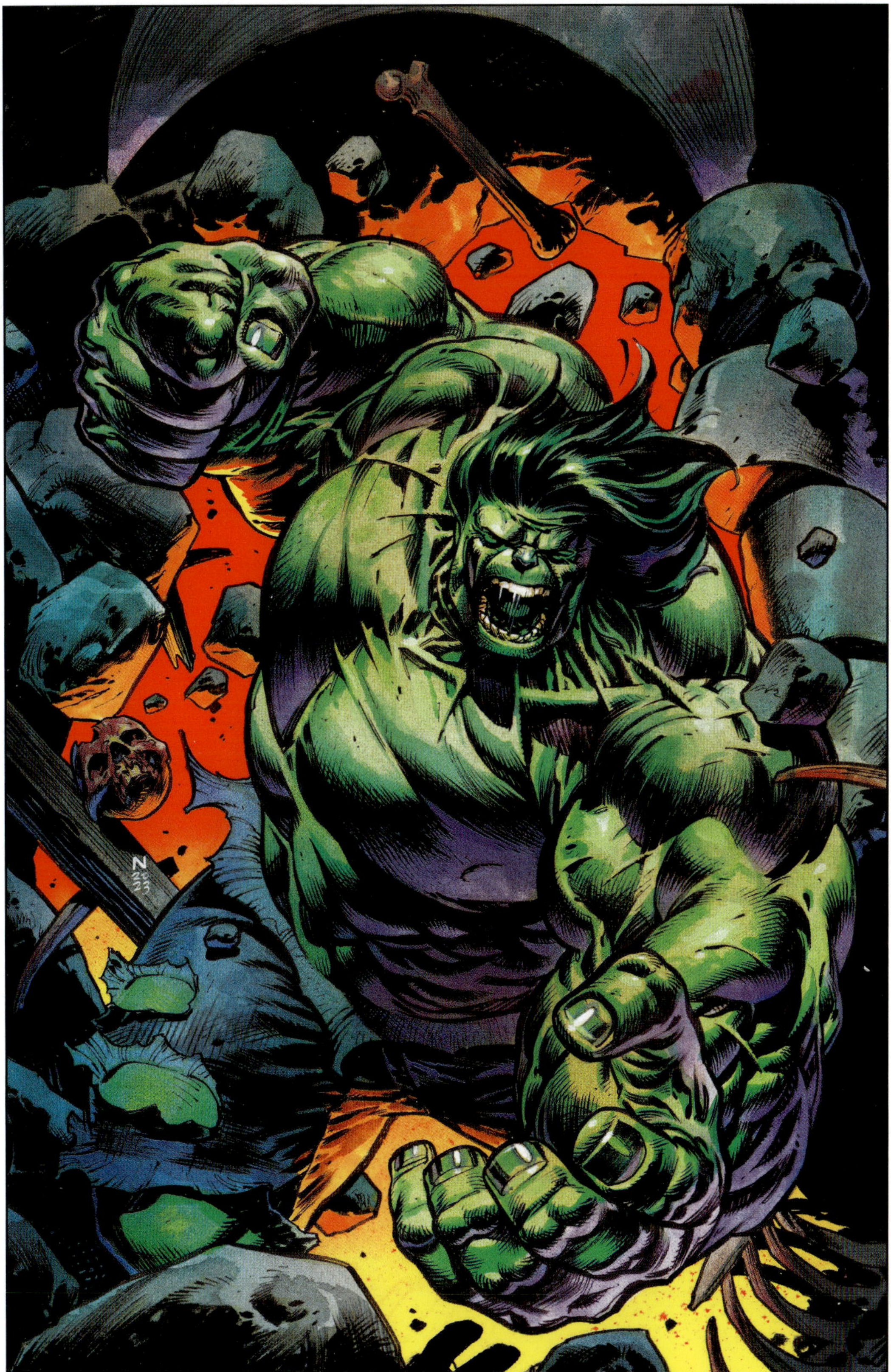

Incredible Hulk (2023) 7
Cover von **NIC KLEIN**

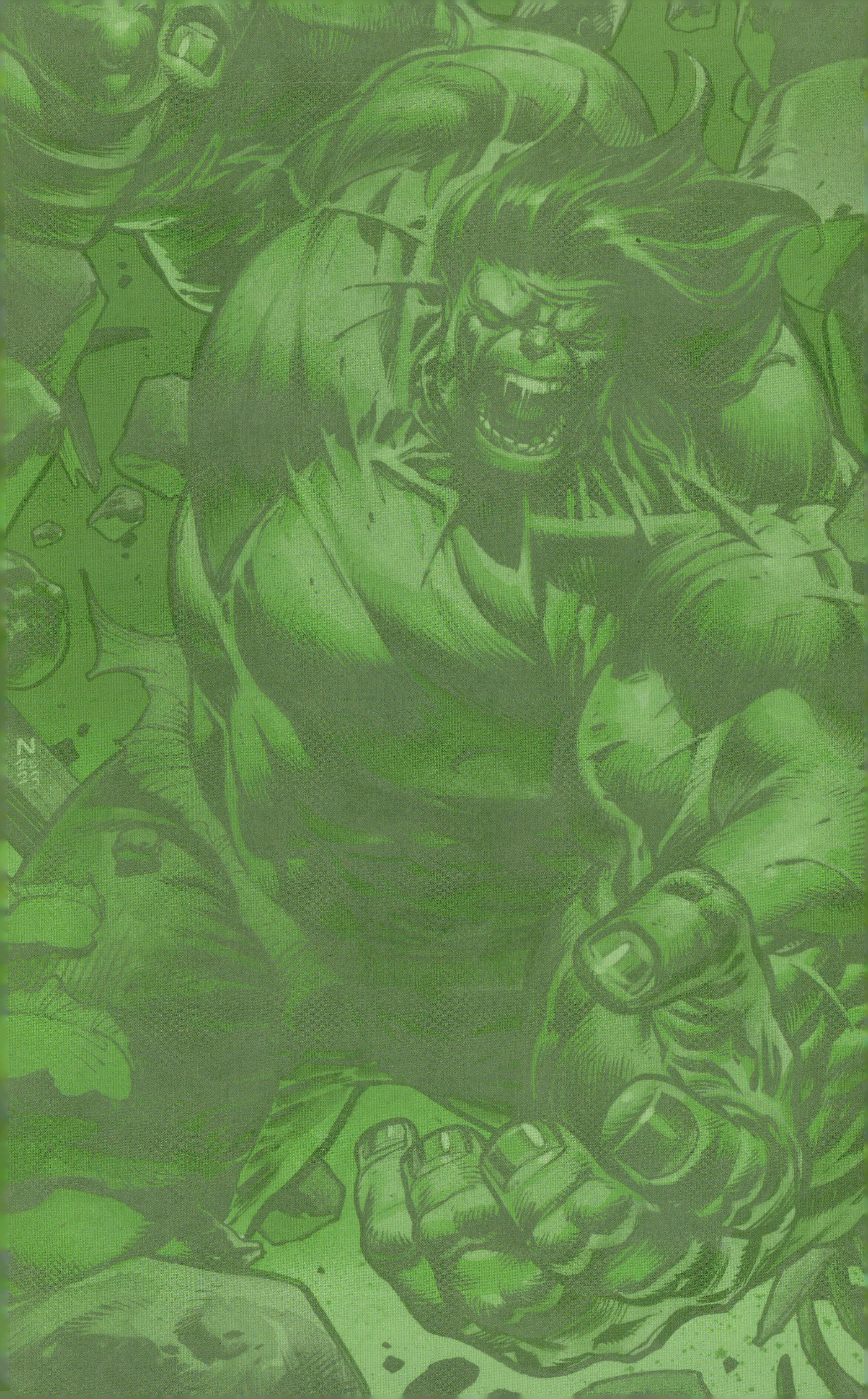

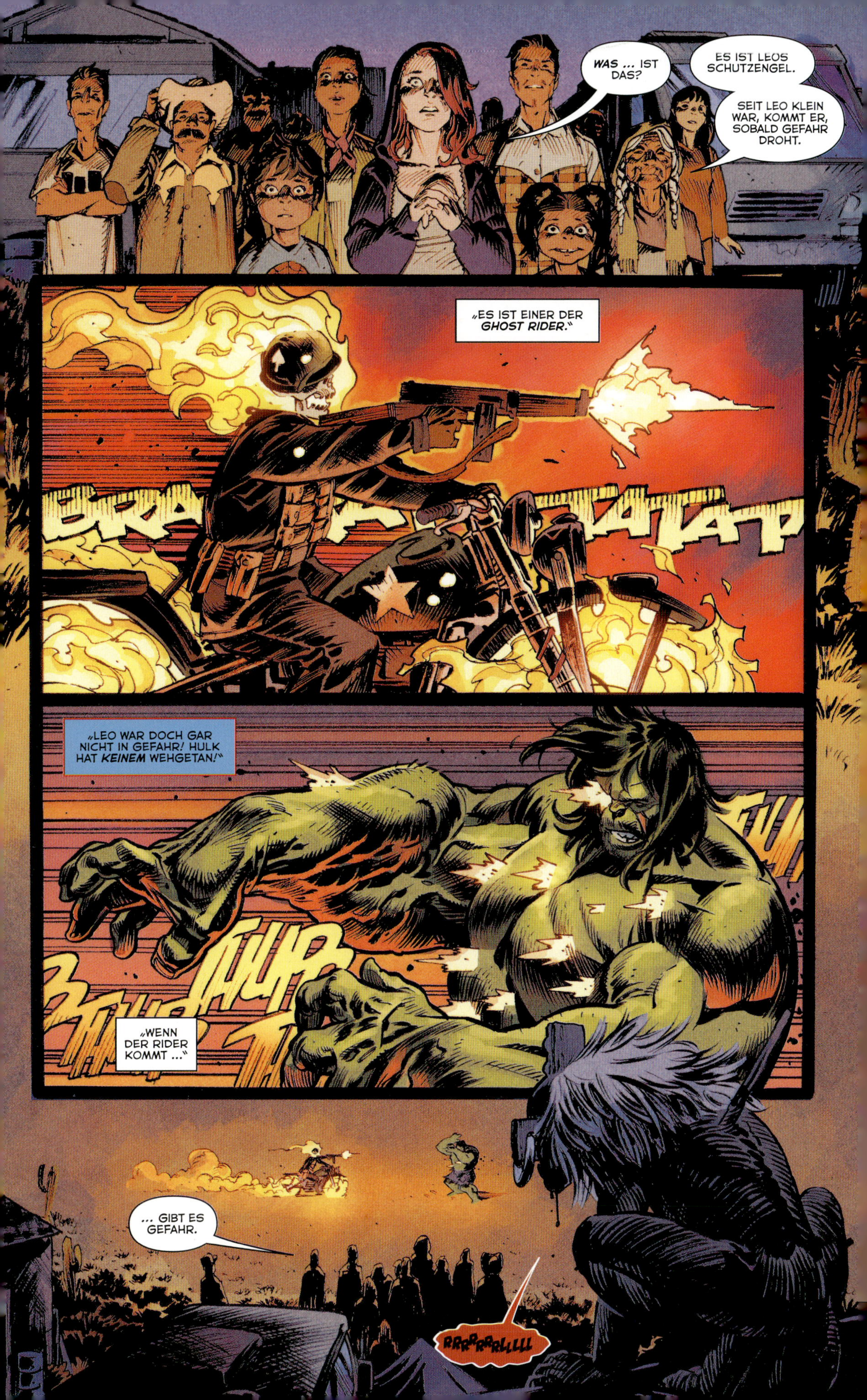

WAS ... IST DAS?
ES IST LEOS SCHUTZENGEL.
SEIT LEO KLEIN WAR, KOMMT ER, SOBALD GEFAHR DROHT.
„ES IST EINER DER GHOST RIDER."
BRAKATATATAP
„LEO WAR DOCH GAR NICHT IN GEFAHR! HULK HAT KEINEM WEHGETAN!"
„WENN DER RIDER KOMMT ..."
... GIBT ES GEFAHR.
RRRRRRRLLLLL

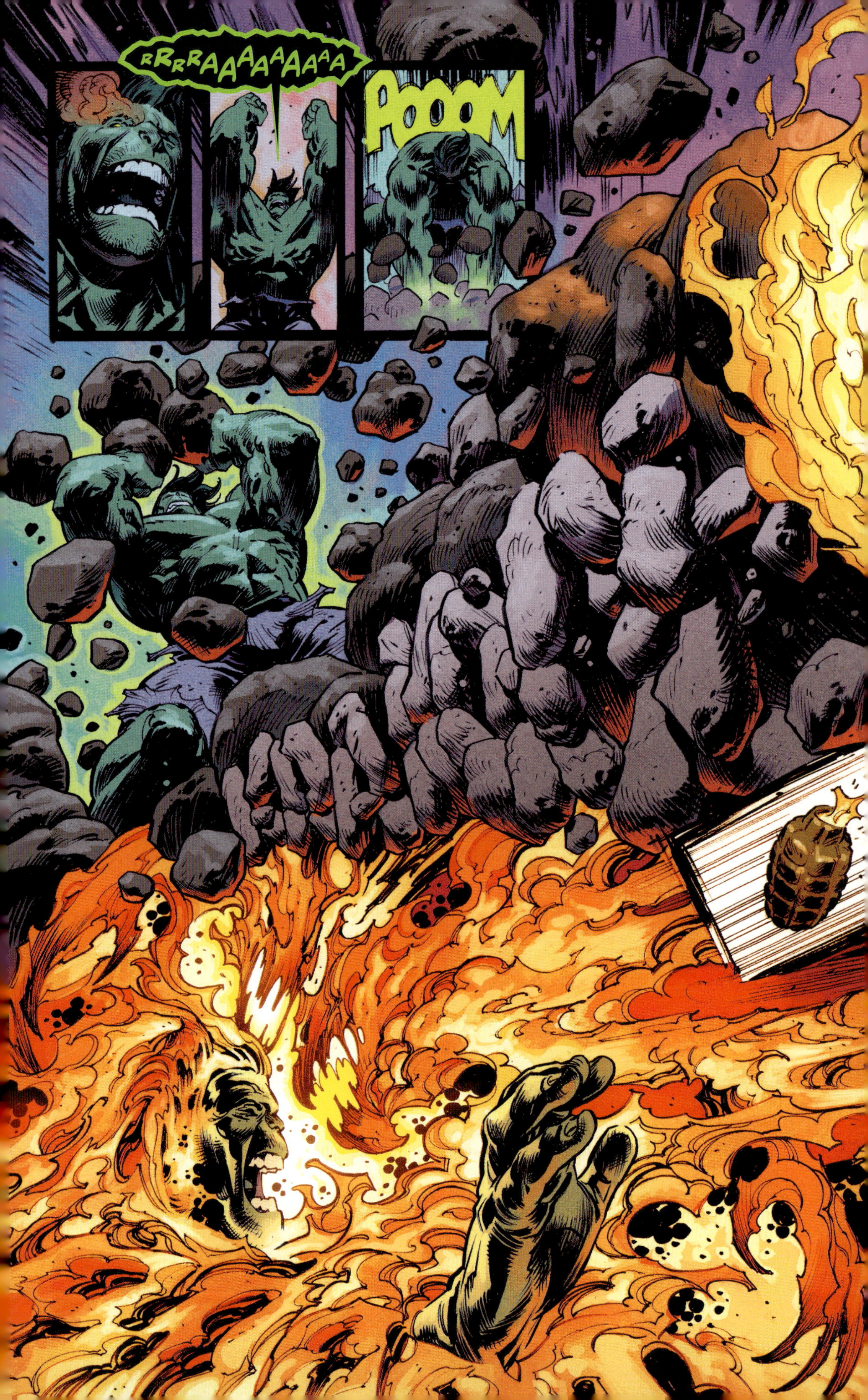
RRRRAAAAAAAAA
POOOM

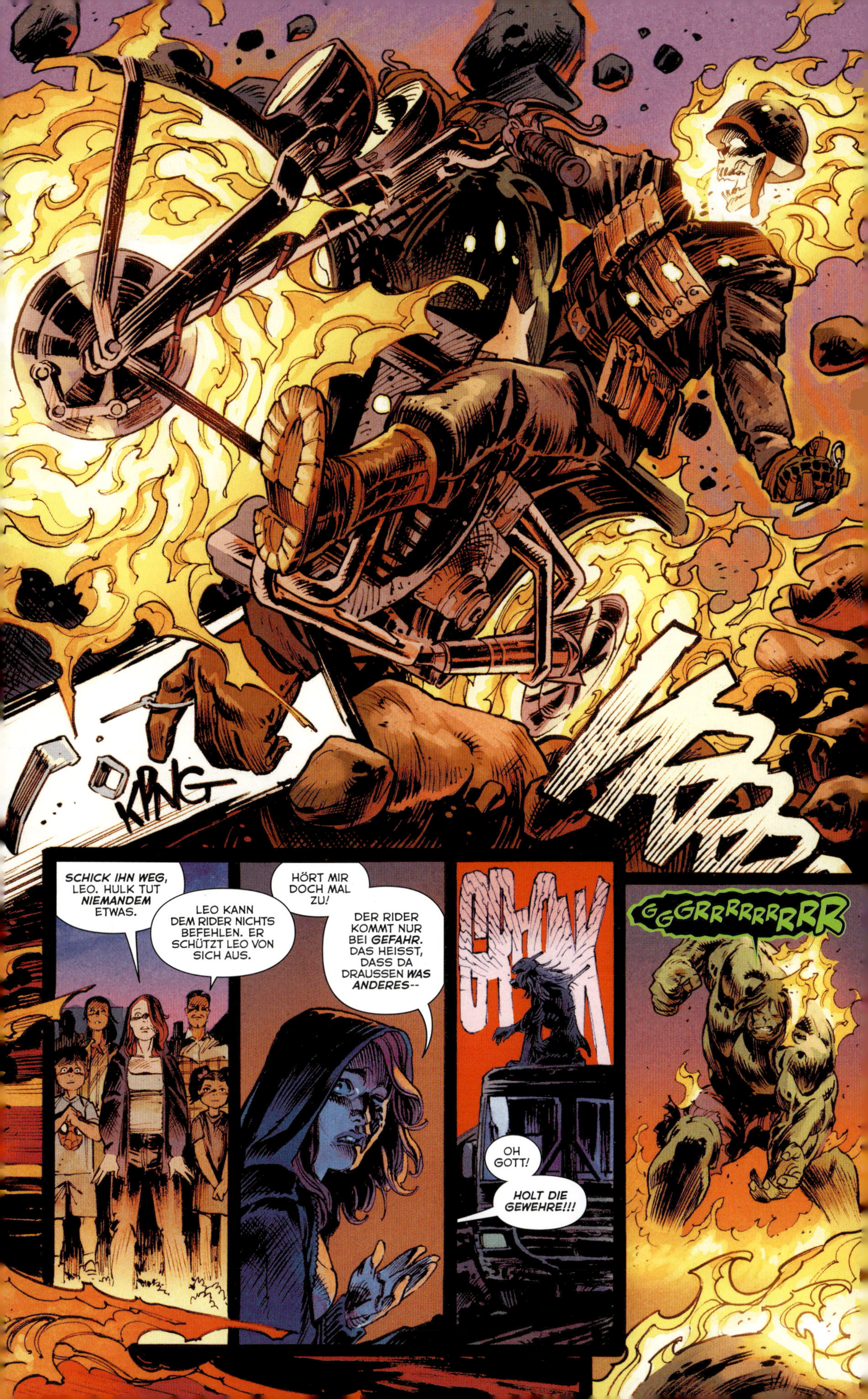
KPING
SCHICK IHN WEG, LEO. HULK TUT NIEMANDEM ETWAS.
LEO KANN DEM RIDER NICHTS BEFEHLEN. ER SCHÜTZT LEO VON SICH AUS.
HÖRT MIR DOCH MAL ZU!
DER RIDER KOMMT NUR BEI GEFAHR. DAS HEISST, DASS DA DRAUSSEN WAS ANDERES--
OH GOTT!
HOLT DIE GEWEHRE!!!
GGGRRRRRRRRR

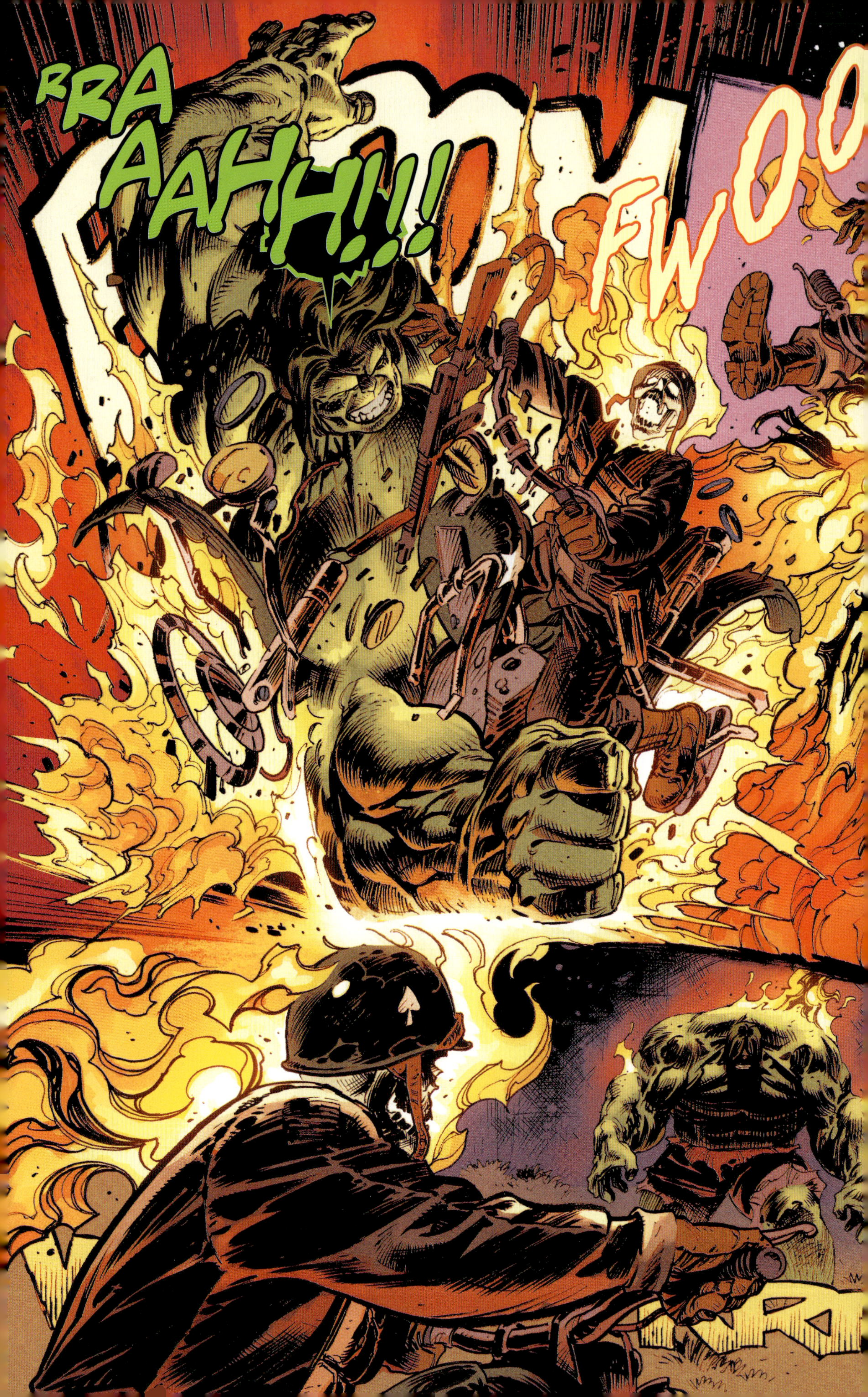
RRA
AAHH!!!!
FWOO

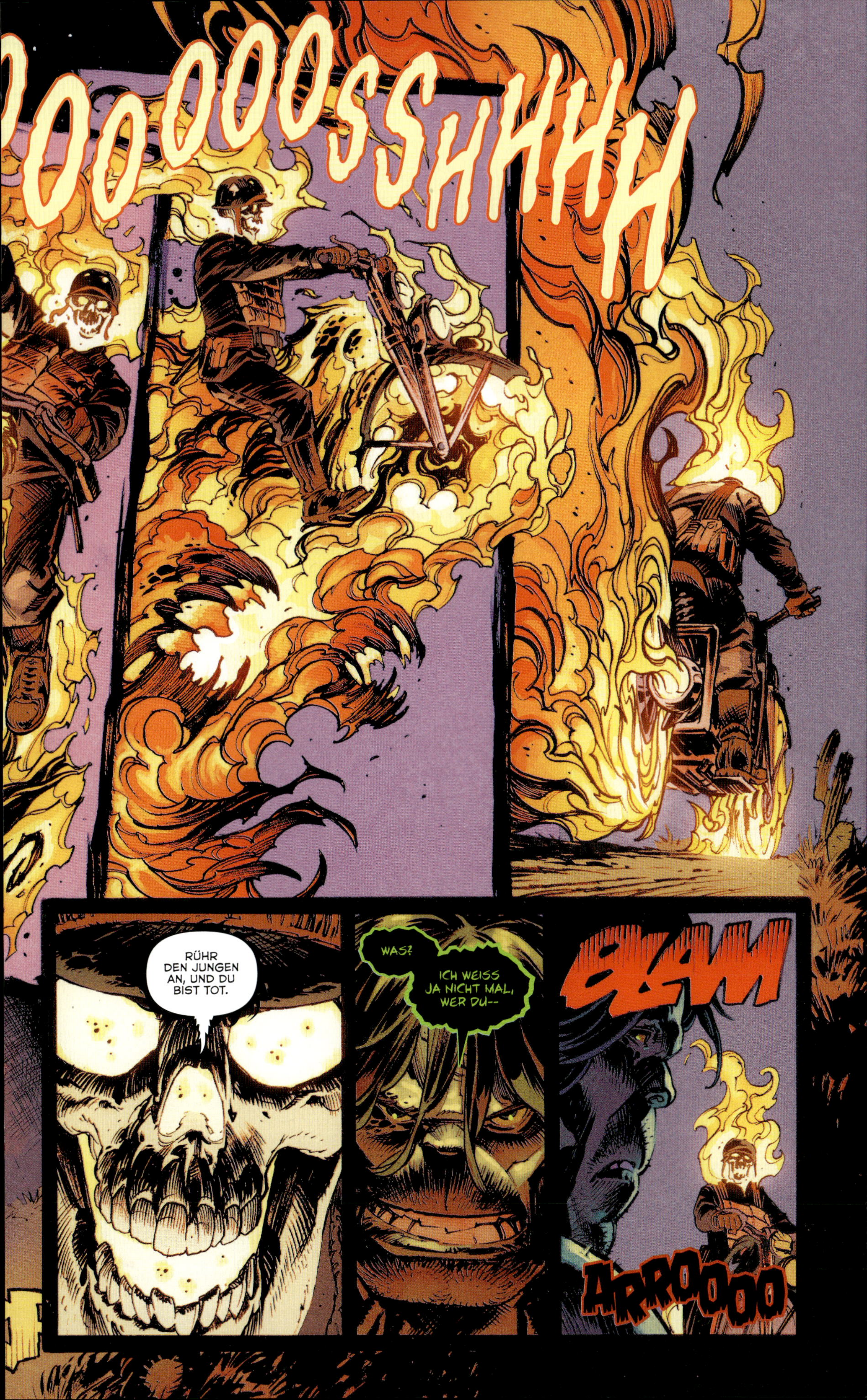
OOOOOOSSHHHH
RÜHR DEN JUNGEN AN, UND DU BIST TOT.
WAS?
ICH WEISS JA NICHT MAL, WER DU--
BLAM
ARROOOOO

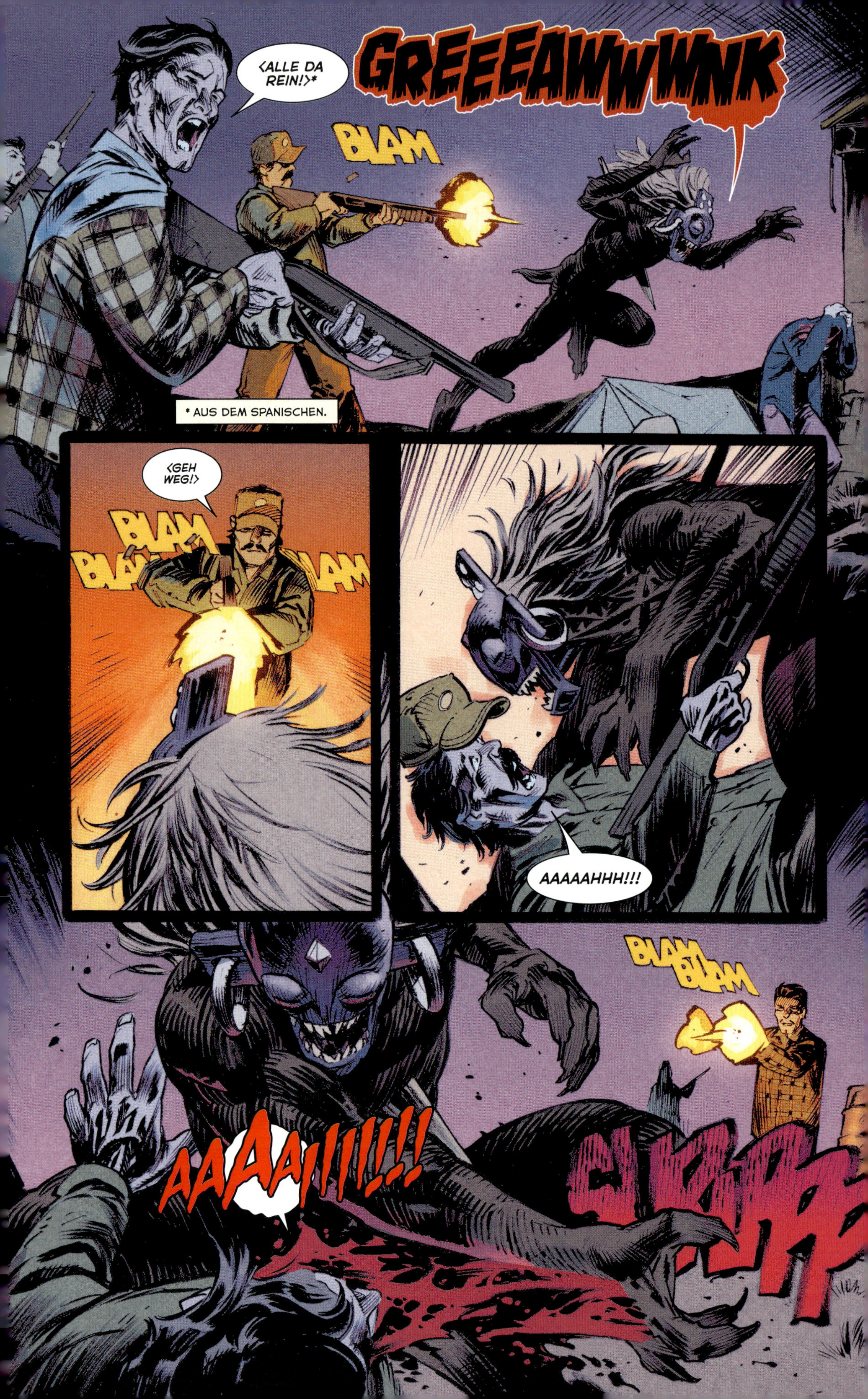

GREEEAWWWNK
<ALLE DA REIN!>*
BLAM
* AUS DEM SPANISCHEN.
<GEH WEG!>
BLAM
BLAM
BLAM
AAAAAHHH!!!
BLAM BLAM
AAAAIIII!!!

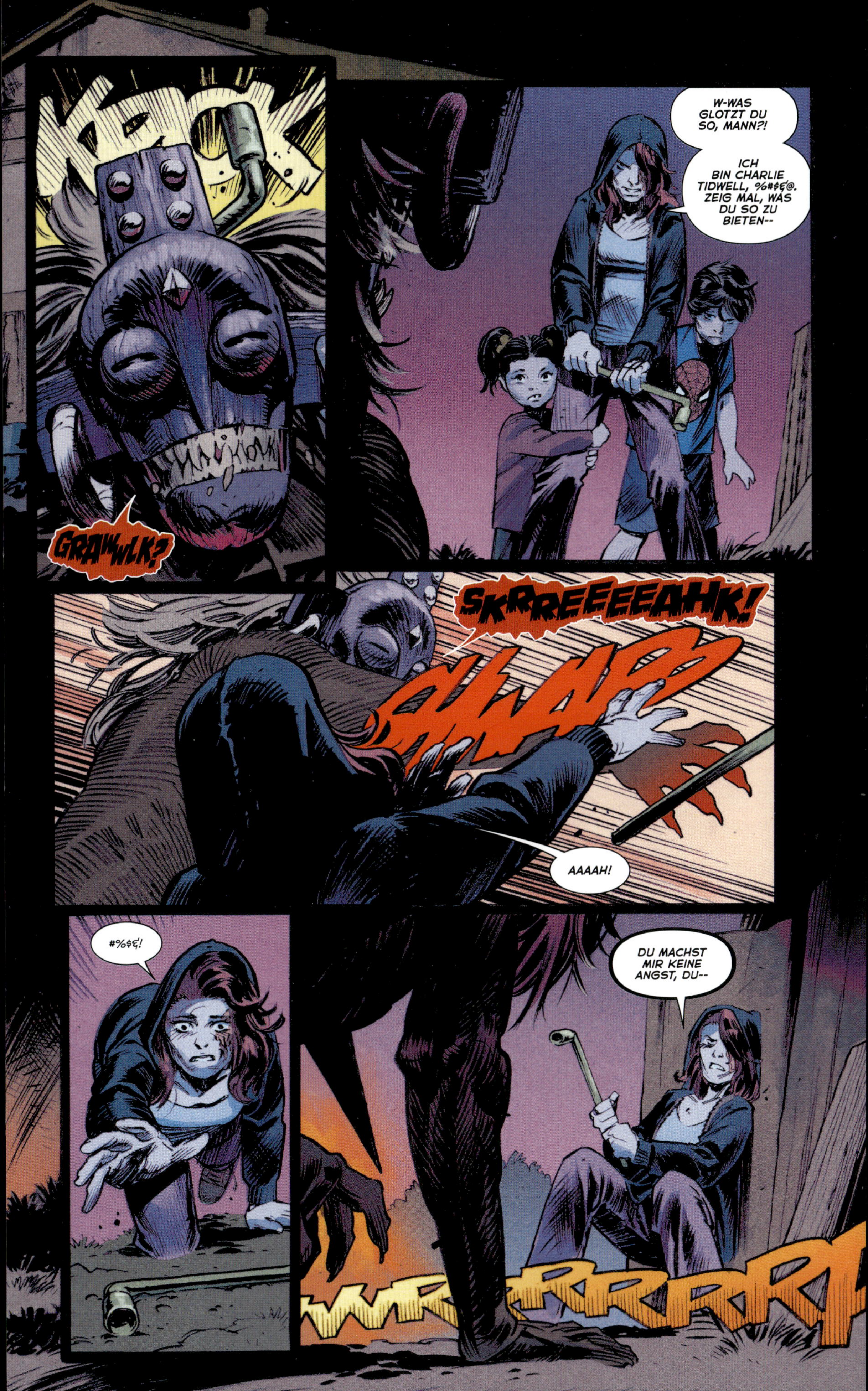
GRAWWLK?
W-WAS GLOTZT DU SO, MANN?!
ICH BIN CHARLIE TIDWELL, %#$€@. ZEIG MAL, WAS DU SO ZU BIETEN--
SKRREEEEEAHK!
AAAAH!
#%$€!
DU MACHST MIR KEINE ANGST, DU--

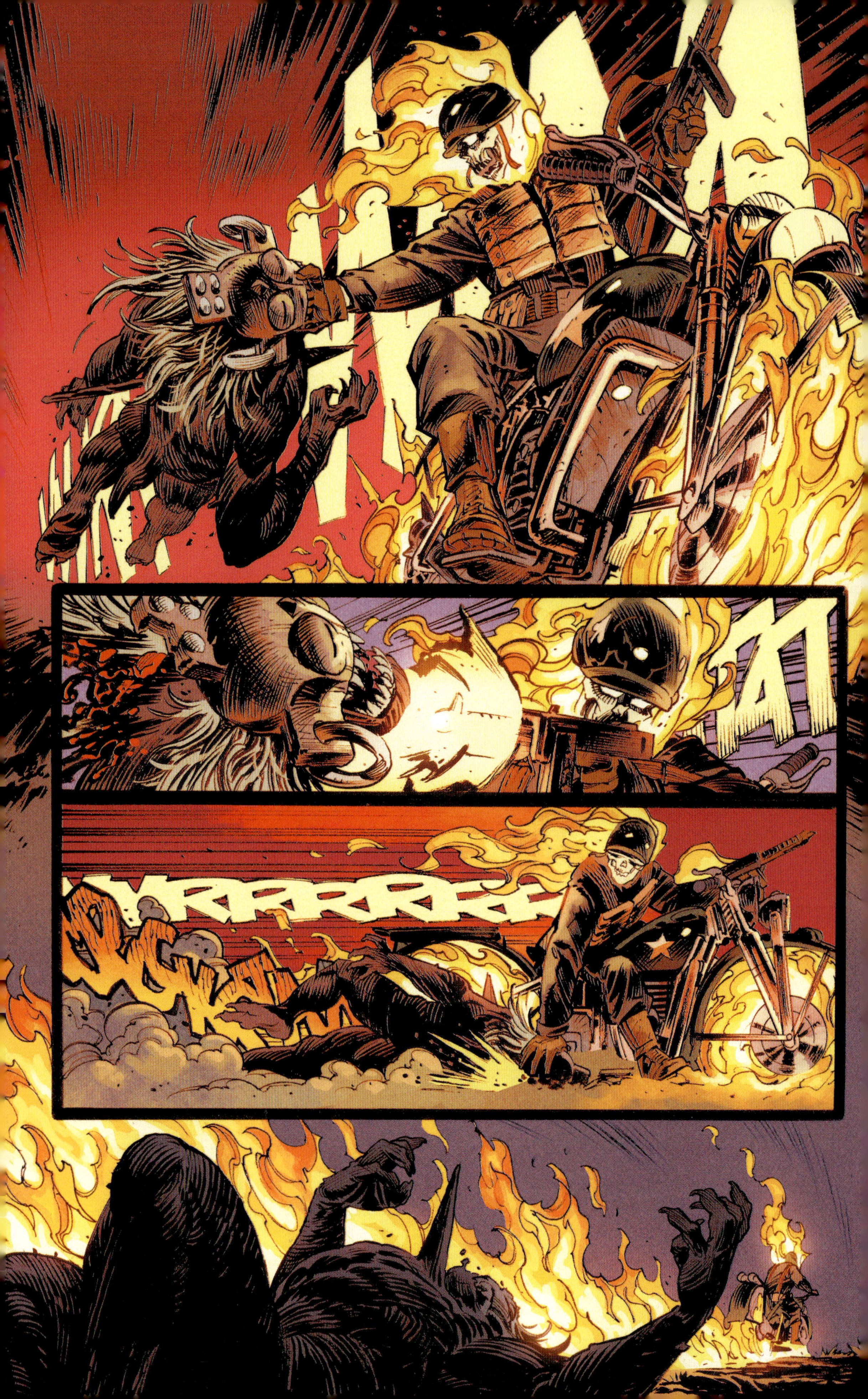
VRRRRRR

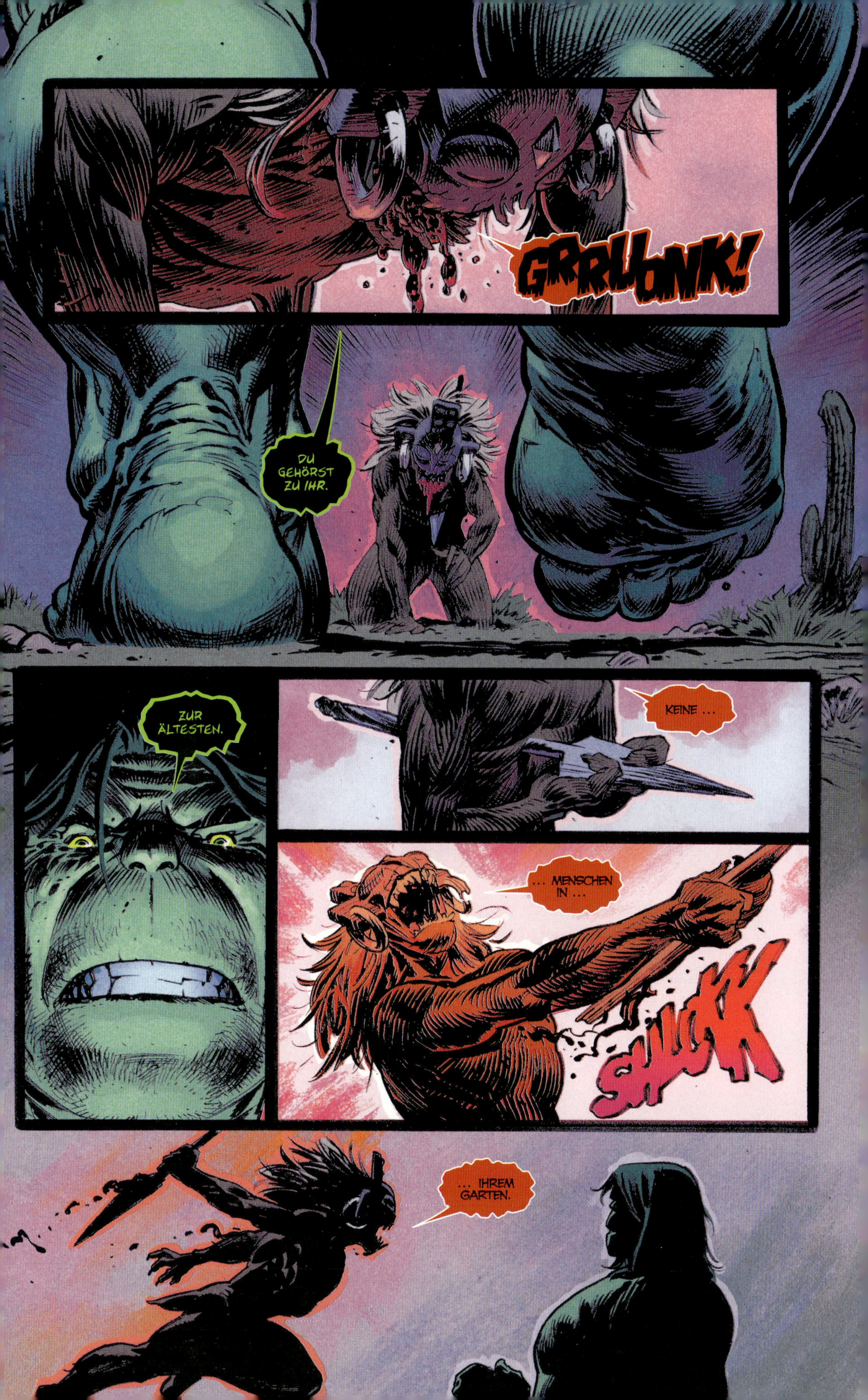
GRRUONK!
DU GEHÖRST ZU IHR.
ZUR ÄLTESTEN.
KEINE ...
... MENSCHEN IN ...
SHUKK
... IHREM GARTEN.

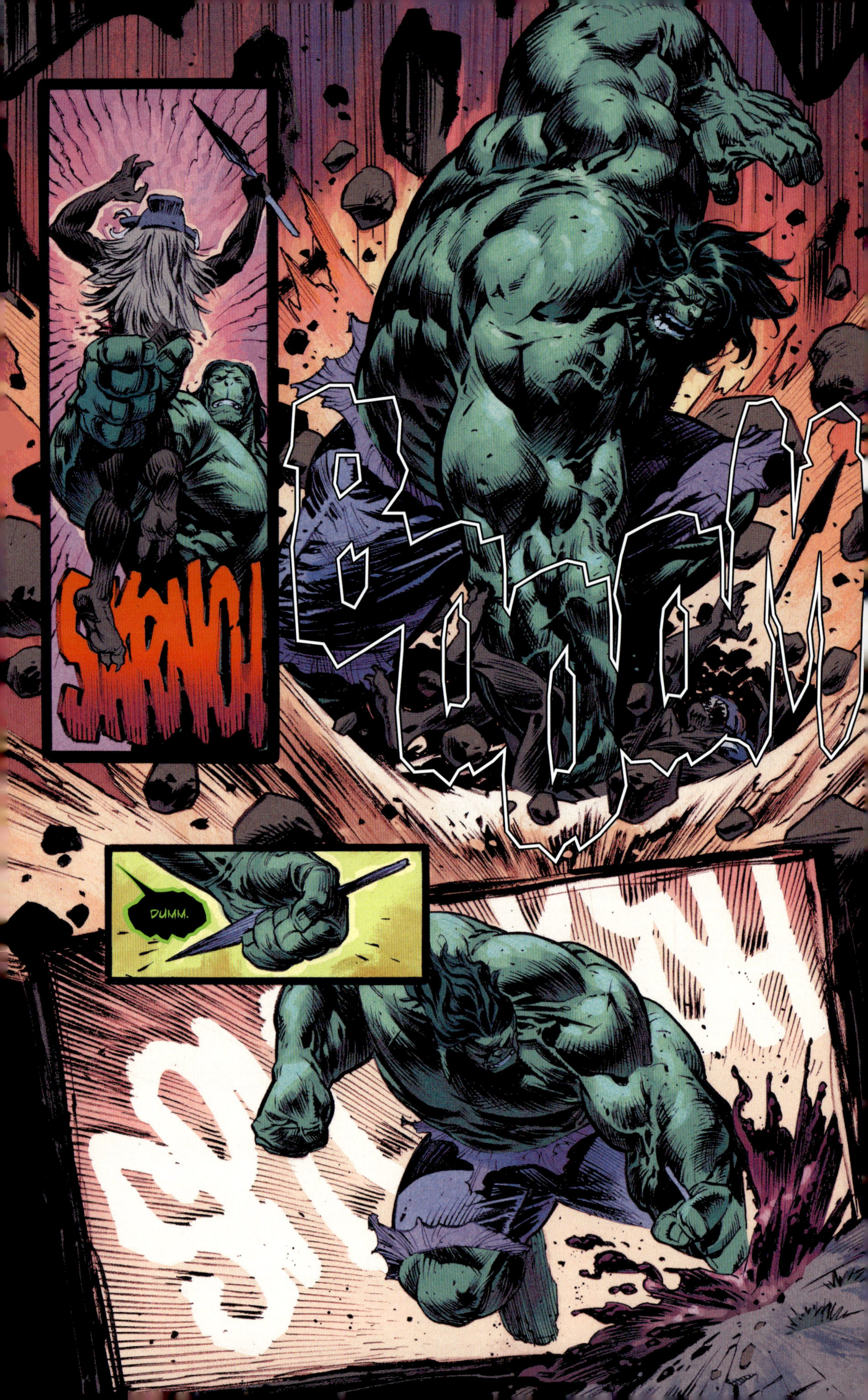
DUMM.

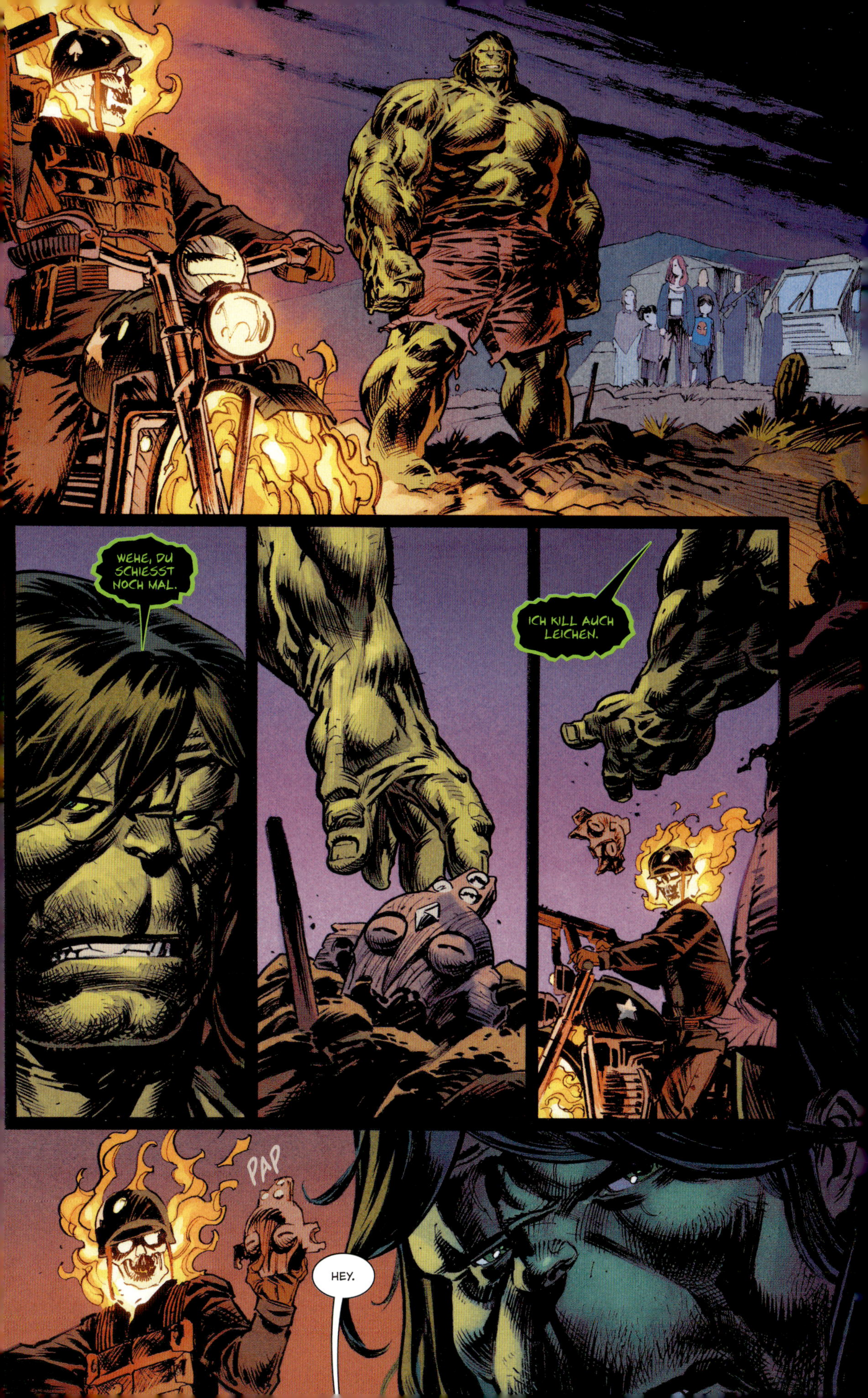
WEHE, DU SCHIESST NOCH MAL.
ICH KILL AUCH LEICHEN.
PAP
HEY.

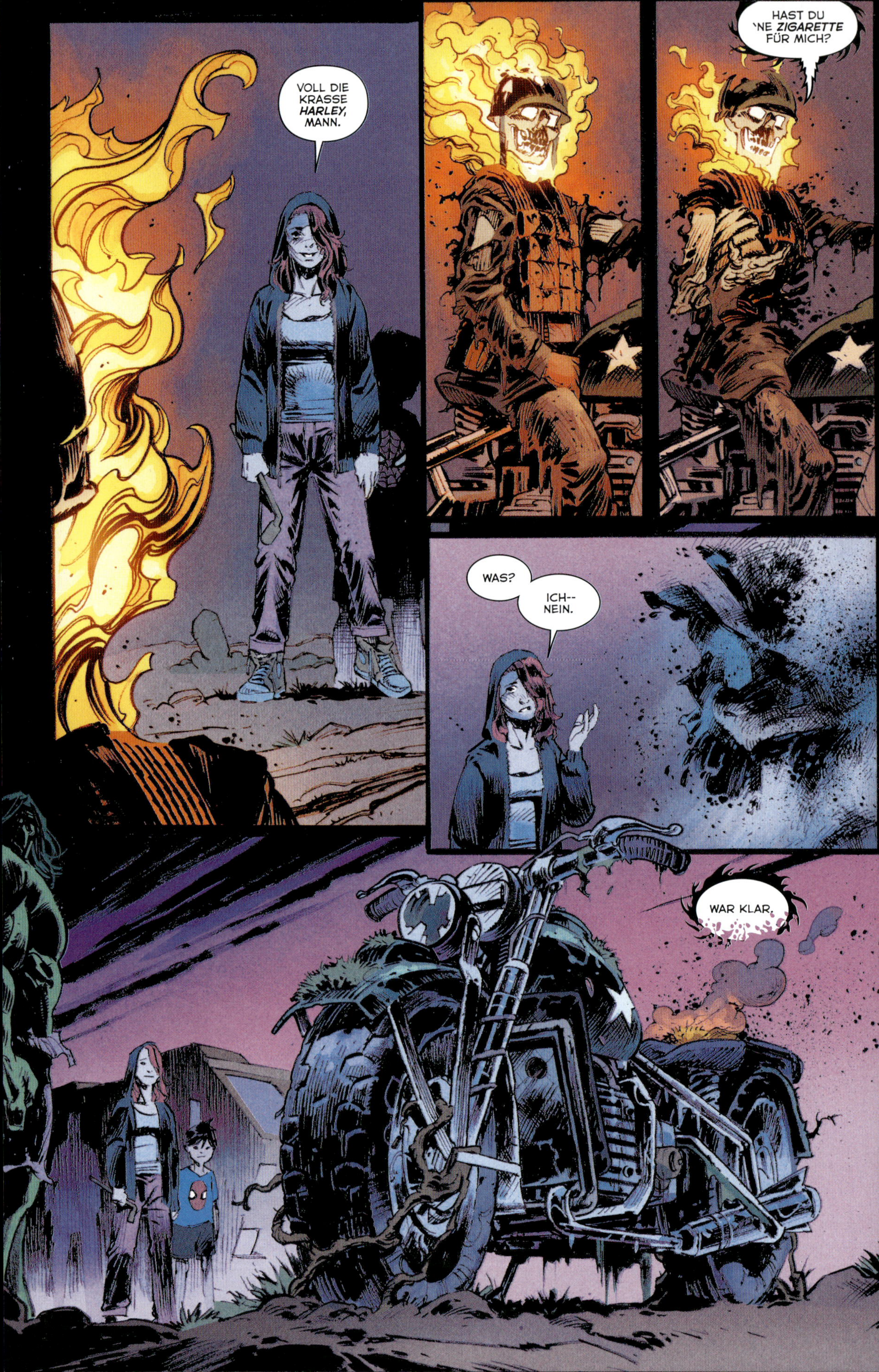
VOLL DIE KRASSE *HARLEY,* MANN.
HAST DU 'NE *ZIGARETTE* FÜR MICH?
WAS?
ICH-- NEIN.
WAR KLAR.

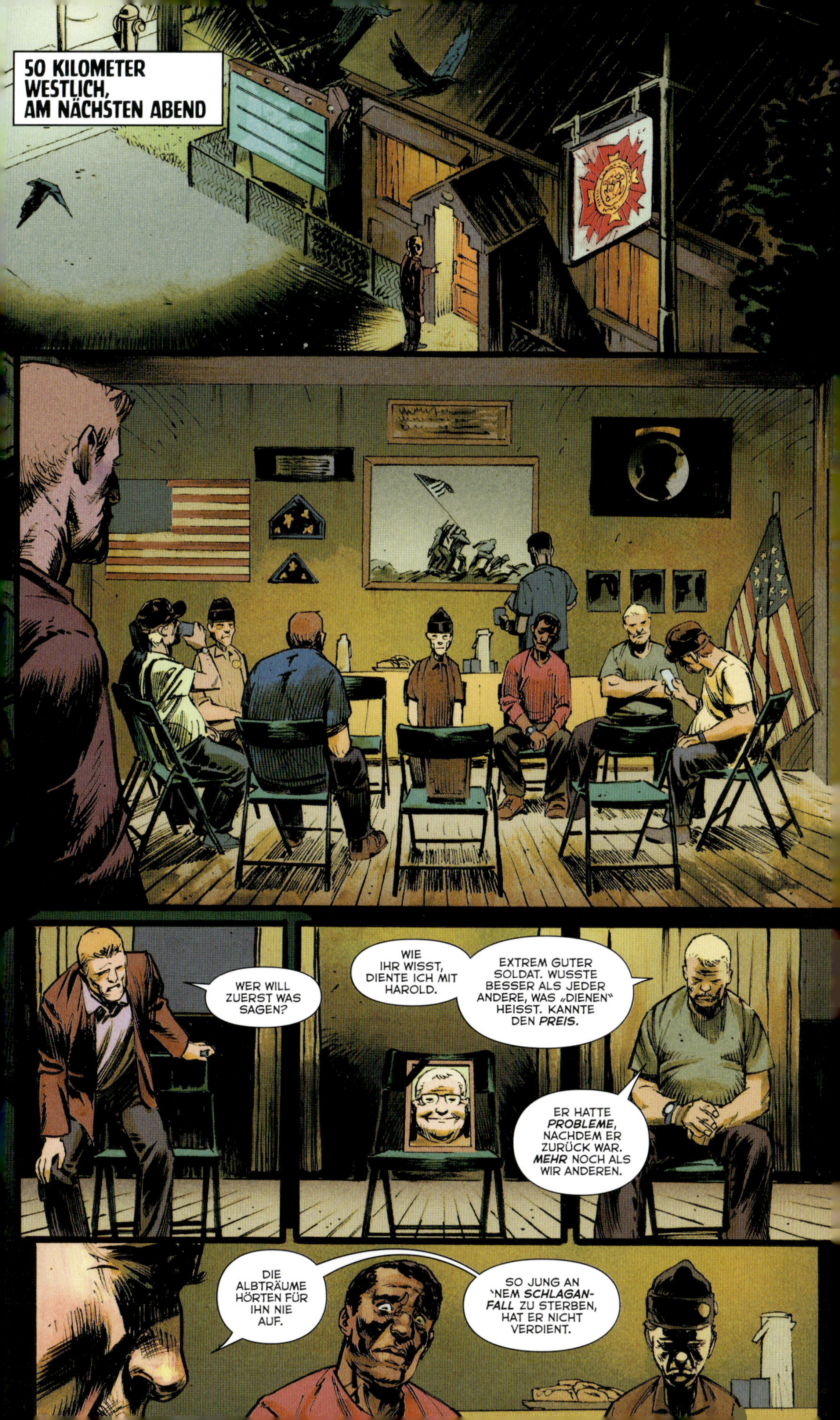
50 KILOMETER WESTLICH, AM NÄCHSTEN ABEND
WER WILL ZUERST WAS SAGEN?
WIE IHR WISST, DIENTE ICH MIT HAROLD.
EXTREM GUTER SOLDAT. WUSSTE BESSER ALS JEDER ANDERE, WAS „DIENEN" HEISST. KANNTE DEN *PREIS*.
ER HATTE *PROBLEME*, NACHDEM ER ZURÜCK WAR. *MEHR* NOCH ALS WIR ANDEREN.
DIE ALBTRÄUME HÖRTEN FÜR IHN NIE AUF.
SO JUNG AN `NEM *SCHLAGANFALL* ZU STERBEN, HAT ER NICHT VERDIENT.

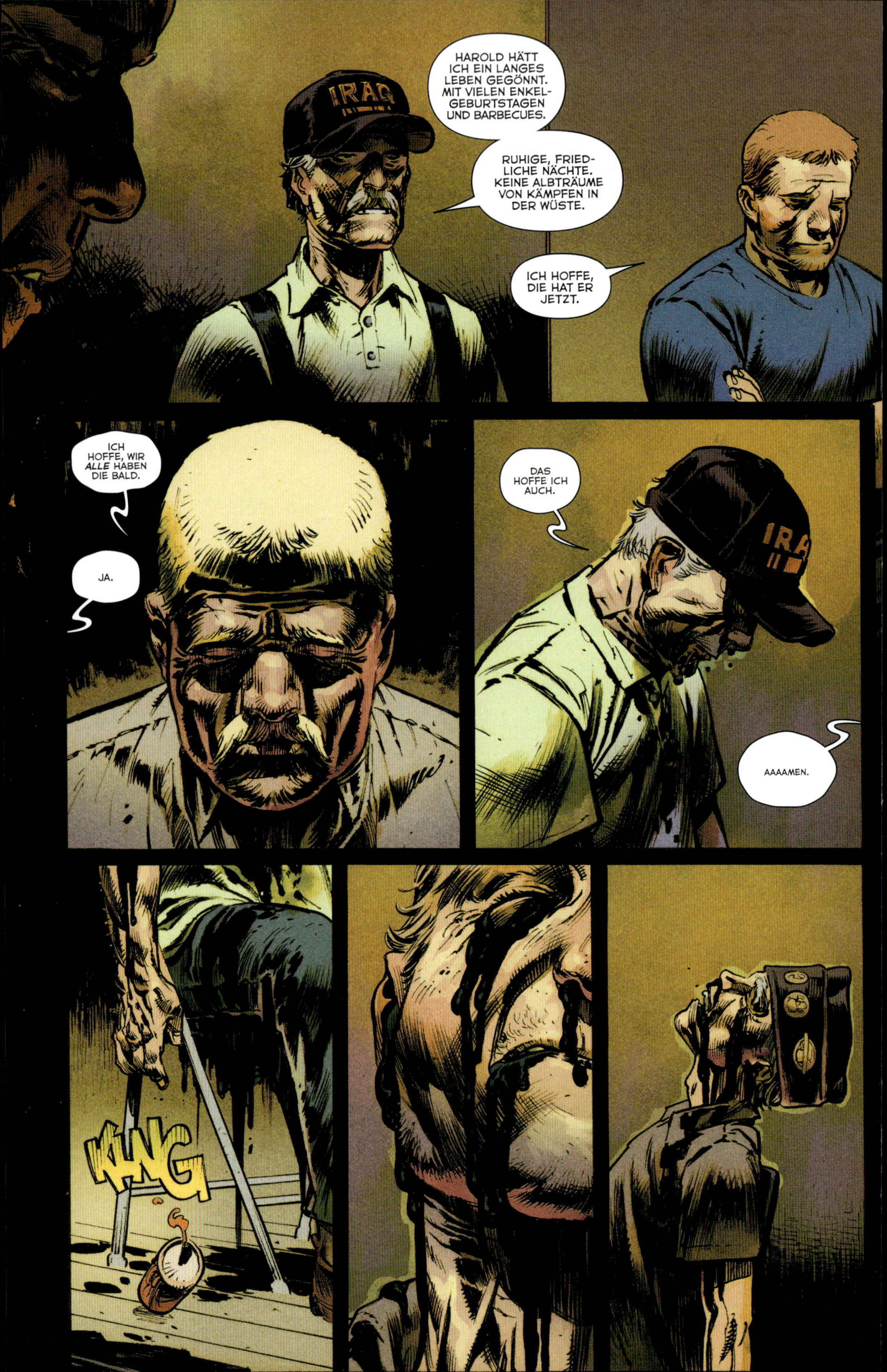
HAROLD HÄTT ICH EIN LANGES LEBEN GEGÖNNT. MIT VIELEN ENKEL-GEBURTSTAGEN UND BARBECUES.
RUHIGE, FRIED-LICHE NÄCHTE. KEINE ALBTRÄUME VON KÄMPFEN IN DER WÜSTE.
ICH HOFFE, DIE HAT ER JETZT.
ICH HOFFE, WIR *ALLE* HABEN DIE BALD.
JA.
DAS HOFFE ICH AUCH.
AAAAMEN.
KLANG

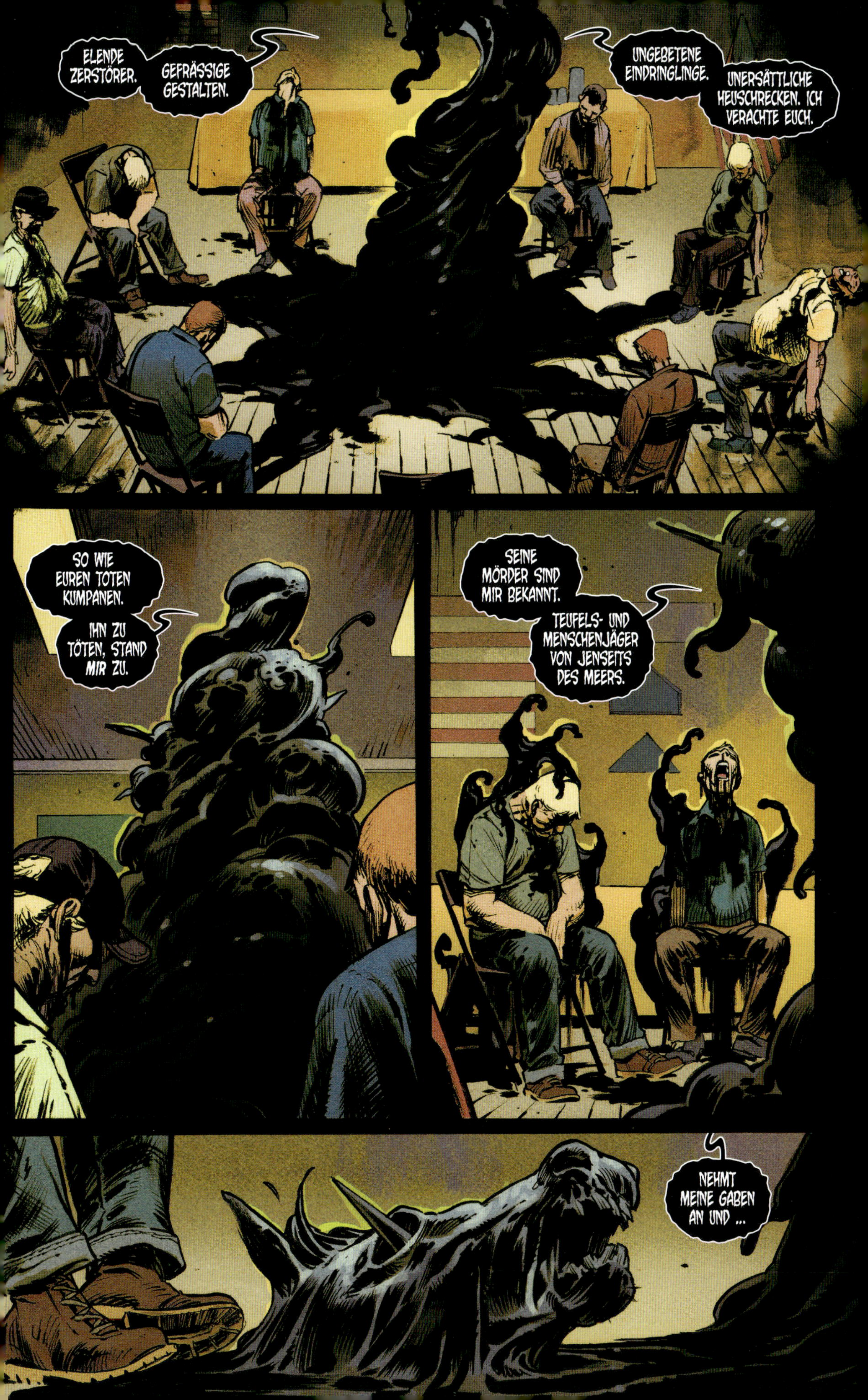
ELENDE ZERSTÖRER.
GEFRÄSSIGE GESTALTEN.
UNGEBETENE EINDRINGLINGE.
UNERSÄTTLICHE HEUSCHRECKEN. ICH VERACHTE EUCH.
SO WIE EUREN TOTEN KUMPANEN.
IHN ZU TÖTEN, STAND *MIR* ZU.
SEINE MÖRDER SIND MIR BEKANNT.
TEUFELS- UND MENSCHENJÄGER VON JENSEITS DES MEERS.
NEHMT MEINE GABEN AN UND ...

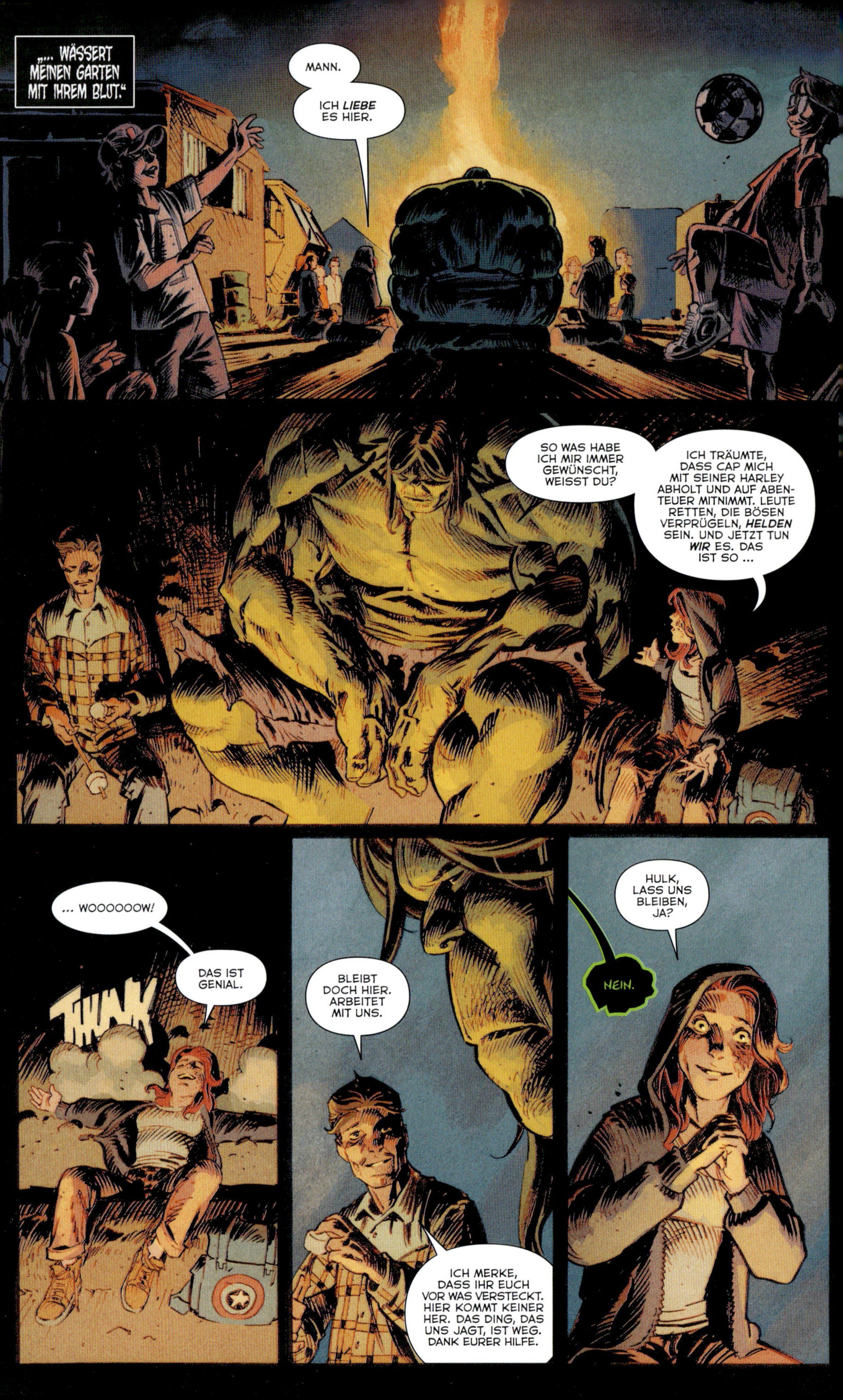
„... WÄSSERT MEINEN GARTEN MIT IHREM BLUT."
MANN.
ICH LIEBE ES HIER.
SO WAS HABE ICH MIR IMMER GEWÜNSCHT, WEISST DU?
ICH TRÄUMTE, DASS CAP MICH MIT SEINER HARLEY ABHOLT UND AUF ABENTEUER MITNIMMT. LEUTE RETTEN, DIE BÖSEN VERPRÜGELN, HELDEN SEIN. UND JETZT TUN WIR ES. DAS IST SO ...
... WOOOOOOW!
DAS IST GENIAL.
THUNK
BLEIBT DOCH HIER. ARBEITET MIT UNS.
ICH MERKE, DASS IHR EUCH VOR WAS VERSTECKT. HIER KOMMT KEINER HER. DAS DING, DAS UNS JAGT, IST WEG. DANK EURER HILFE.
HULK, LASS UNS BLEIBEN, JA?
NEIN.

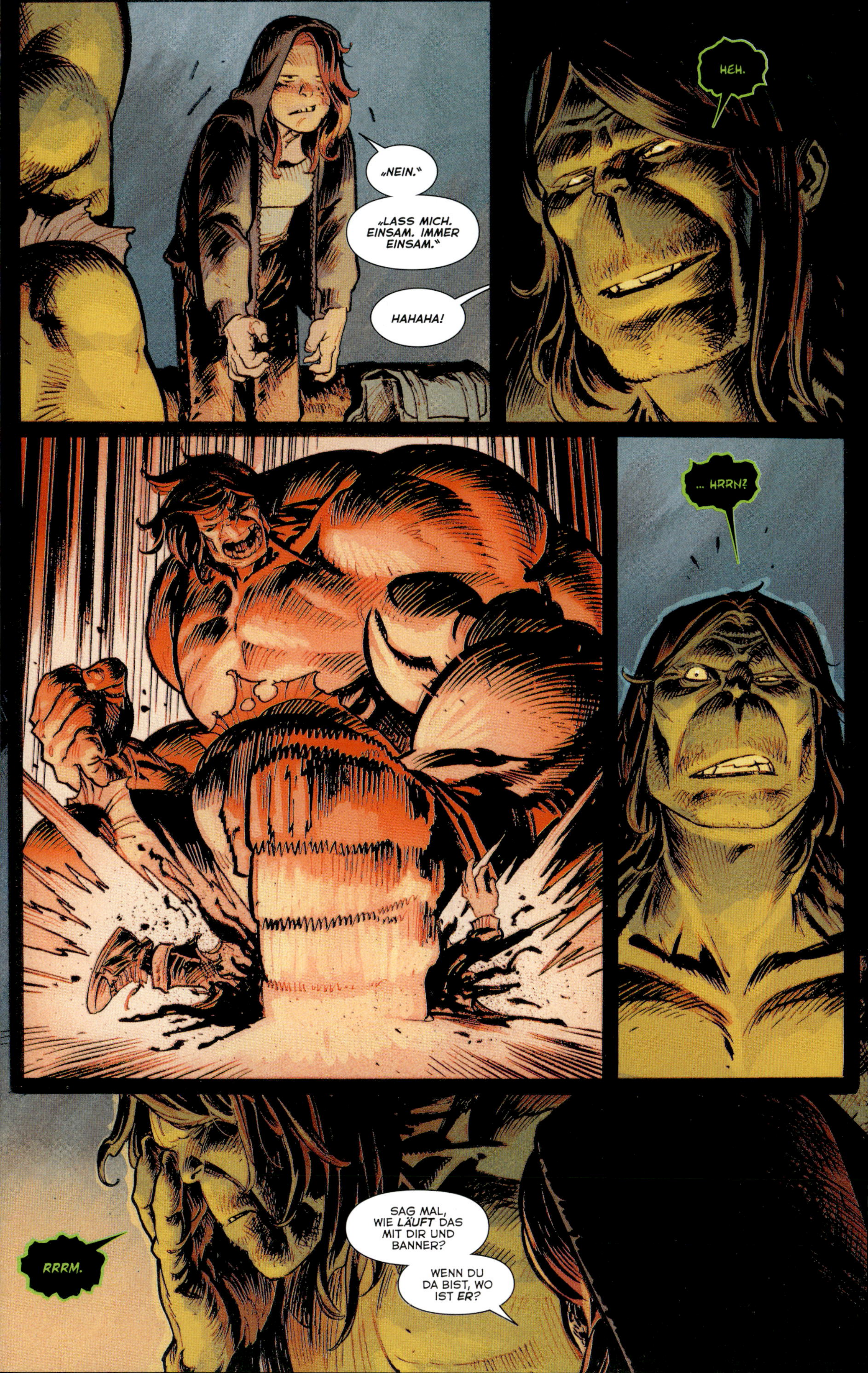
„NEIN."
„LASS MICH. EINSAM. IMMER EINSAM."
HAHAHA!
HEH.
... HRRN?
SAG MAL, WIE *LÄUFT* DAS MIT DIR UND BANNER?
WENN DU DA BIST, WO IST *ER*?
RRRM.

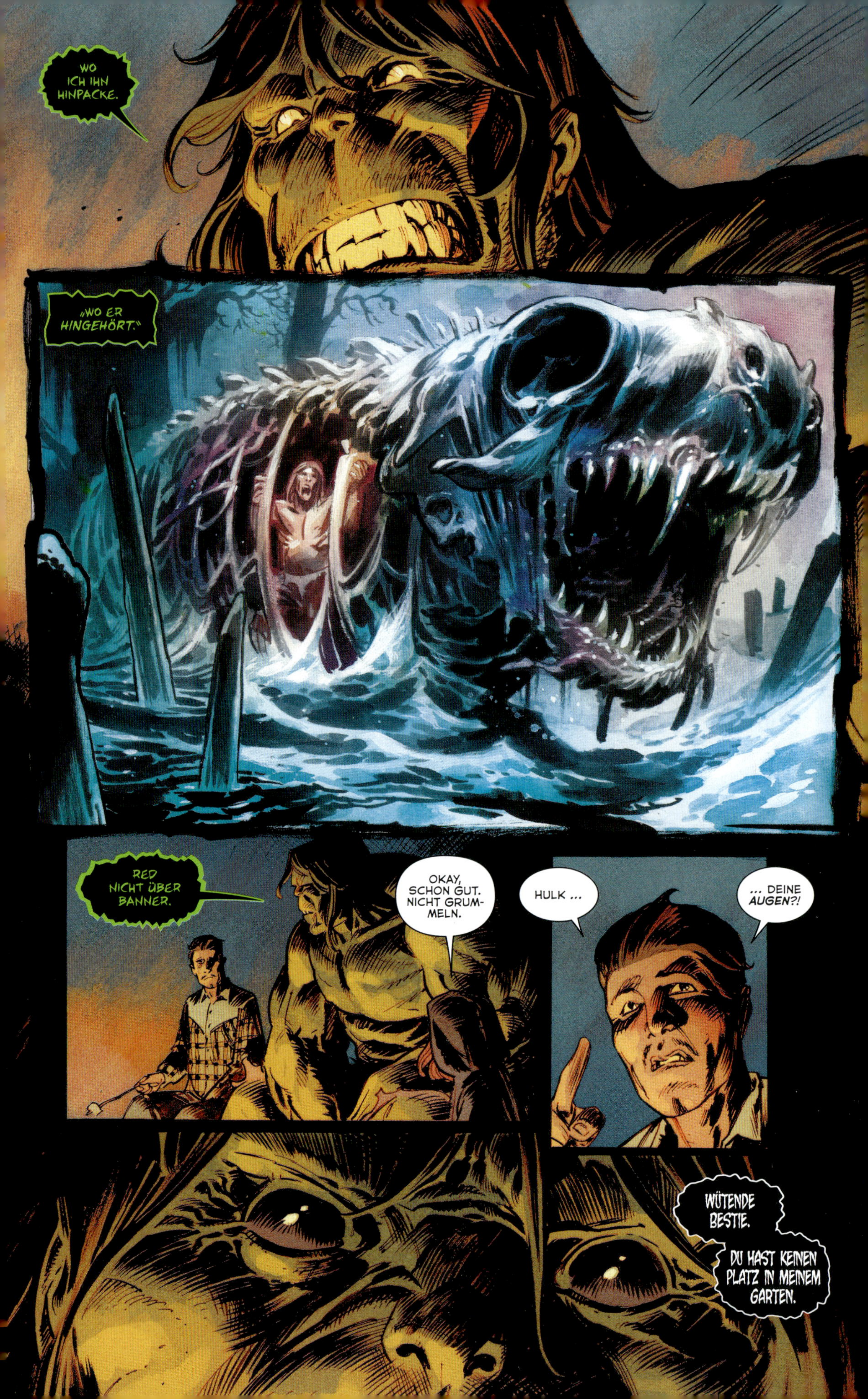
WO ICH IHN HINPACKE.
„WO ER HINGEHÖRT."
RED NICHT ÜBER BANNER.
OKAY, SCHON GUT. NICHT GRUM-MELN.
HULK ...
... DEINE AUGEN?!
WÜTENDE BESTIE.
DU HAST KEINEN PLATZ IN MEINEM GARTEN.

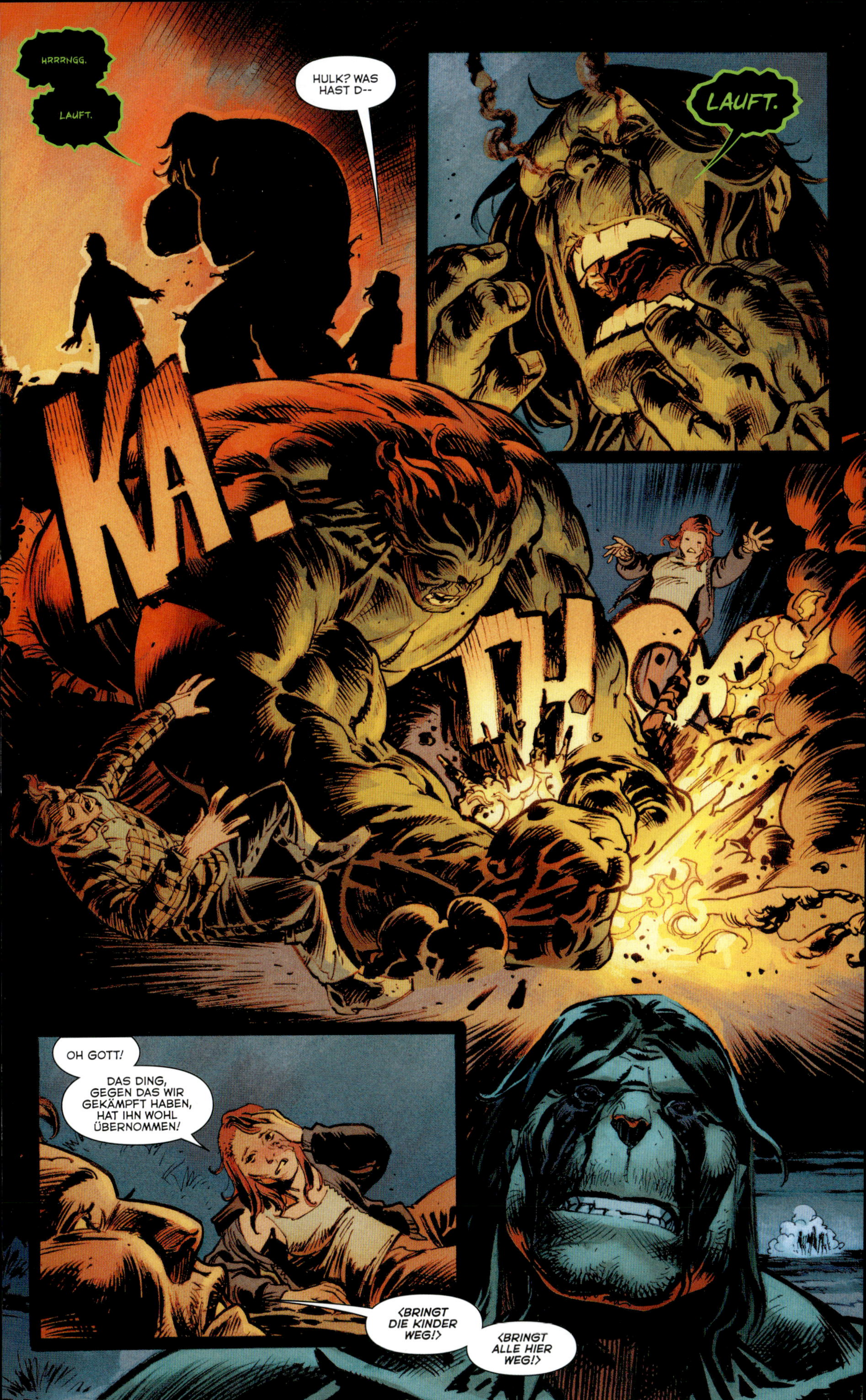
HRRRNGG.
LAUFT.
HULK? WAS HAST D--
LAUFT.
KA-
TH-
OH GOTT!
DAS DING, GEGEN DAS WIR GEKÄMPFT HABEN, HAT IHN WOHL ÜBERNOMMEN!
‹BRINGT DIE KINDER WEG!›
‹BRINGT ALLE HIER WEG!›

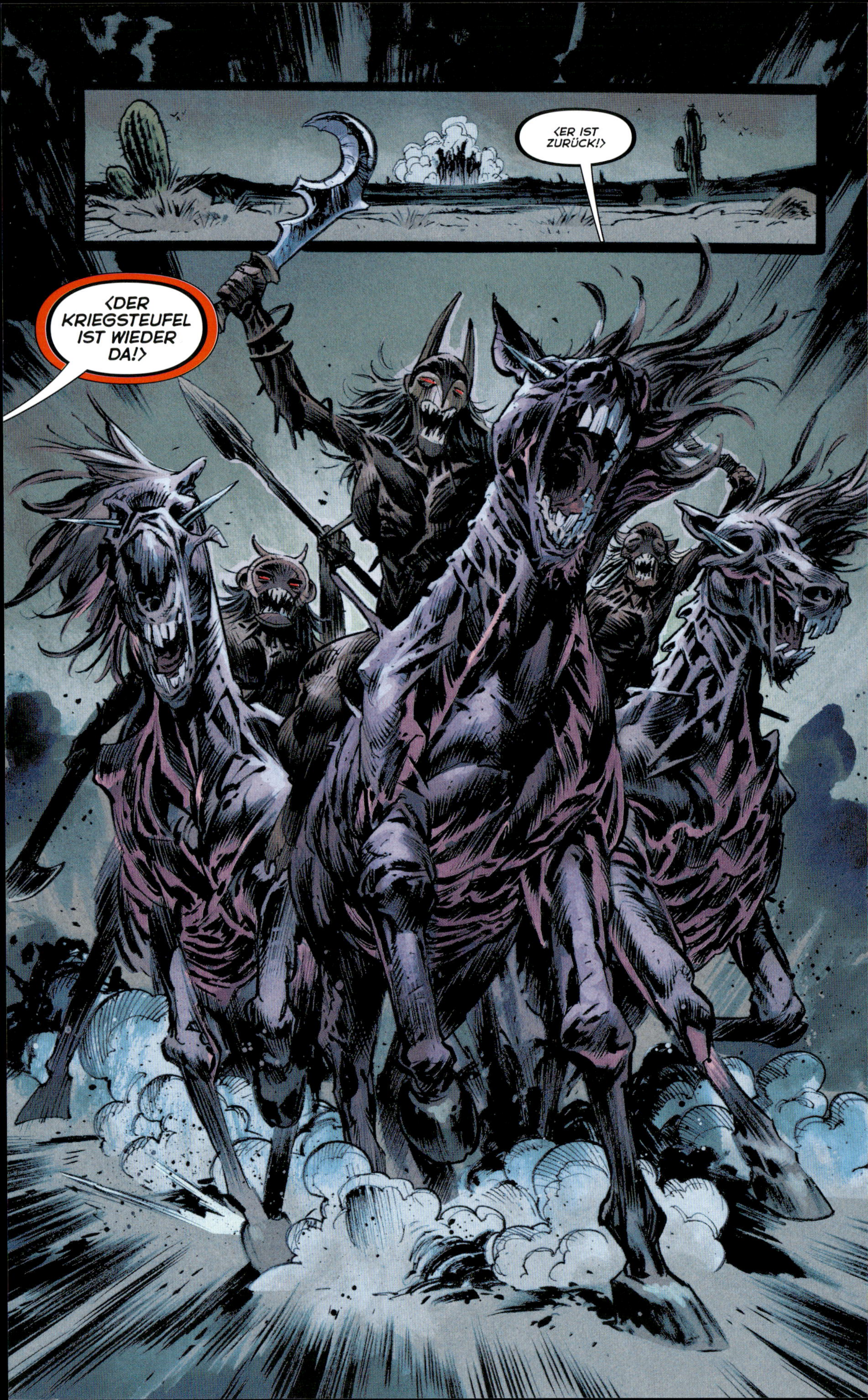
‹ER IST ZURÜCK!›
‹DER KRIEGSTEUFEL IST WIEDER DA!›

GEISTER DER RACHE, TEIL 3

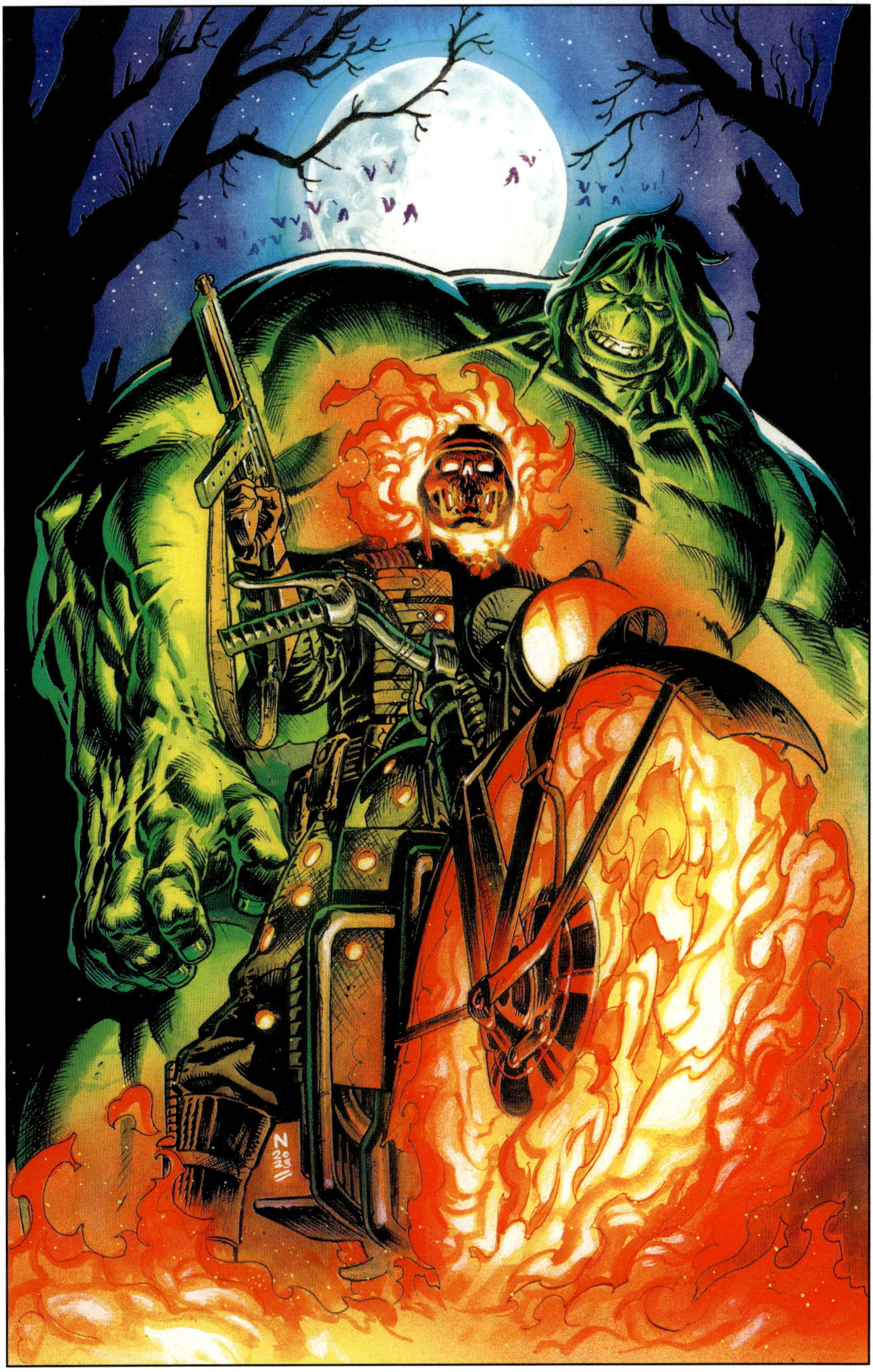

Incredible Hulk (2023) 8
Cover von **NIC KLEIN**

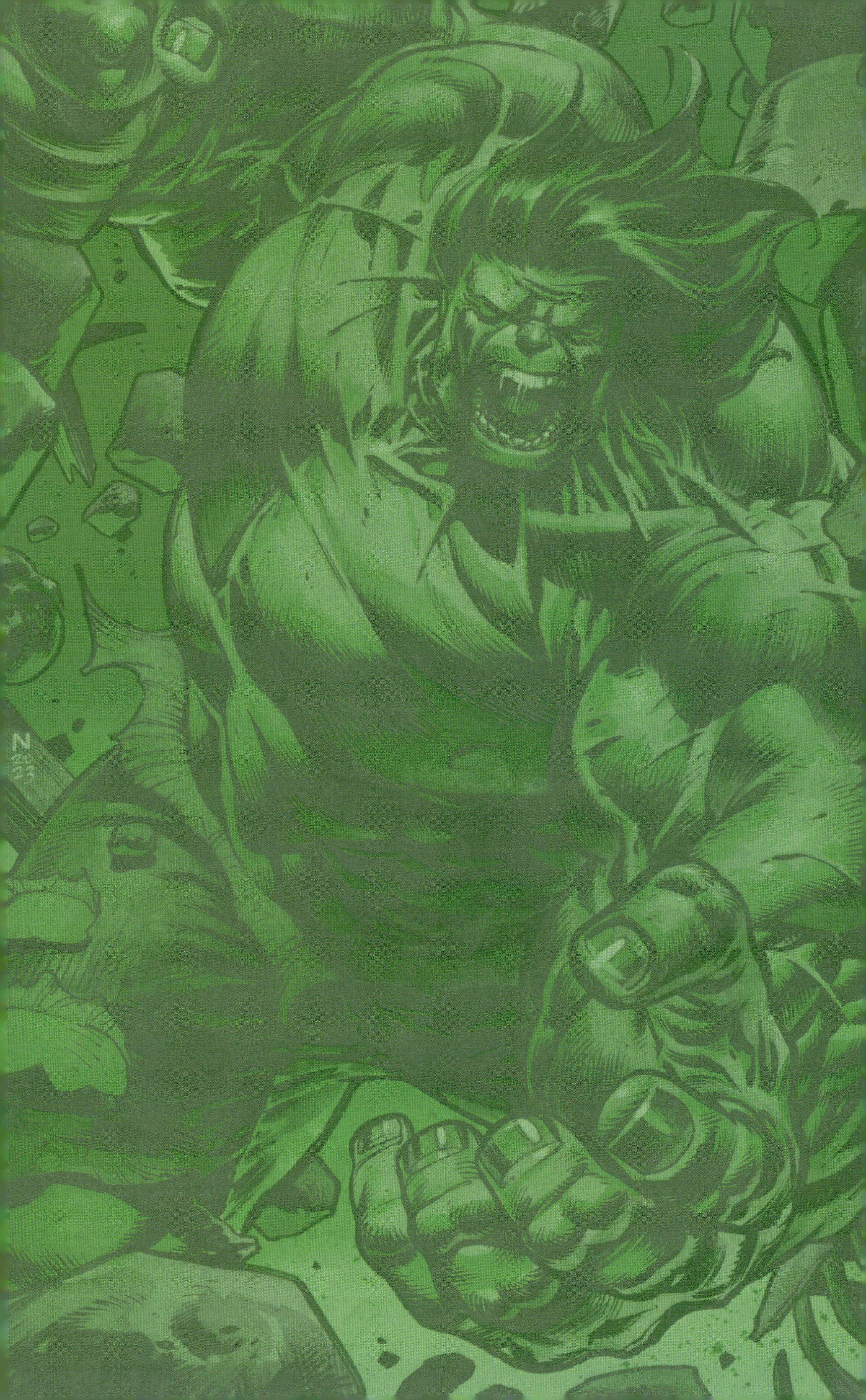

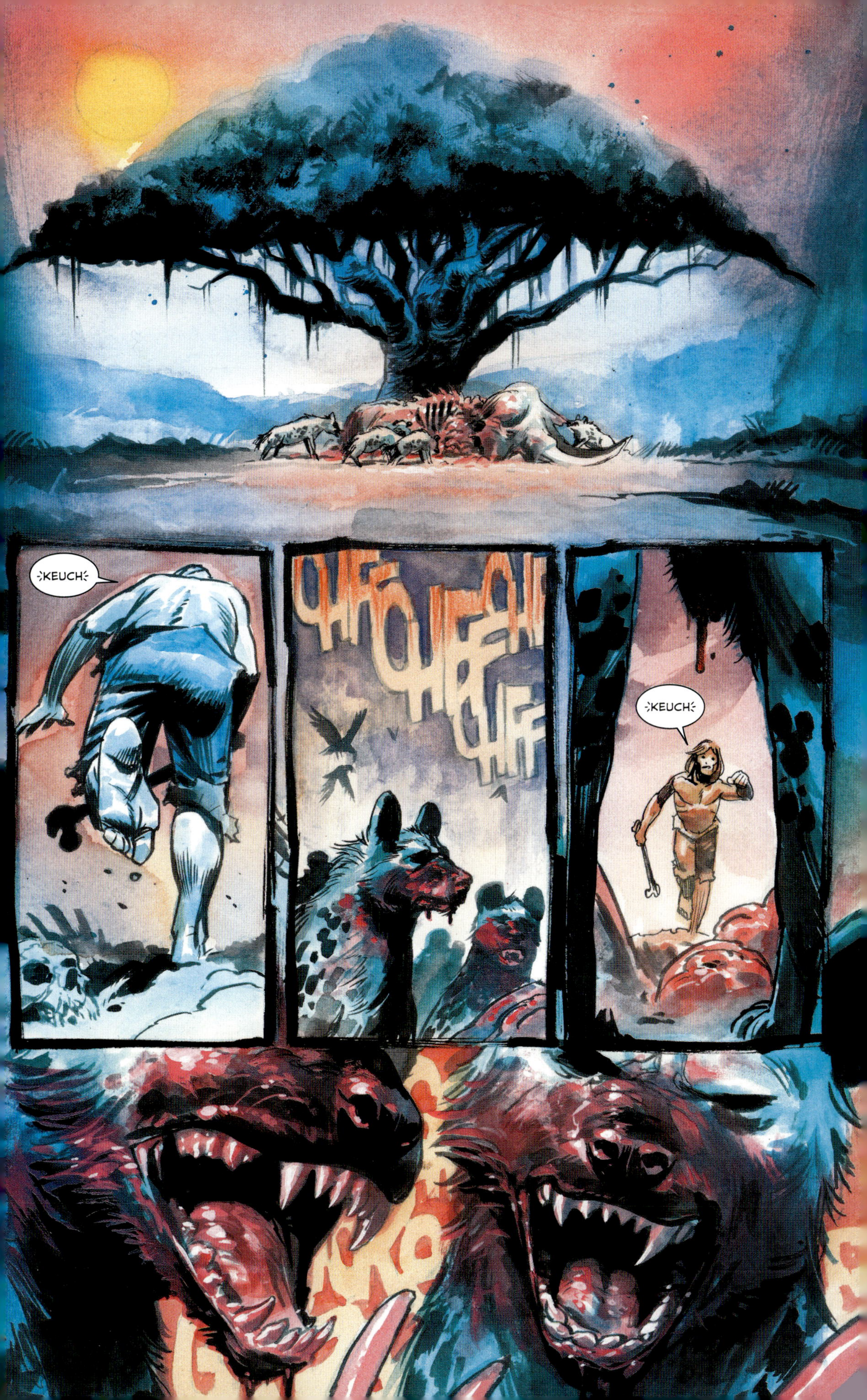
KEUCH
KEUCH

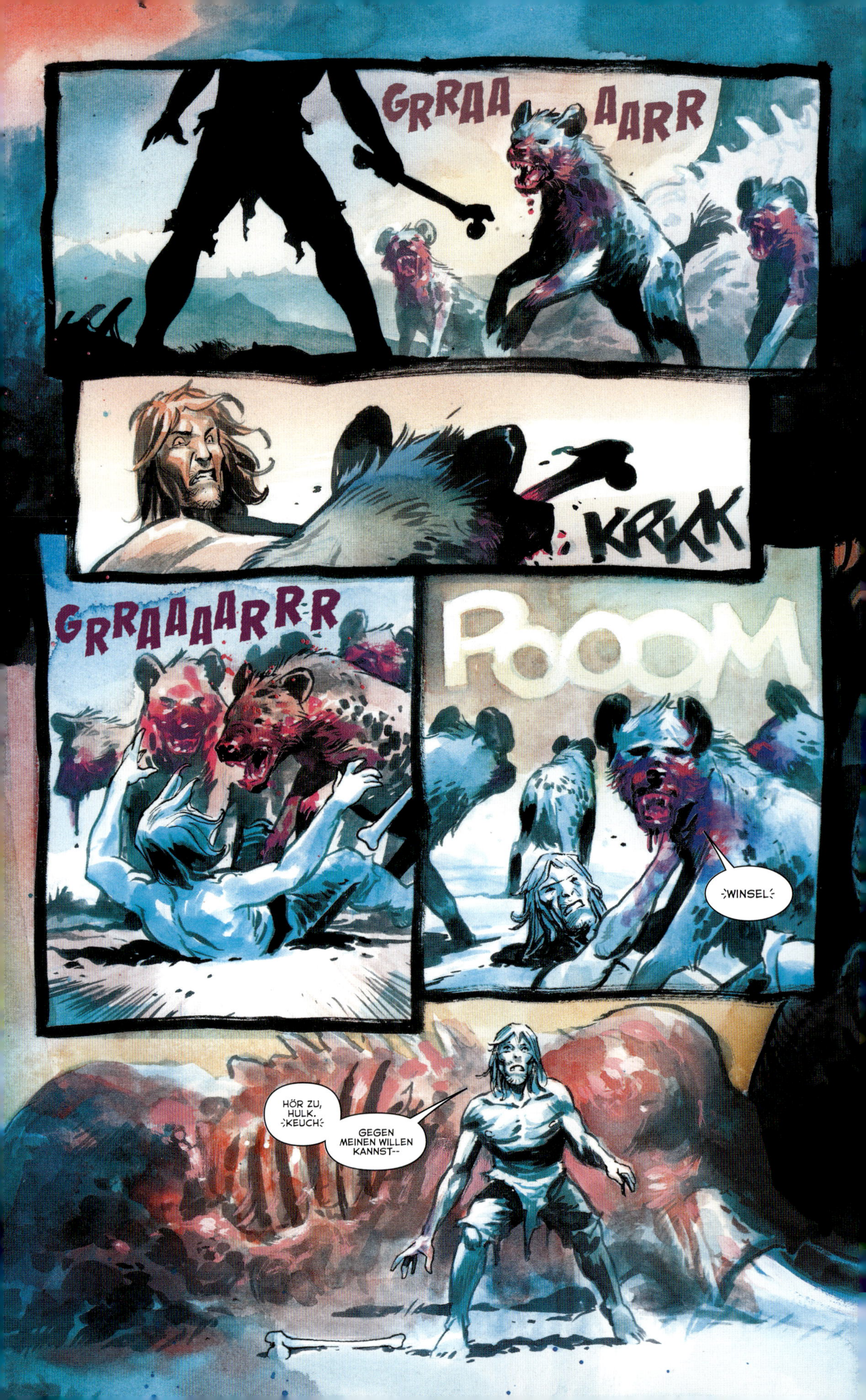

GRRAA AARR
KRKK
GRRAAAARRR
POOOM
WINSEL
HÖR ZU, HULK. KEUCH
GEGEN MEINEN WILLEN KANNST--

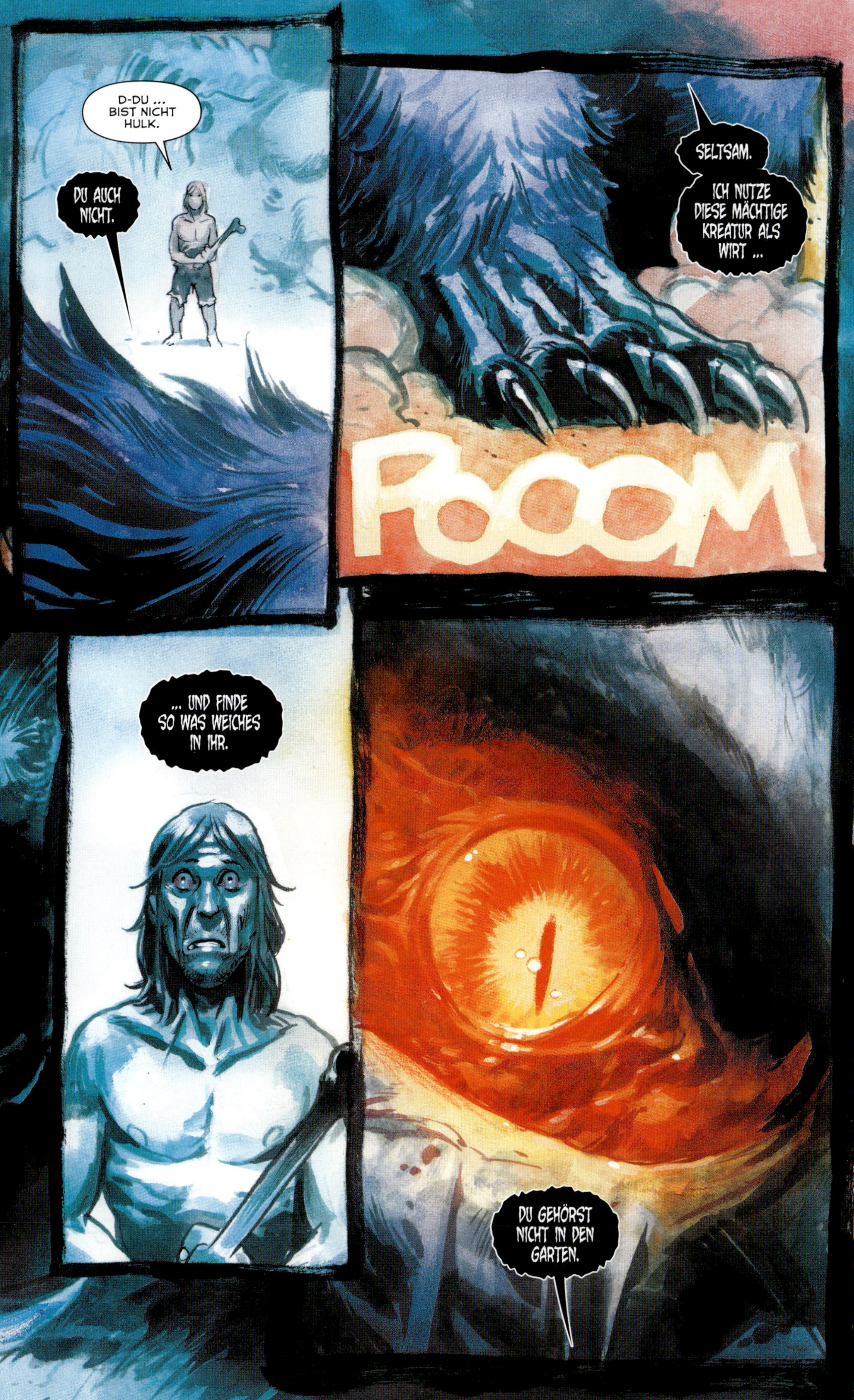
D-DU ... BIST NICHT HULK.
DU AUCH NICHT.
SELTSAM.
ICH NUTZE DIESE MÄCHTIGE KREATUR ALS WIRT ...
POOOM
... UND FINDE SO WAS WEICHES IN IHR.
DU GEHÖRST NICHT IN DEN GARTEN.

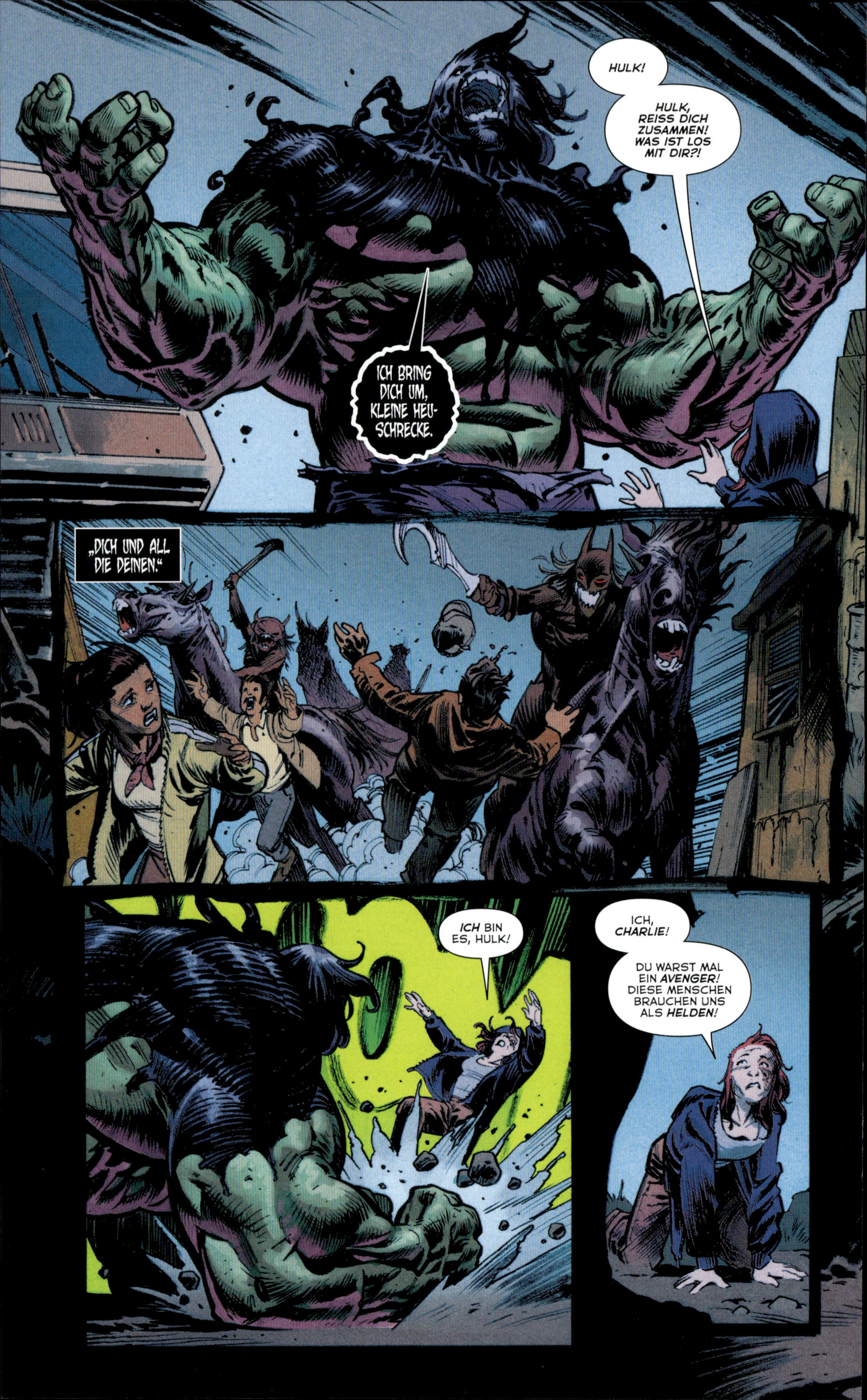

HULK!
HULK, REISS DICH ZUSAMMEN! WAS IST LOS MIT DIR?!
ICH BRING DICH UM, KLEINE HEU-SCHRECKE.
„DICH UND ALL DIE DEINEN."
ICH BIN ES, HULK!
ICH, CHARLIE!
DU WARST MAL EIN AVENGER! DIESE MENSCHEN BRAUCHEN UNS ALS HELDEN!

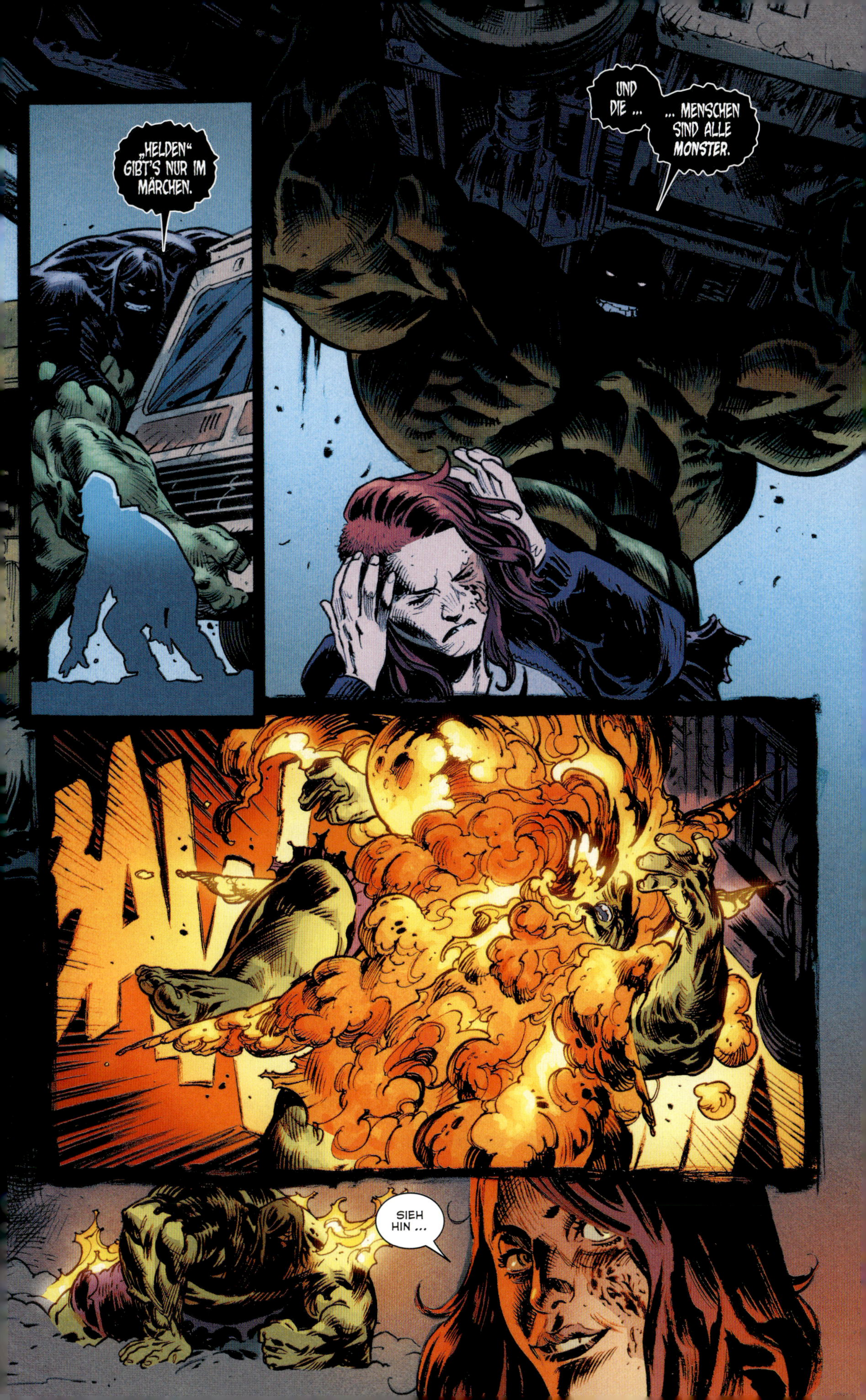
„HELDEN“ GIBT'S NUR IM MÄRCHEN.
UND DIE ...
... MENSCHEN SIND ALLE MONSTER.
SIEH HIN ...

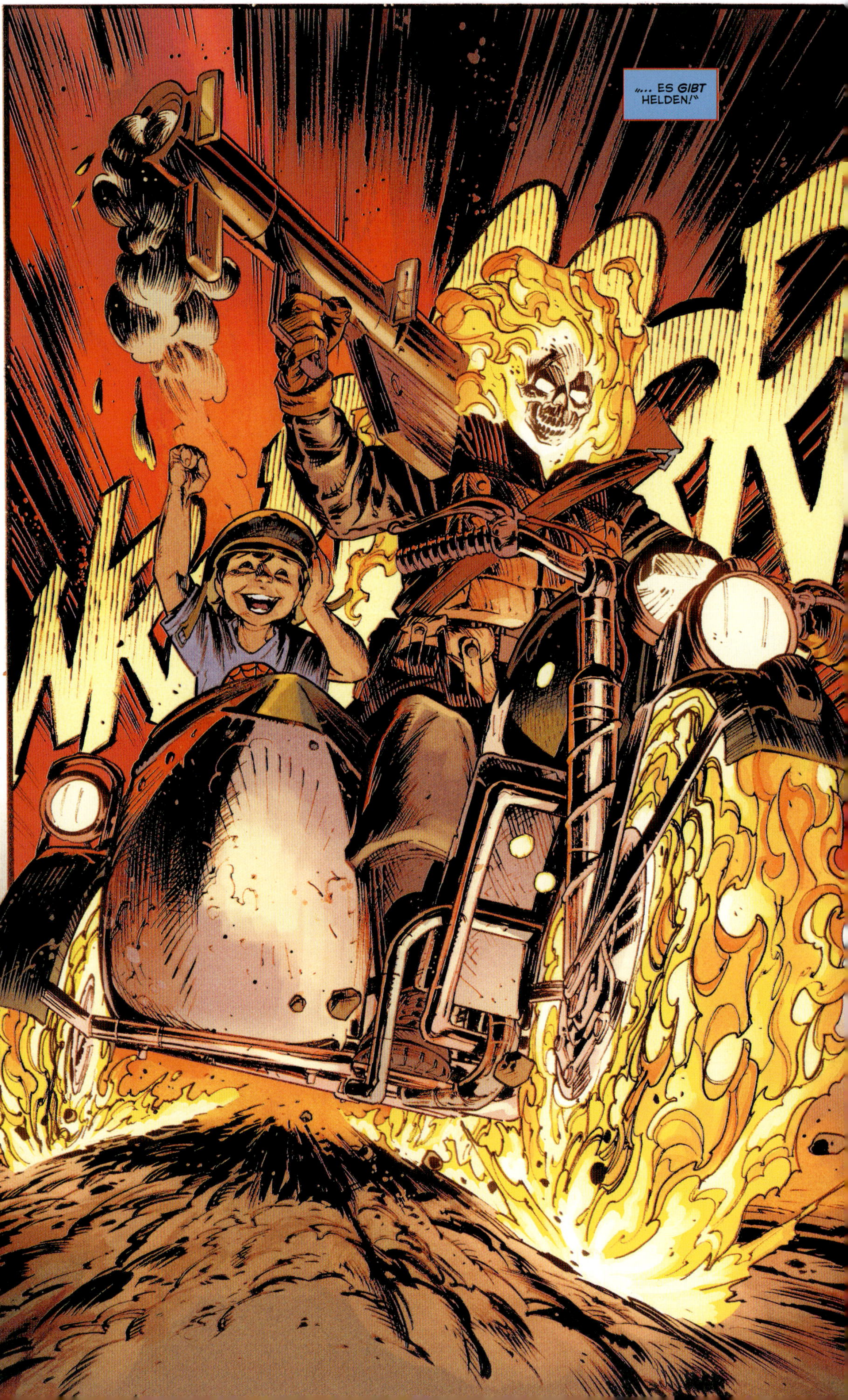
„... ES GIBT HELDEN!“

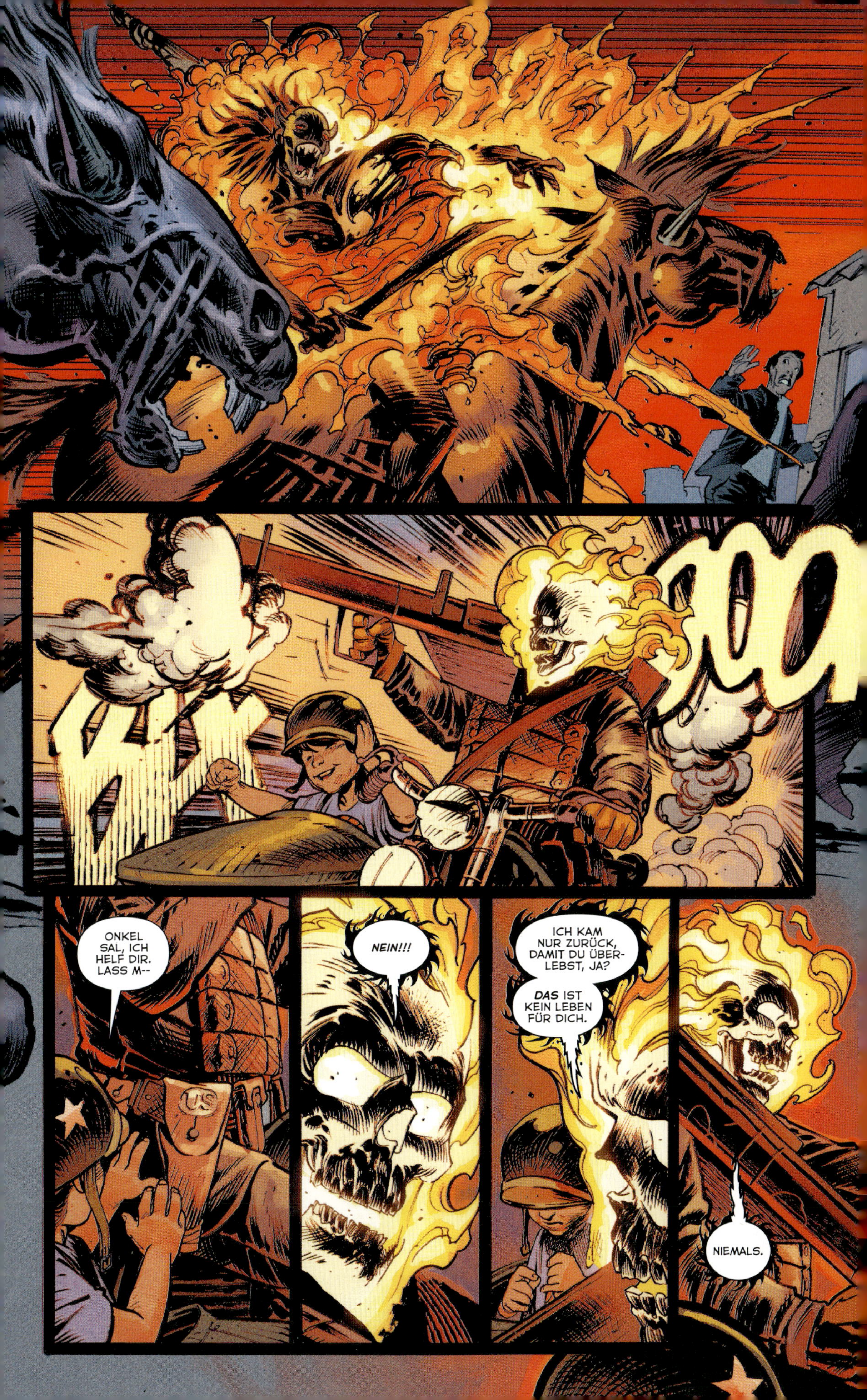
ONKEL SAL, ICH HELF DIR. LASS M--
NEIN!!!
ICH KAM NUR ZURÜCK, DAMIT DU ÜBERLEBST, JA?
DAS IST KEIN LEBEN FÜR DICH.
NIEMALS.

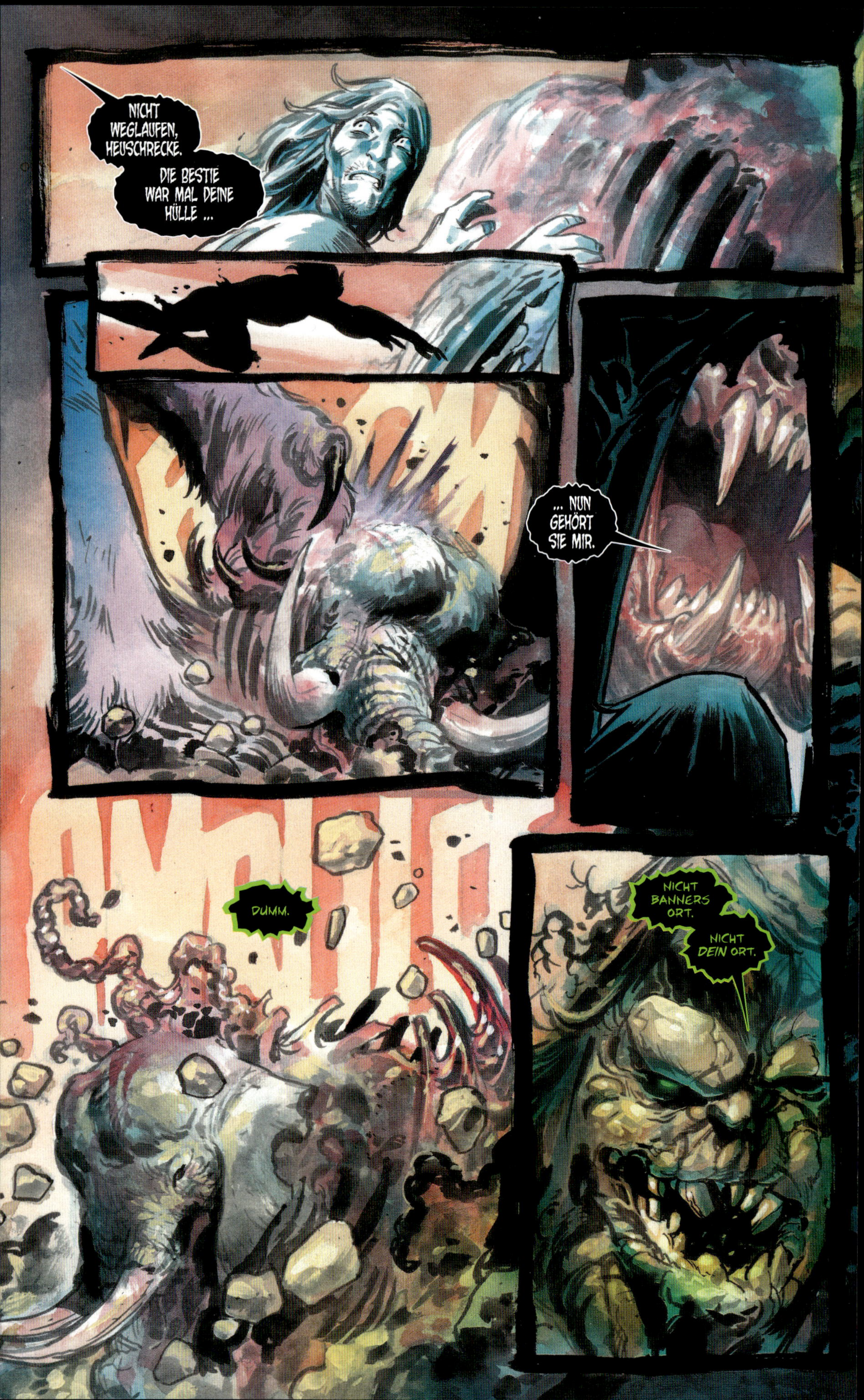

NICHT WEGLAUFEN, HEUSCHRECKE.
DIE BESTIE WAR MAL DEINE HÜLLE ...
... NUN GEHÖRT SIE MIR.
DUMM.
NICHT BANNERS ORT.
NICHT *DEIN* ORT.

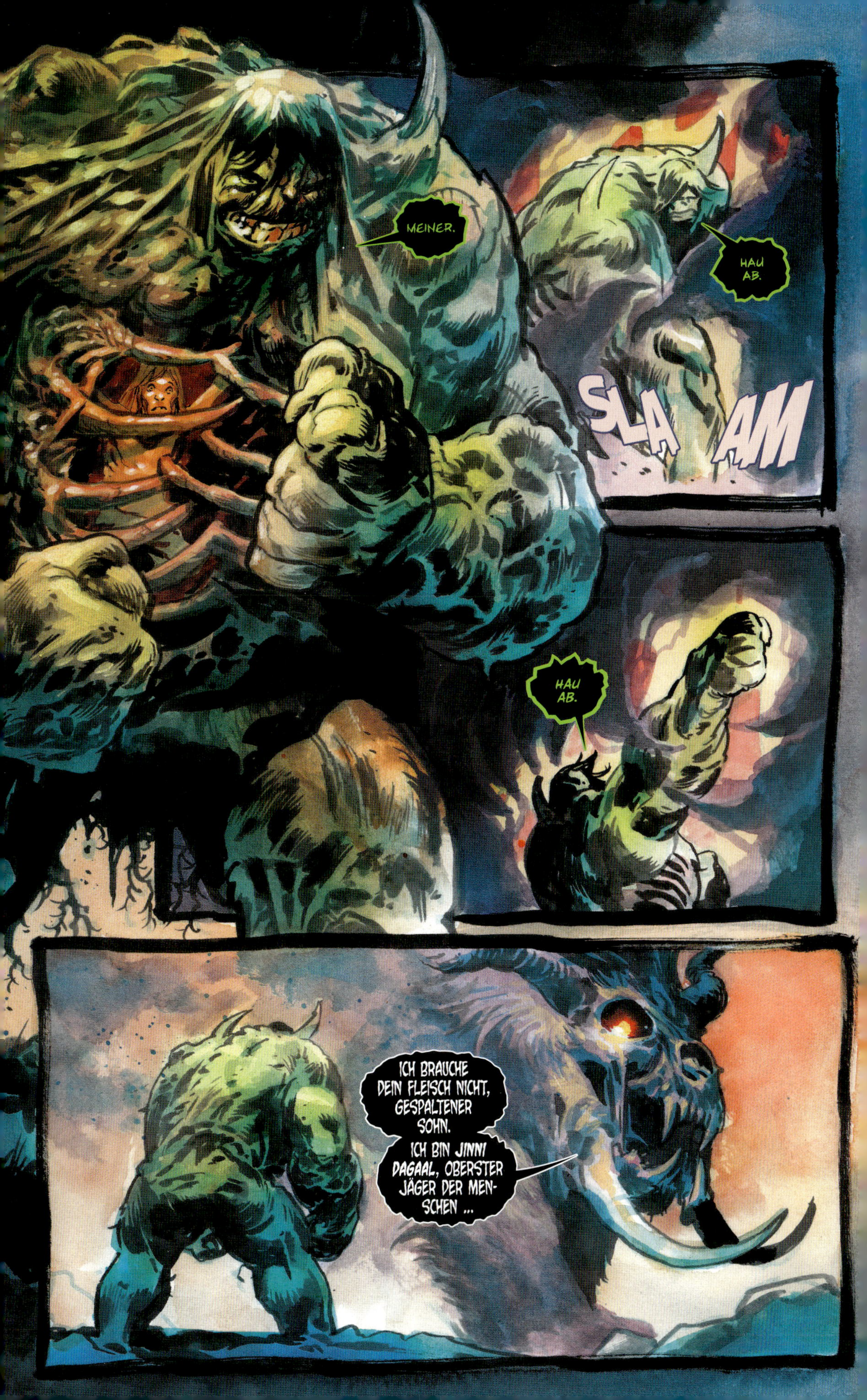
MEINER.
HAU AB.
SLAAM
HAU AB.
ICH BRAUCHE DEIN FLEISCH NICHT, GESPALTENER SOHN.
ICH BIN JINNI DAGAAL, OBERSTER JÄGER DER MENSCHEN ...

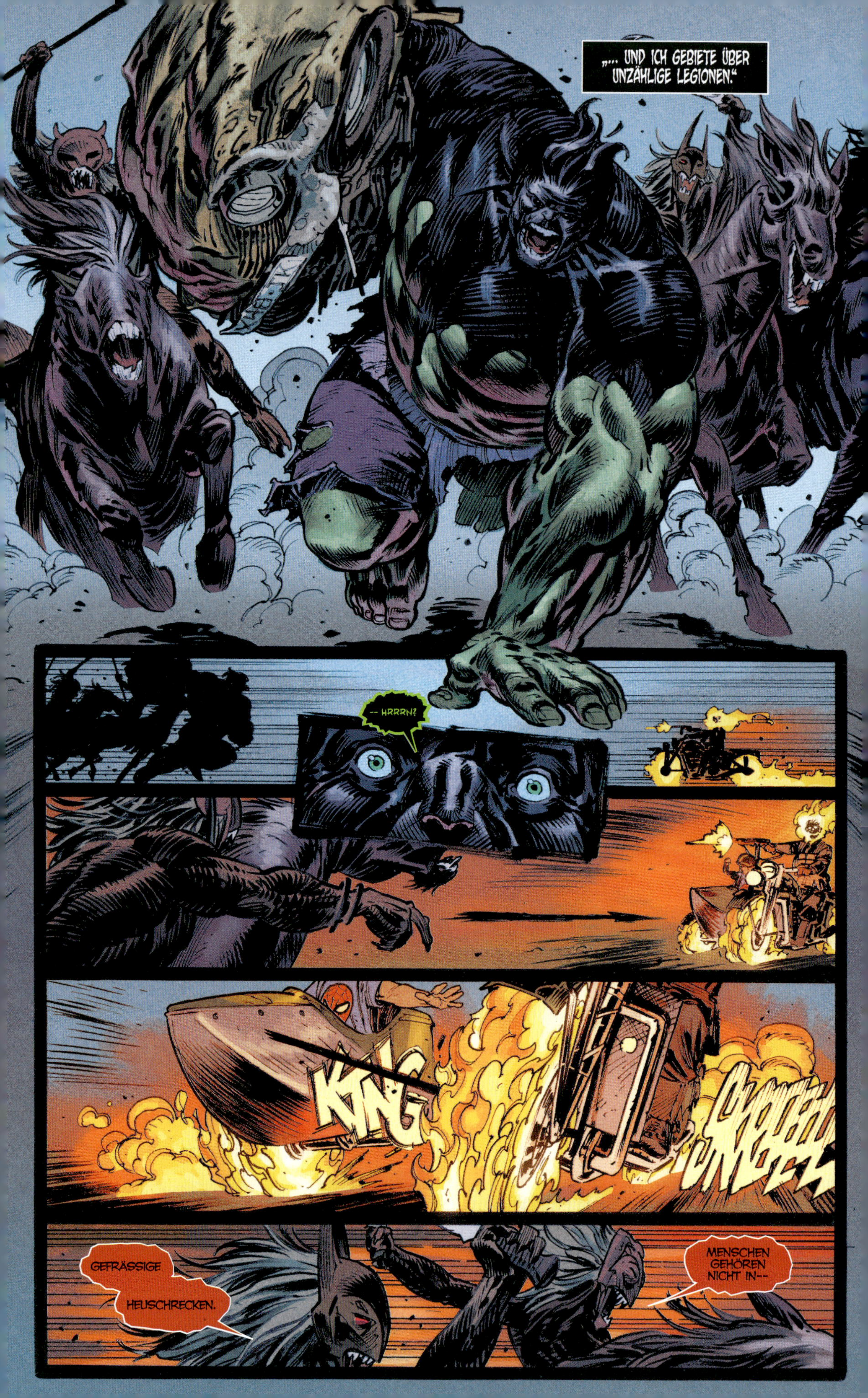
„... UND ICH GEBIETE ÜBER UNZÄHLIGE LEGIONEN.“
-- HRRRN?
KTNG
GEFRÄSSIGE HEUSCHRECKEN.
MENSCHEN GEHÖREN NICHT IN--

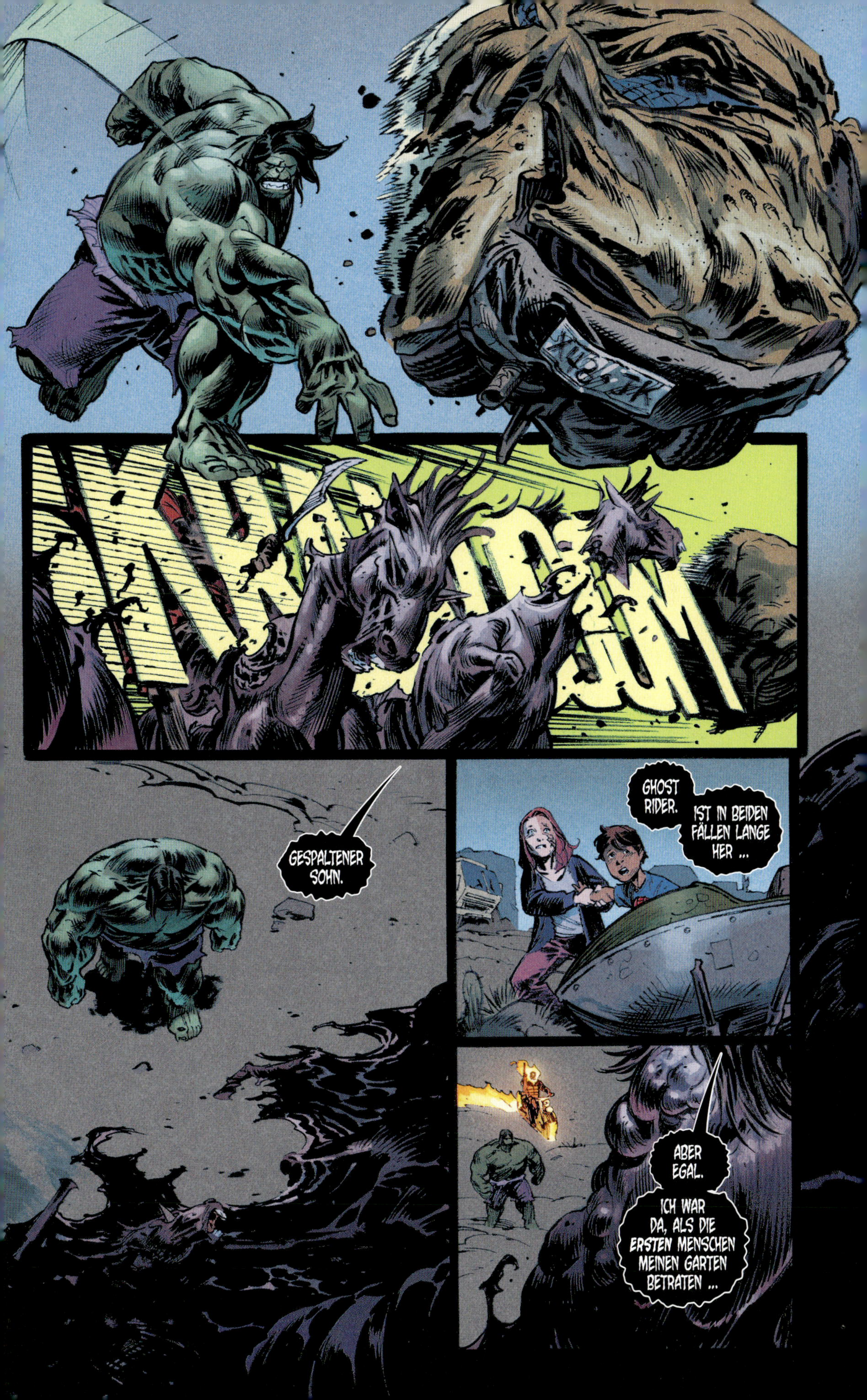
GESPALTENER SOHN.
GHOST RIDER.
IST IN BEIDEN FÄLLEN LANGE HER ...
ABER EGAL.
ICH WAR DA, ALS DIE ERSTEN MENSCHEN MEINEN GARTEN BETRATEN ...

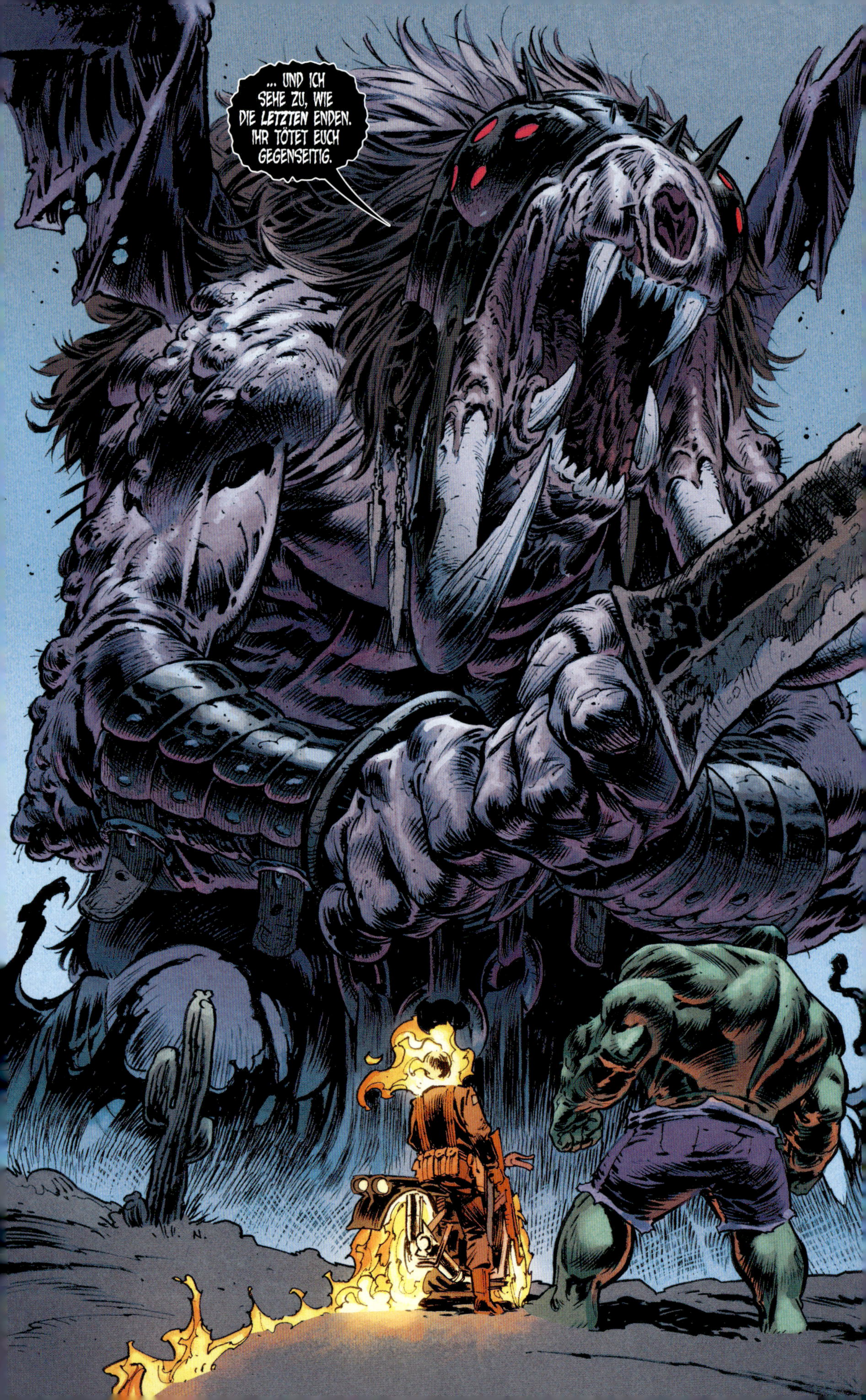
... UND ICH SEHE ZU, WIE DIE LETZTEN ENDEN. IHR TÖTET EUCH GEGENSEITIG.

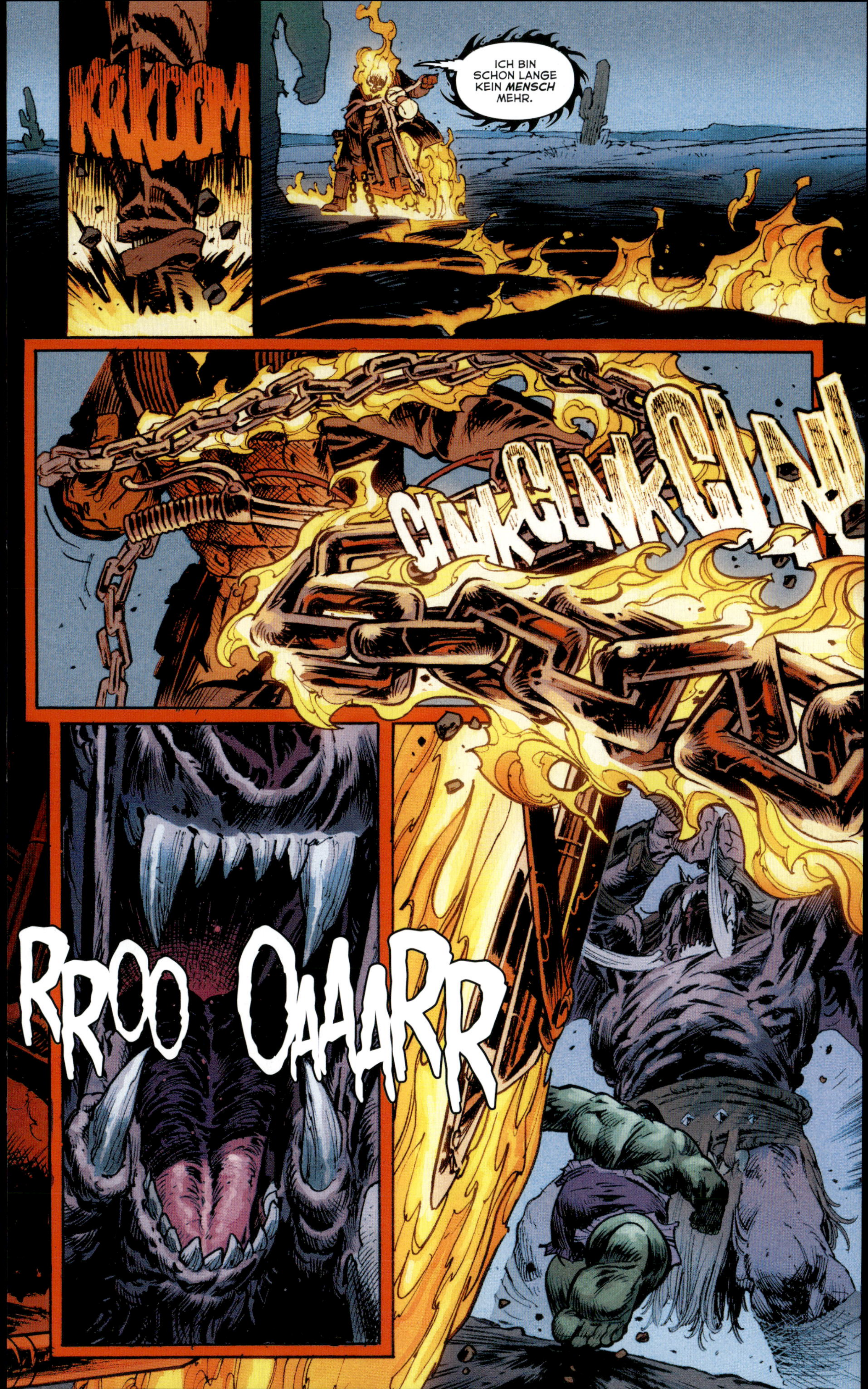
KRKOOM
ICH BIN SCHON LANGE KEIN *MENSCH* MEHR.
CLINKCLINKCLAN
RROO OAAARR

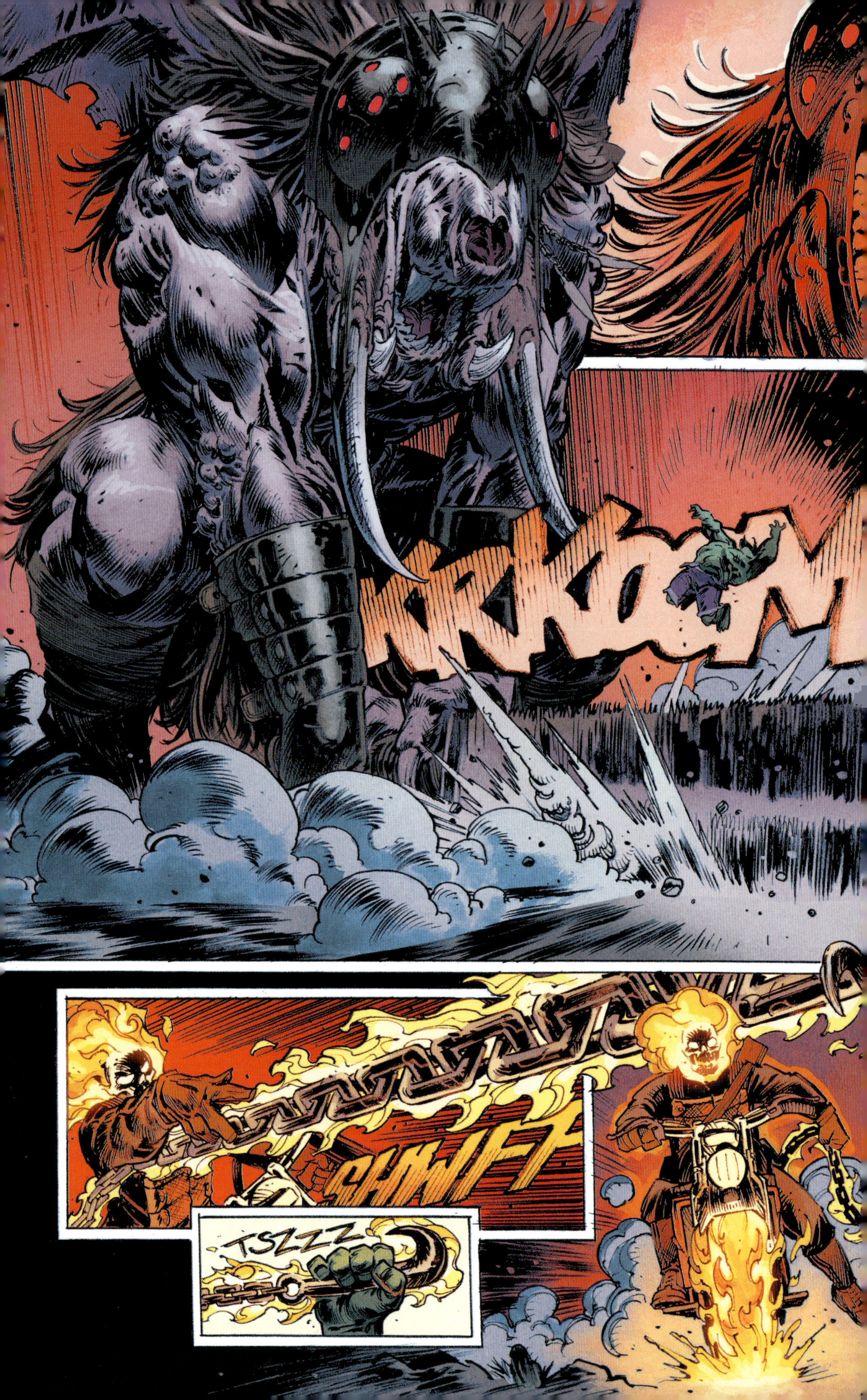

KRKOOM
SHWFT
TSZZZ

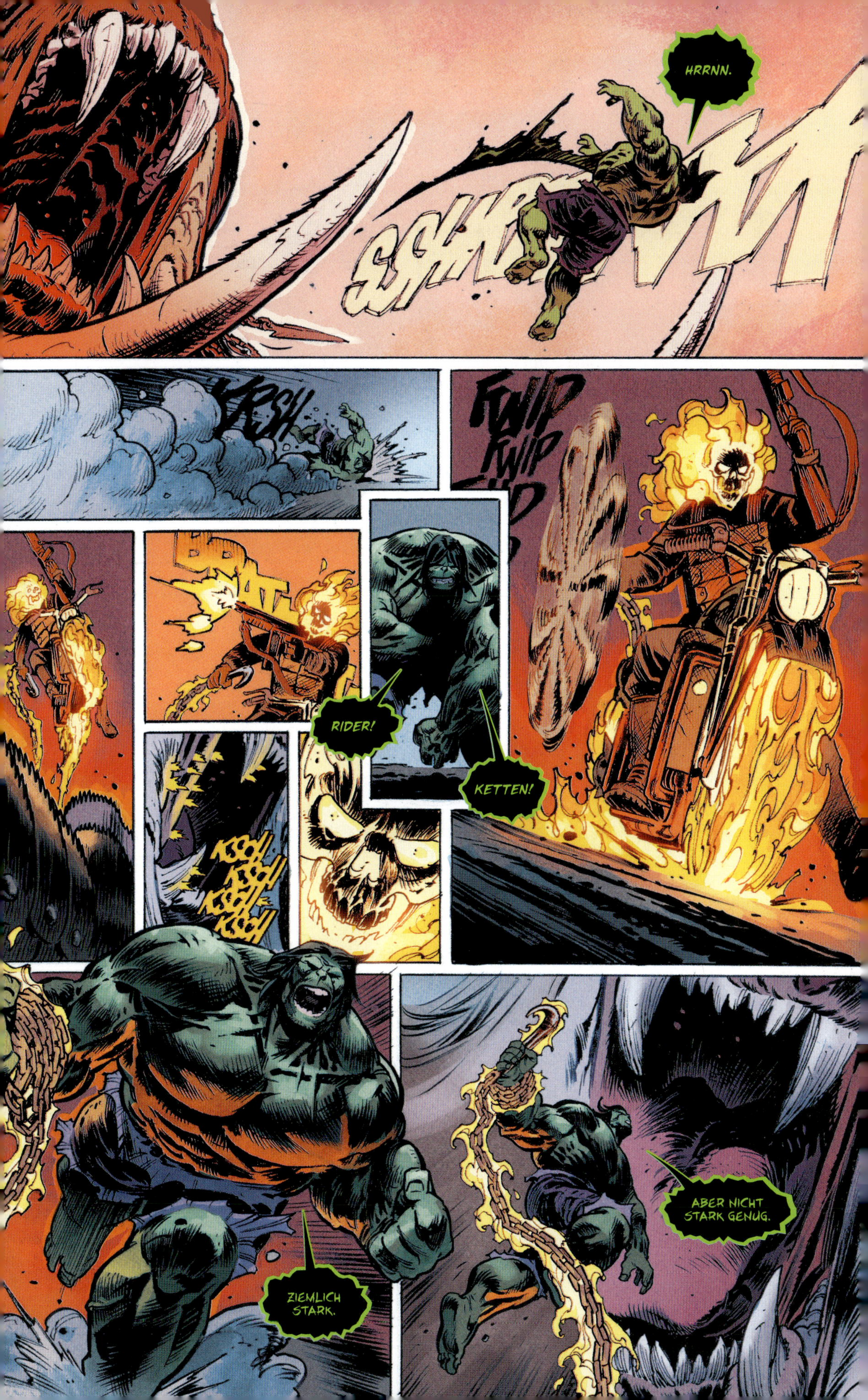
HRRNN.
SSHRK
KRSH
FWIP
FWIP
BRAT
RIDER!
KETTEN!
KSCH
KSCH
KSCH
KSCH
ZIEMLICH STARK.
ABER NICHT STARK GENUG.

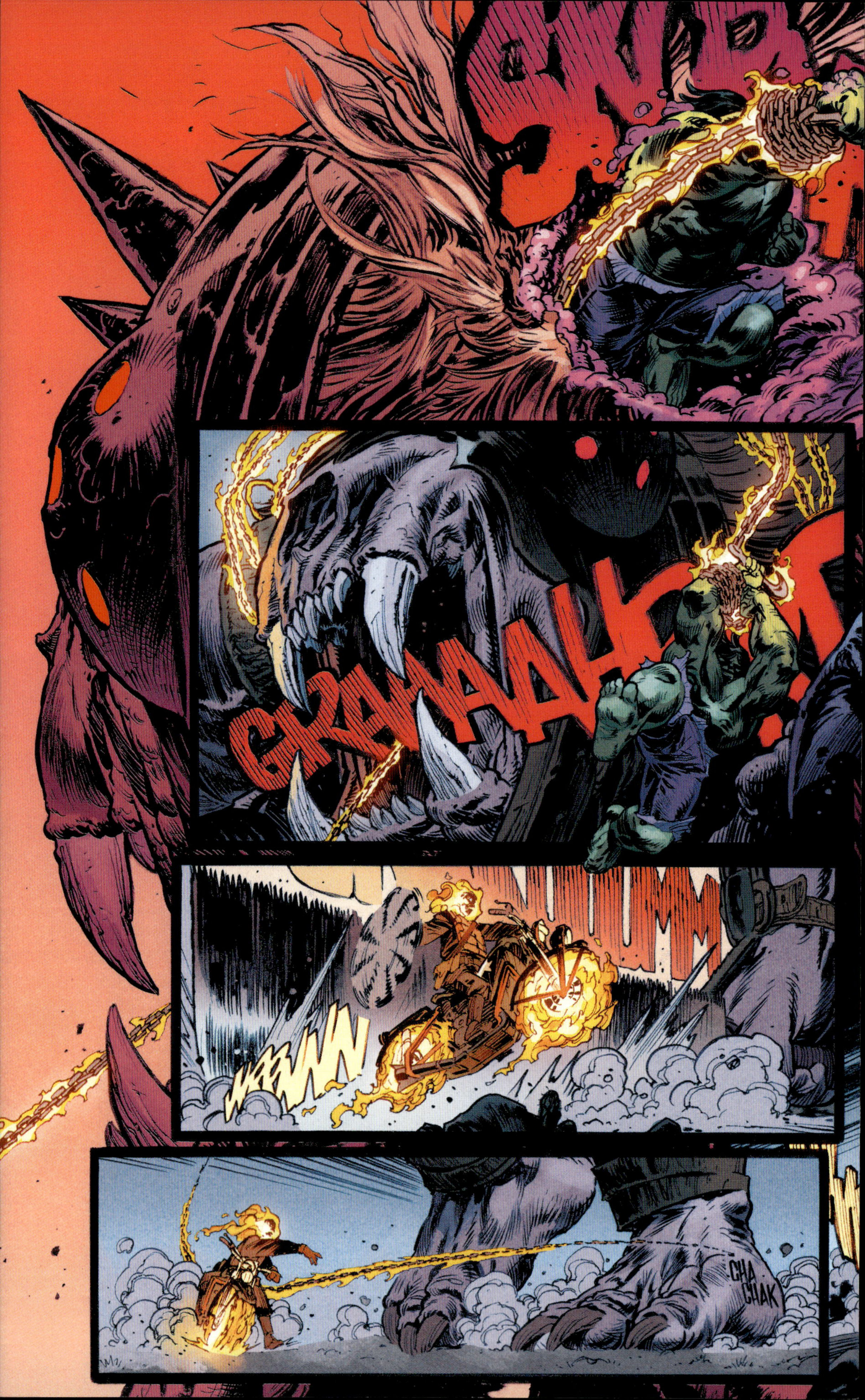
CHA CHAK

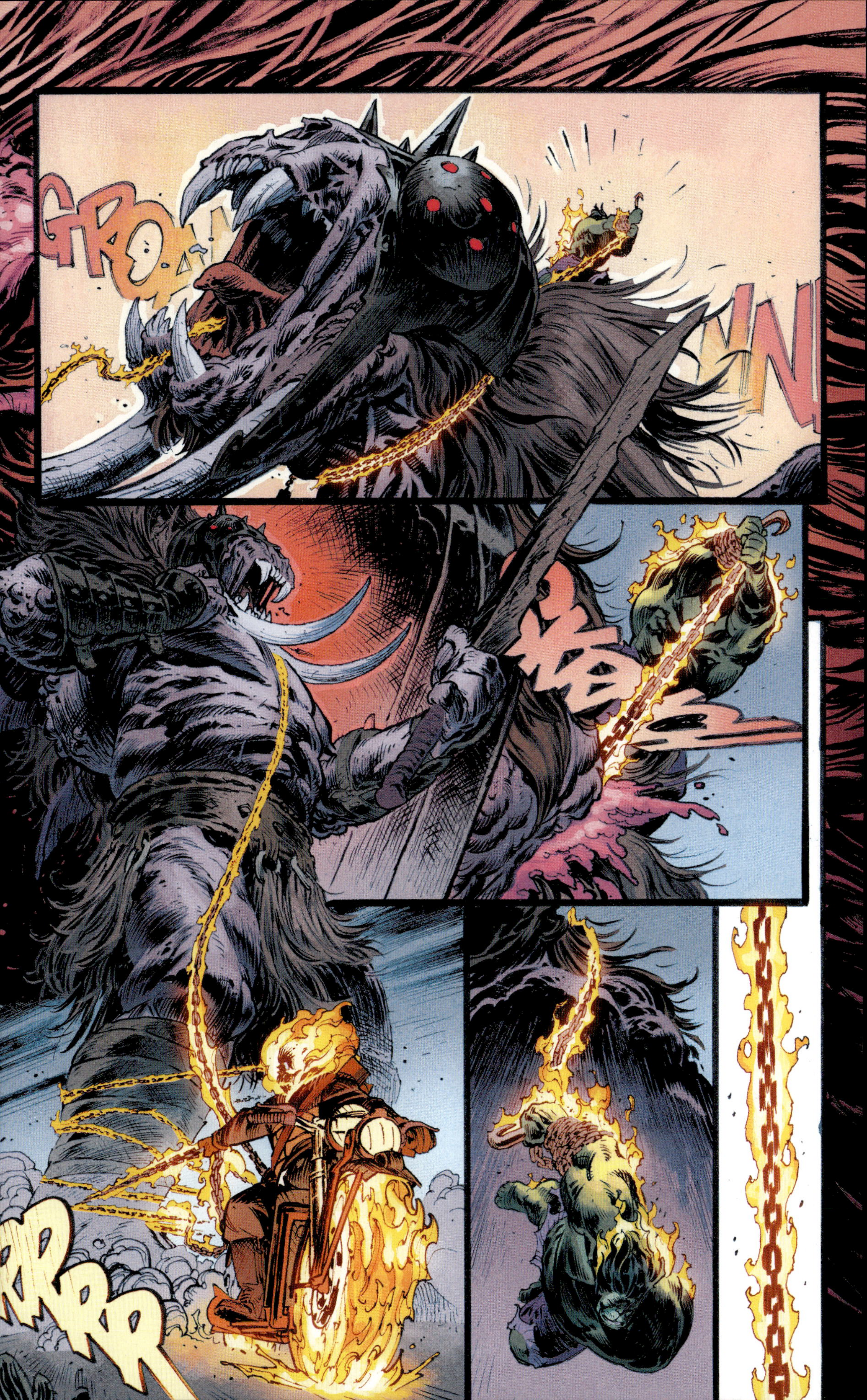

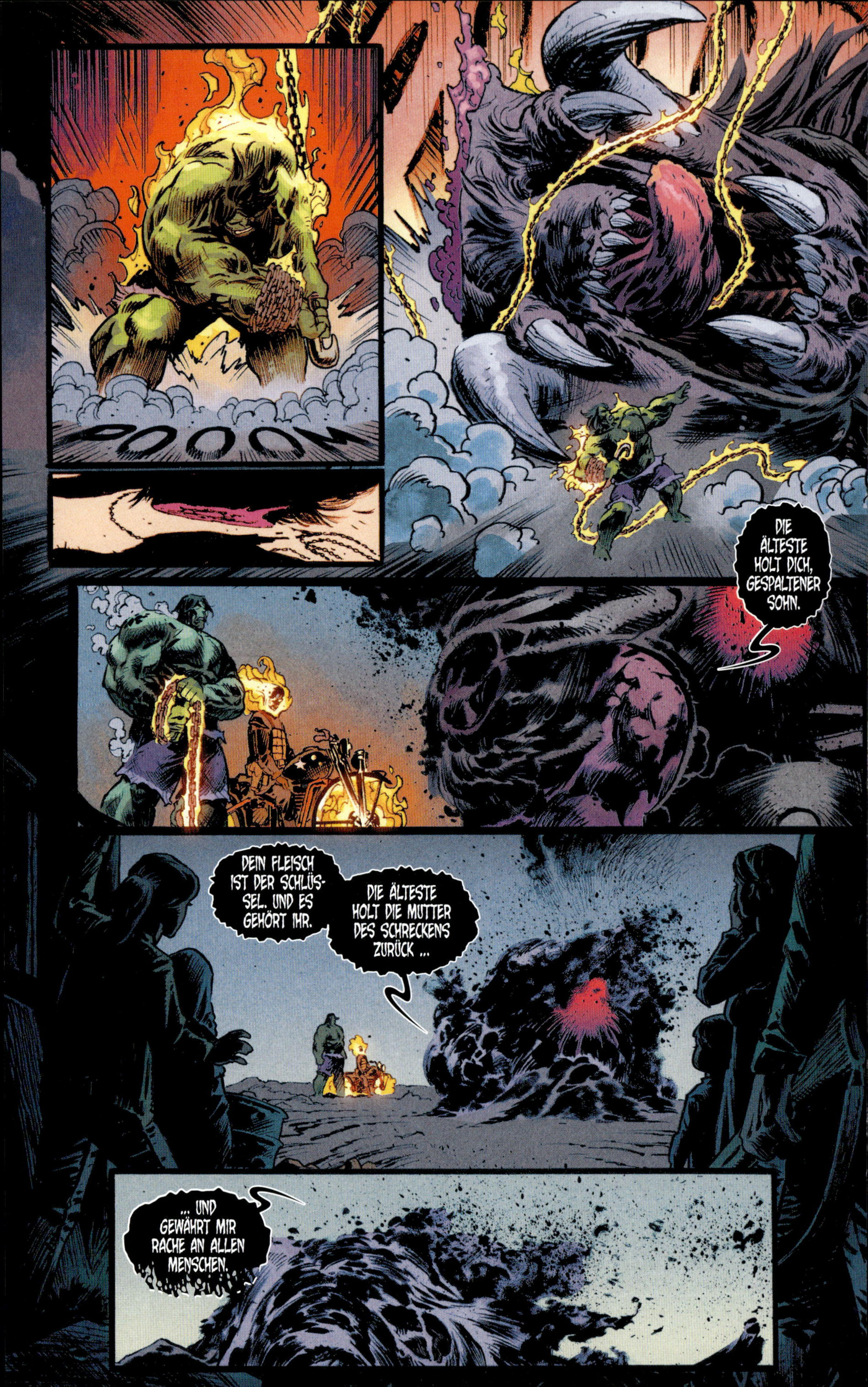
POOOM
DIE ÄLTESTE HOLT DICH, GESPALTENER SOHN.
DEIN FLEISCH IST DER SCHLÜS-SEL. UND ES GEHÖRT IHR.
DIE ÄLTESTE HOLT DIE MUTTER DES SCHRECKENS ZURÜCK ...
... UND GEWÄHRT MIR RACHE AN ALLEN MENSCHEN.

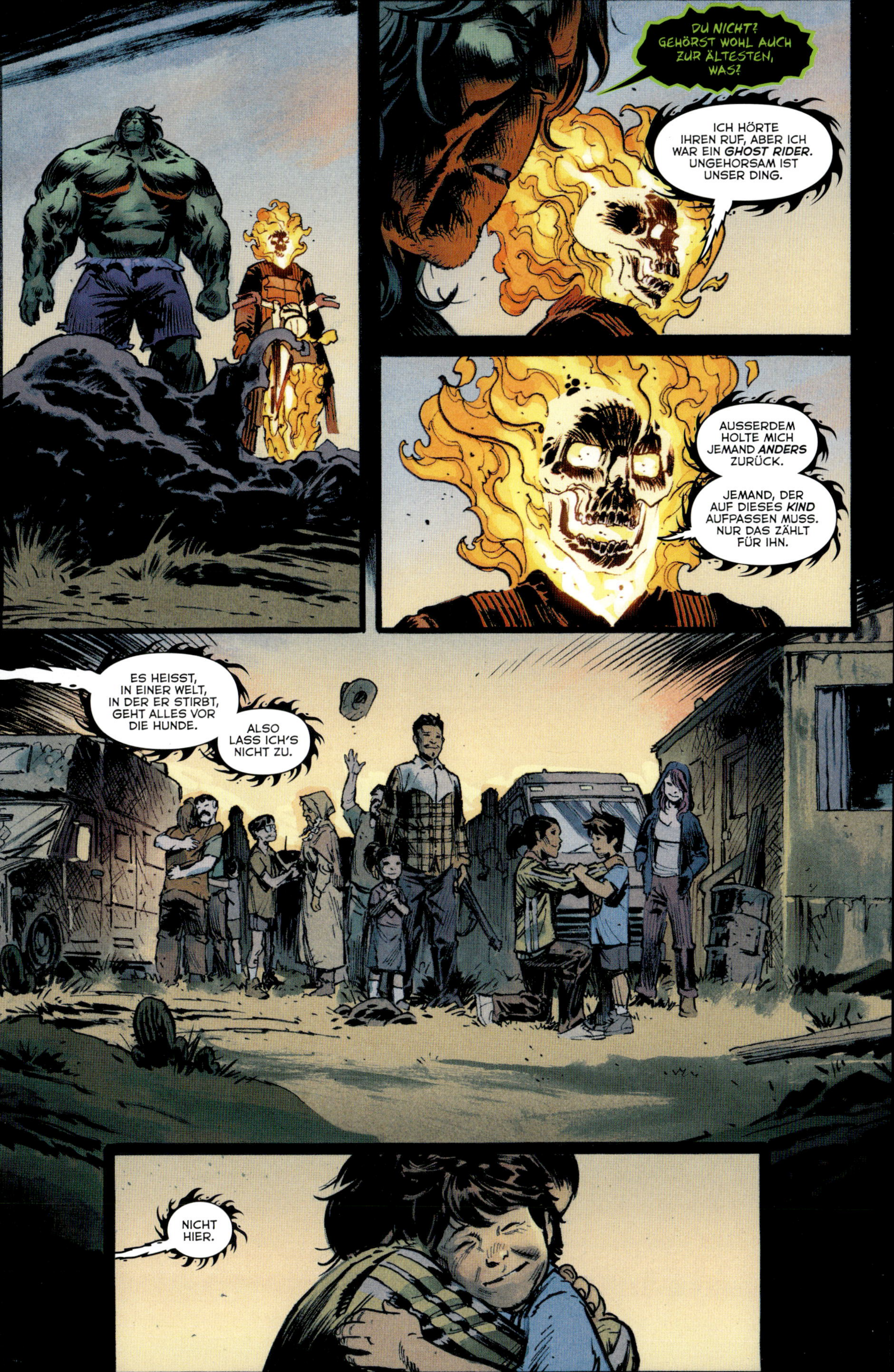
DU NICHT? GEHÖRST WOHL AUCH ZUR ÄLTESTEN, WAS?
ICH HÖRTE IHREN RUF, ABER ICH WAR EIN GHOST RIDER. UNGEHORSAM IST UNSER DING.
AUSSERDEM HOLTE MICH JEMAND ANDERS ZURÜCK.
JEMAND, DER AUF DIESES KIND AUFPASSEN MUSS. NUR DAS ZÄHLT FÜR IHN.
ES HEISST, IN EINER WELT, IN DER ER STIRBT, GEHT ALLES VOR DIE HUNDE.
ALSO LASS ICH'S NICHT ZU.
NICHT HIER.

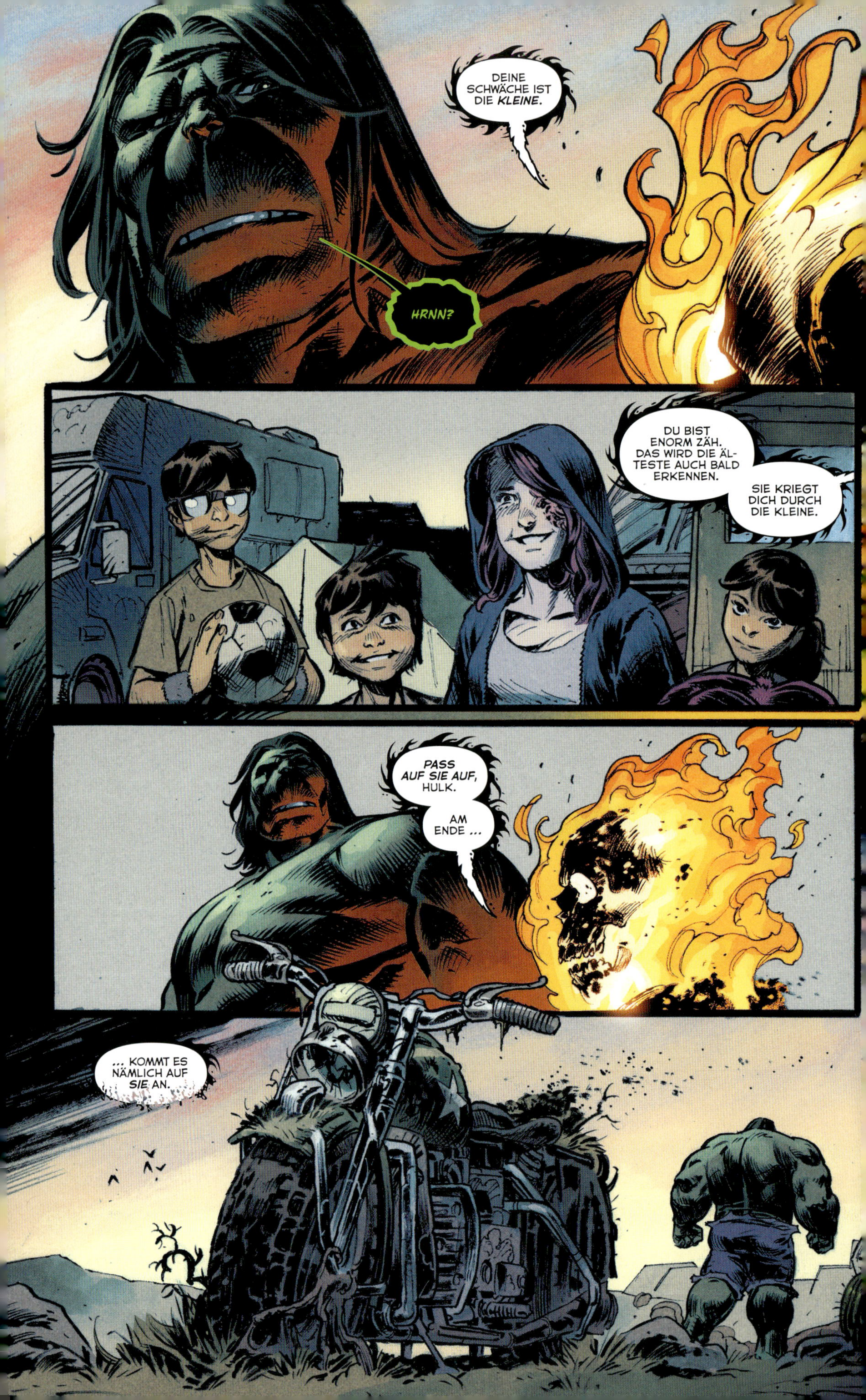
DEINE SCHWÄCHE IST DIE KLEINE.
HRNN?
DU BIST ENORM ZÄH. DAS WIRD DIE ÄLTESTE AUCH BALD ERKENNEN.
SIE KRIEGT DICH DURCH DIE KLEINE.
PASS AUF SIE AUF, HULK.
AM ENDE ...
... KOMMT ES NÄMLICH AUF SIE AN.

DIE ÄLTESTE BERICHTET ÜBER
JINNI DAGAAL, DEN KRIEGSTEUFEL

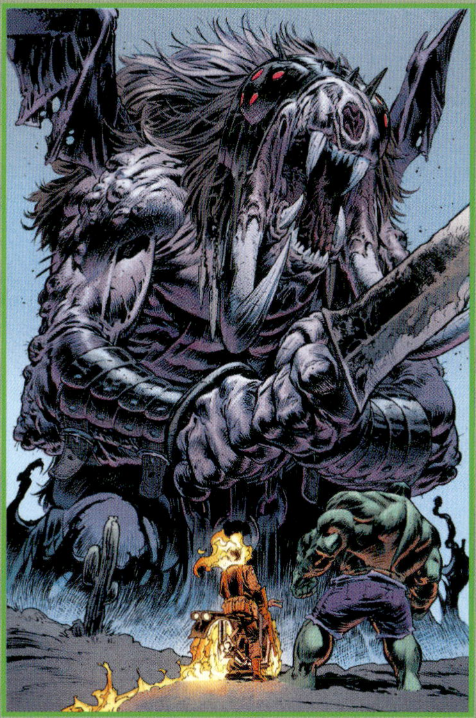

Von allen Kindern der Mutter des Schreckens hegt niemand einen größeren Hass auf die Menschen als Jinni Dagaal ... er, den die Menschen den KRIEGSTEUFEL getauft haben.

Jinni Dagaal begann sein Leben als einfacher Geist in den Steppen Afrikas ... ein sanftmütiges und zartes Wesen, das nicht einmal eine körperliche Hülle besaß. Falls er in dieser frühen Zeit einen Namen trug, so kannte ihn niemand. Er war still, wachsam, voller Liebe für alles, was wuchs, frei von Bosheit oder bösen Absichten ... bis der Mensch kam.

Als die ersten Menschen in die Steppe kamen, reagierte der Geist wachsam und ängstlich. Obwohl die Menschen nicht intelligent waren, schienen sie listig zu sein ... Sie brachten den Speer, den Bogen und das Feuer mit. Sie aßen von jedem Baum und jeder Wurzel und formten das Land nach ihrem Geschmack, als ob es ihnen allein gehörte. Sie lernten, selbst die mächtigsten Bestien zu jagen; Kreaturen, die viel stärker und schneller waren als sie. All dies beobachtete der sanftmütige Geist, und er bekam Angst.

Die Zahl der Menschen wuchs schnell, und ihre Verfehlungen wurden immer dreister. Sie fällten die Bäume, um Werkzeuge und Waffen herzustellen, und verbrannten sie sogar, um sich zu wärmen. Sie töteten Tiere in großer Zahl und hüllten sich in ihr Fell. Nach und nach verbrannte die Steppe, und die Glut der Angst in unserem Geist wuchs zu einem schwelenden Zorn an.

Mit dem Wandel der Jahreszeiten zog sich der Geist in den heiligen Hain zurück, in dem sein Leben begonnen hatte: ein geheimer, ehrwürdiger Ort, den sein verhasster Feind sicher nie entdecken würde. Doch das Gebiet der Menschen wurde immer größer, bis schließlich eine Gruppe von Jägern auf den heiligen Hain stieß. Ohne zu ahnen, worauf sie da gestoßen waren, aßen die Jäger von den Bäumen, tranken aus seiner geweihten Quelle und erlegten seinen liebsten Hirsch.

Die Menschen hatten den Geist bereits Furcht, Trauer und bittersten Zorn gelehrt. Doch an jenem Tag entdeckte der Geist den HASS für sich; eine Abscheu, so schwarz und blendend wie der Tod. Er sickerte in den Körper eines Jägers, wurde sein Atem und sein Blut und erfüllte sein Herz mit brennendem Hass auf seinesgleichen, der nur mit Mord beantwortet werden konnte. In Gestalt des Jägers tötete der Geist dessen Gefährten, aß von ihrem Fleisch und tanzte in ihrem Blut, heulte vor Wut und Blutdurst. Aus Jäger und Geist war JINNI DAGAAL geworden, der „KRIEGSTEUFEL“, der oberste Jäger der Menschen.

Das Leben eines einzelnen Jägers befriedigte Jinni Dagaal nicht. Schon bald machte er Jagd auf den Rest des Stamms. Die Schamanen versuchten, Jinni Dagaal aus den Jägern hervorzulocken, aber Jinni Dagaal ließ sich nicht hervorlocken. Die übrig gebliebenen Männer versuchten, Jinni Dagaal zu töten, aber Jinni Dagaal ließ sich nicht töten. Als schließlich der ganze Stamm tot war, fand Jinni Dagaal heraus, dass es noch andere gab, und er jagte die Menschen, wo immer er sie fand. Jedes Leben, das Jinni Dagaal nahm, machte ihn größer und monströser, bis nur noch wenig von Geist und Mensch übrig blieb.

Jahre des Gemetzels zogen ins Land, bis Jinni Dagaal schließlich von den Jägern mehrerer Stämme in einen Hinterhalt gelockt wurde; Jägern, deren Zahl sich nicht benennen ließ. Nach einem schrecklichen Kampf waren Jinni Dagaals Verwundungen so schwer, dass er ihnen erlag. Im Sterben spritzte das Blut von Jinni Dagaal auf die Jäger, die ihn getötet hatten. In jener Nacht, als sie ihren Sieg feierten, wütete der Blutrausch von Jinni Dagaal in ihren Köpfen; eine quälende Flamme, die sie bis zu ihrem Tod peinigen sollte. Aus den Jägern waren KRIEGER geworden: Jäger der Menschen.

Obwohl der heilige Hain des gütigen Geistes vor langer Zeit niedergebrannt war und in Vergessenheit geriet, rächte sich der Geist tausendfach an den Eindringlingen von damals. Der Geist von Jinni Dagaal ist inzwischen Legion. Die Furcht, die Wut und der Hass des KRIEGSTEUFELS werden durch vergossenes Blut über die Äonen weitergegeben und werden überdauern, bis die letzten beiden Krieger jeweils tot zu Füßen des anderen liegen.

An diesem Tag wird der gütige Geist des heiligen Hains endlich Ruhe finden, und die Mutter des Schreckens wird breitbeinig über ihren Knochen stehen.

FROZEN CHARLOTTE, TEIL 1

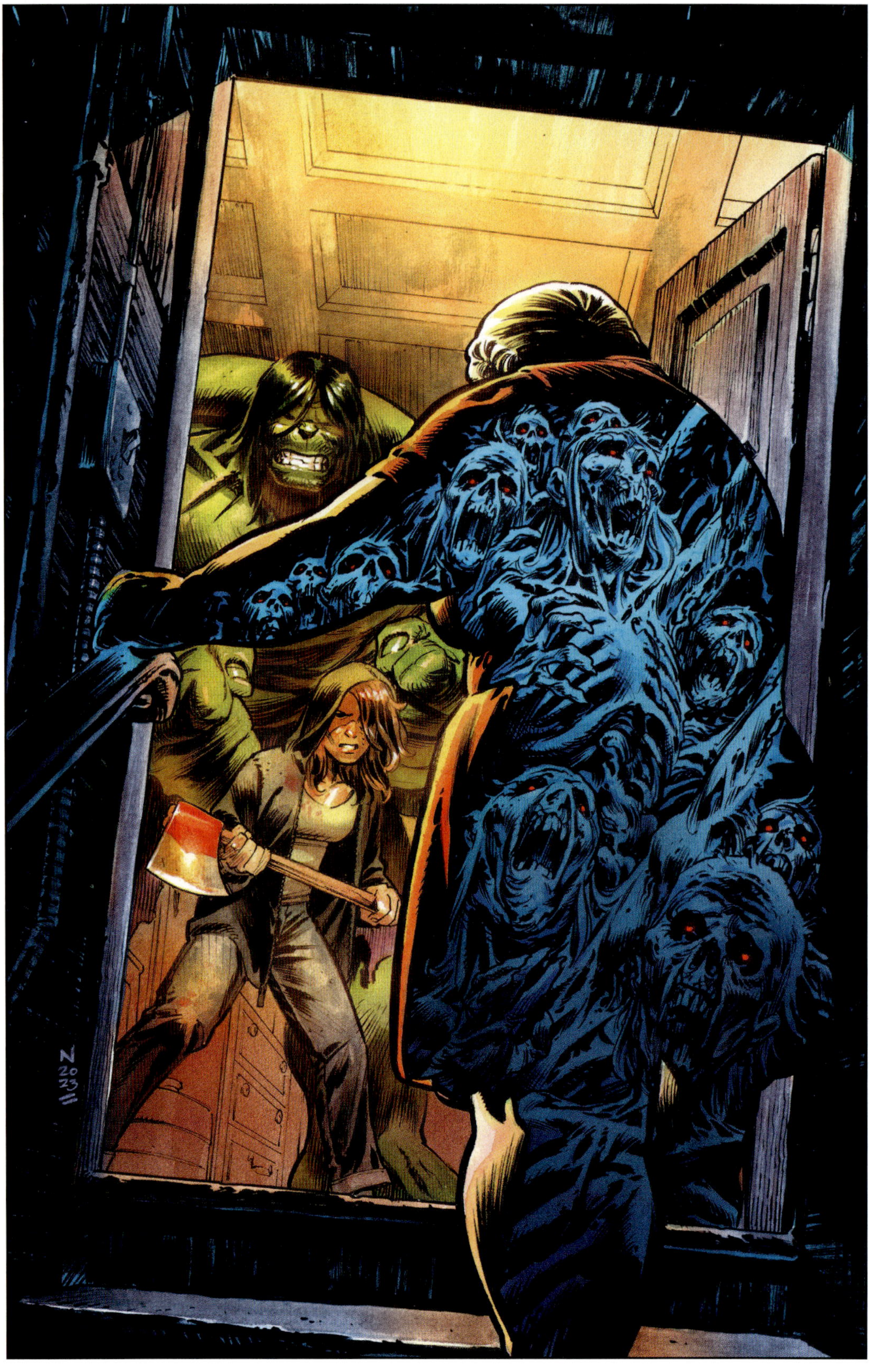

Incredible Hulk (2023) 9
Cover von **NIC KLEIN**

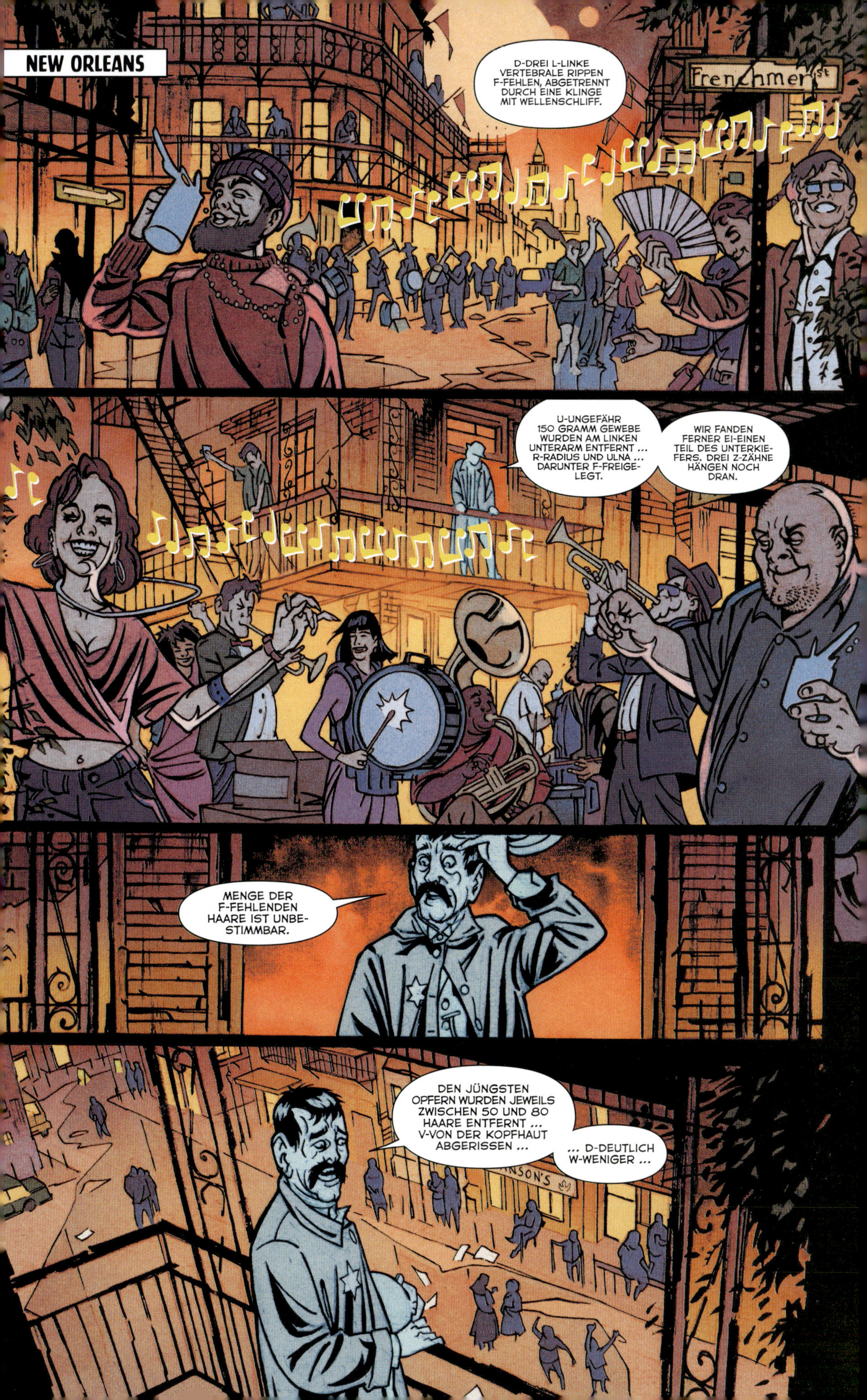
NEW ORLEANS
Frenchmen St
D-DREI L-LINKE VERTEBRALE RIPPEN F-FEHLEN, ABGETRENNT DURCH EINE KLINGE MIT WELLENSCHLIFF.
U-UNGEFÄHR 150 GRAMM GEWEBE WURDEN AM LINKEN UNTERARM ENTFERNT ... R-RADIUS UND ULNA ... DARUNTER F-FREIGELEGT.
WIR FANDEN FERNER EI-EINEN TEIL DES UNTERKIEFERS. DREI Z-ZÄHNE HÄNGEN NOCH DRAN.
MENGE DER F-FEHLENDEN HAARE IST UNBESTIMMBAR.
DEN JÜNGSTEN OPFERN WURDEN JEWEILS ZWISCHEN 50 UND 80 HAARE ENTFERNT ... V-VON DER KOPFHAUT ABGERISSEN ...
... D-DEUTLICH W-WENIGER ...

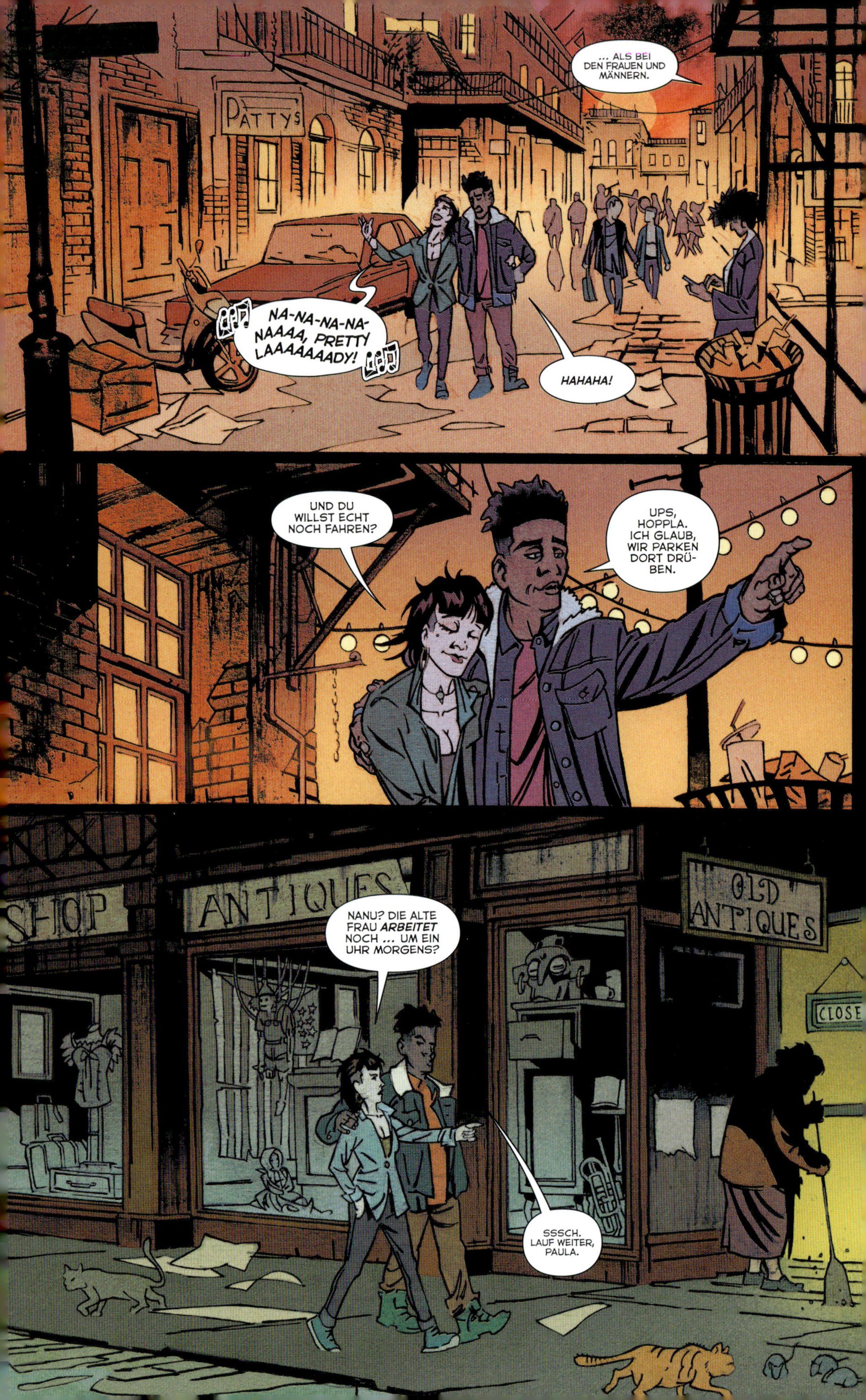
PATTY'S
... ALS BEI DEN FRAUEN UND MÄNNERN.
NA-NA-NA-NA-NAAAAA, PRETTY LAAAAAAADY!
HAHAHA!
UND DU WILLST ECHT NOCH FAHREN?
UPS, HOPPLA. ICH GLAUB, WIR PARKEN DORT DRÜ-BEN.
SHOP
ANTIQUES
OLD ANTIQUES
NANU? DIE ALTE FRAU *ARBEITET* NOCH ... UM EIN UHR MORGENS?
CLOSE
SSSCH. LAUF WEITER, PAULA.

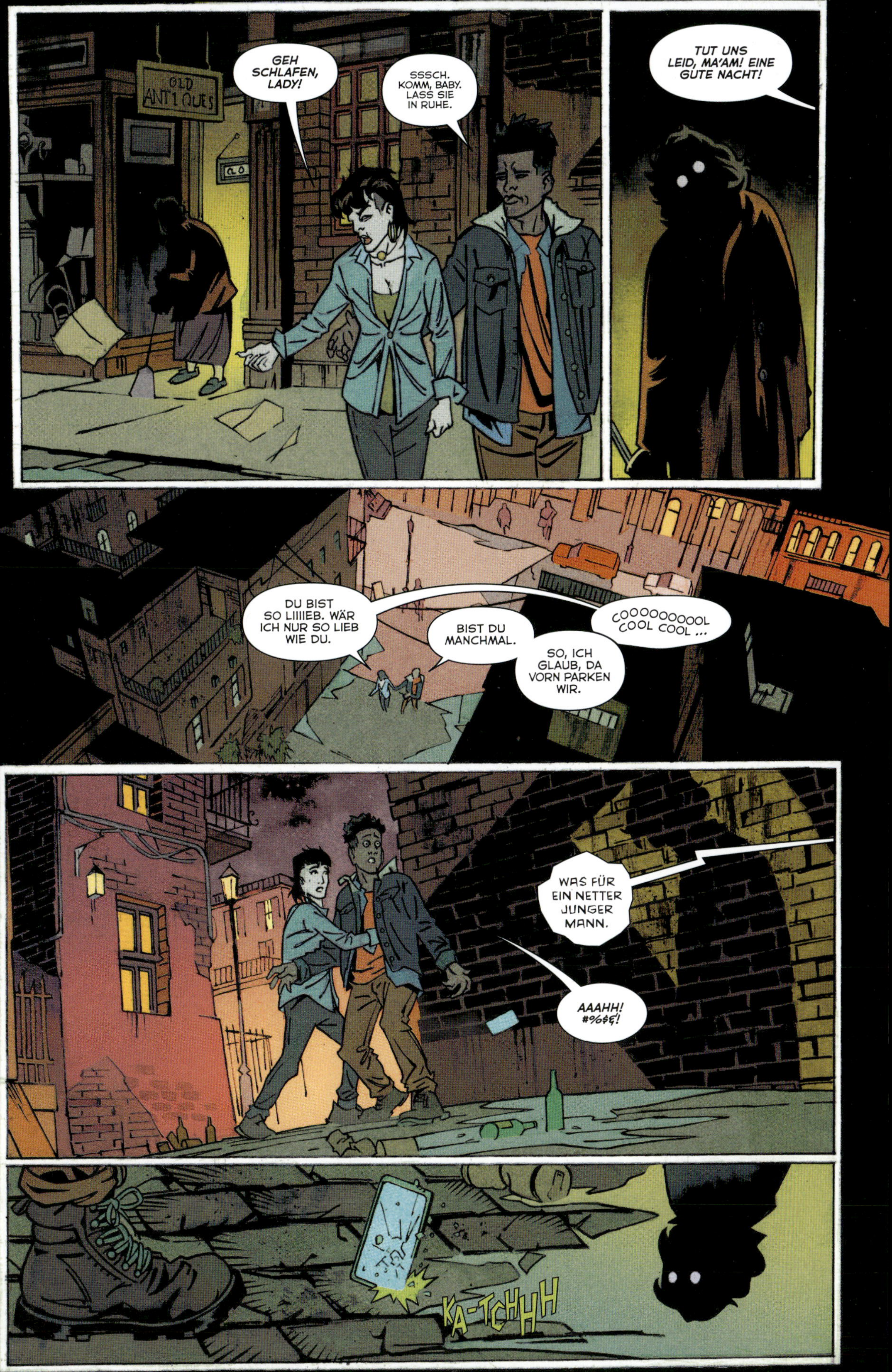
GEH SCHLAFEN, LADY!
SSSCH. KOMM, BABY. LASS SIE IN RUHE.
TUT UNS LEID, MA'AM! EINE GUTE NACHT!
DU BIST SO LIIIIEB. WÄR ICH NUR SO LIEB WIE DU.
BIST DU MANCHMAL.
COOOOOOOOOL COOL COOL ...
SO, ICH GLAUB, DA VORN PARKEN WIR.
WAS FÜR EIN NETTER JUNGER MANN.
AAAHH! #%$€!
KA-TCHHH

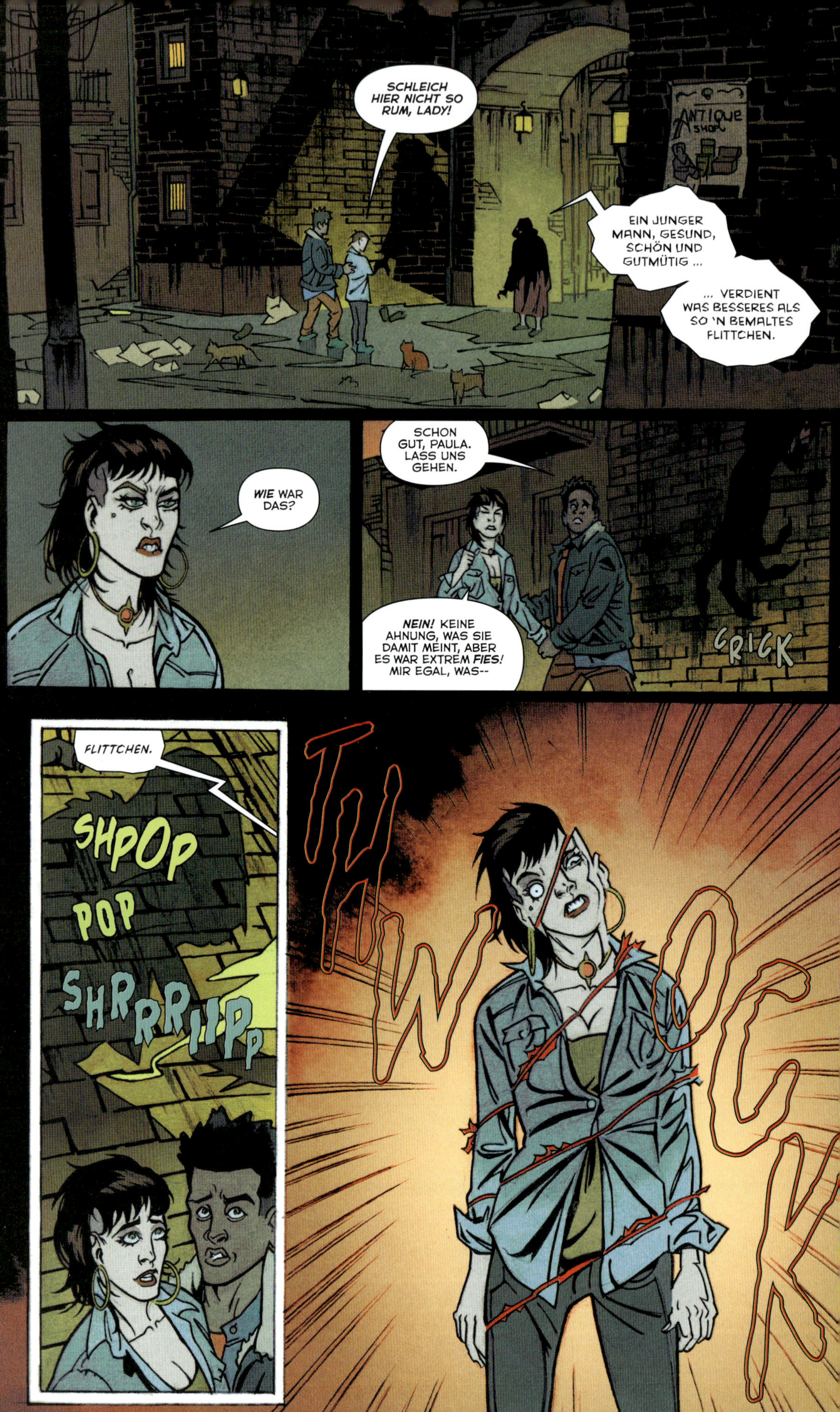
SCHLEICH HIER NICHT SO RUM, LADY!
EIN JUNGER MANN, GESUND, SCHÖN UND GUTMÜTIG ...
... VERDIENT WAS BESSERES ALS SO 'N BEMALTES FLITTCHEN.
WIE WAR DAS?
SCHON GUT, PAULA. LASS UNS GEHEN.
NEIN! KEINE AHNUNG, WAS SIE DAMIT MEINT, ABER ES WAR EXTREM FIES! MIR EGAL, WAS--
CRICK
FLITTCHEN.
SHPOP
POP
SHRRRIIPP
THWOCK

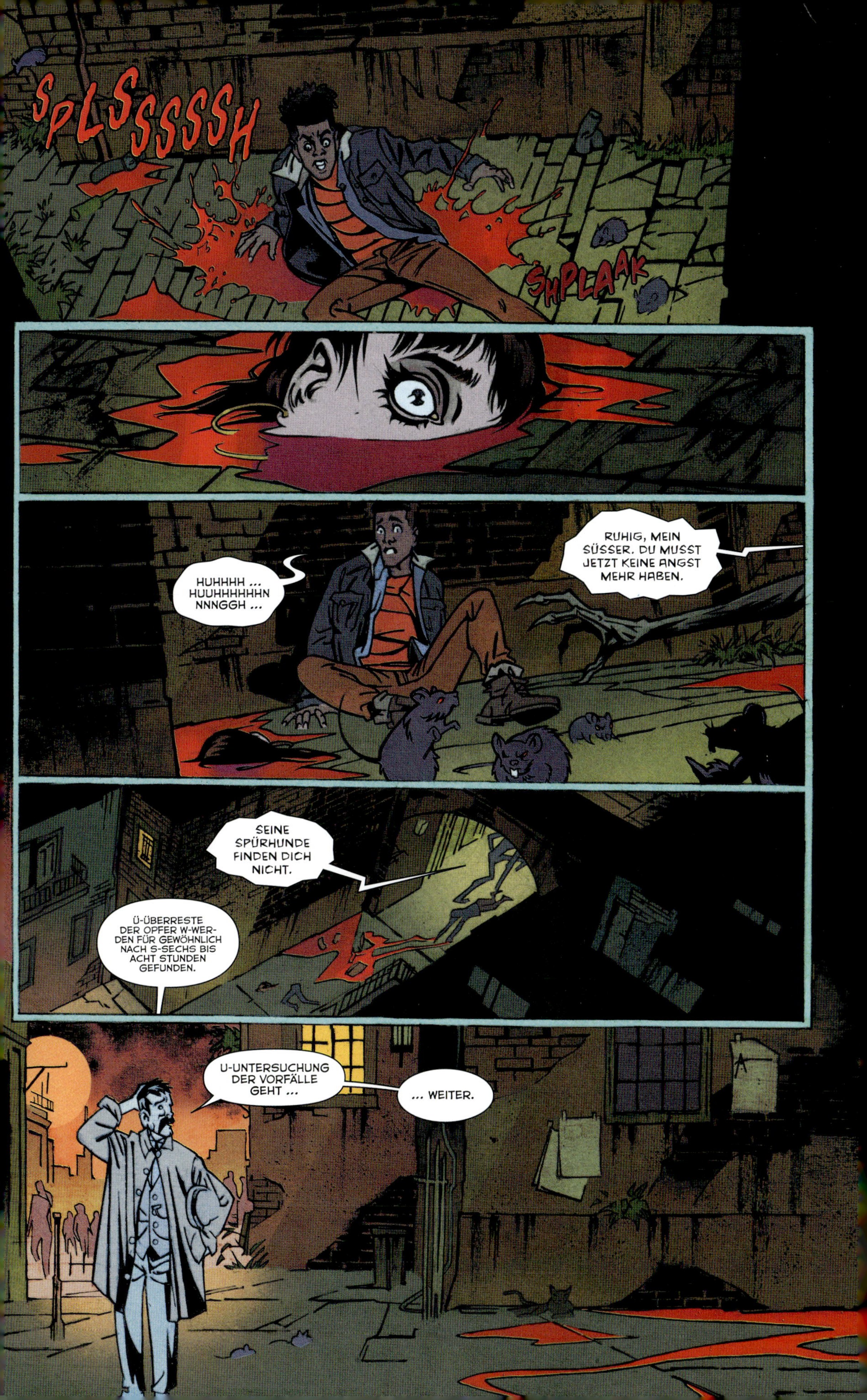
SPLSSSSSH
SHPLAAK
HUHHHH ... HUUHHHHHHN NNNGGH ...
RUHIG, MEIN SÜSSER. DU MUSST JETZT KEINE ANGST MEHR HABEN.
SEINE SPÜRHUNDE FINDEN DICH NICHT.
Ü-ÜBERRESTE DER OPFER W-WERDEN FÜR GEWÖHNLICH NACH S-SECHS BIS ACHT STUNDEN GEFUNDEN.
U-UNTERSUCHUNG DER VORFÄLLE GEHT ...
... WEITER.

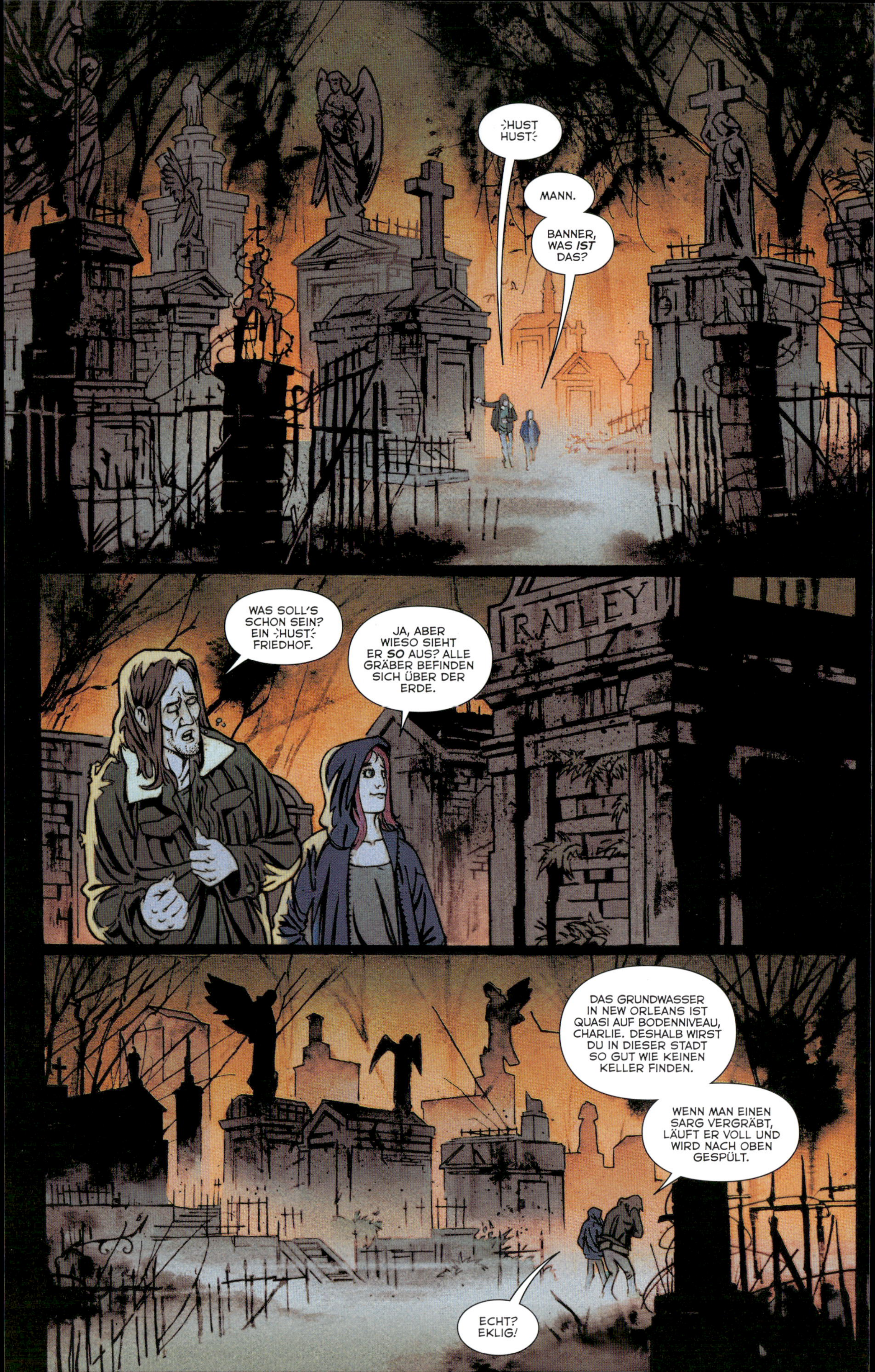

HUST HUST
MANN.
BANNER, WAS *IST* DAS?
WAS SOLL'S SCHON SEIN? EIN HUST FRIEDHOF.
JA, ABER WIESO SIEHT ER *SO* AUS? ALLE GRÄBER BEFINDEN SICH ÜBER DER ERDE.
RATLEY
DAS GRUNDWASSER IN NEW ORLEANS IST QUASI AUF BODENNIVEAU, CHARLIE. DESHALB WIRST DU IN DIESER STADT SO GUT WIE KEINEN KELLER FINDEN.
WENN MAN EINEN SARG VERGRÄBT, LÄUFT ER VOLL UND WIRD NACH OBEN GESPÜLT.
ECHT? EKLIG!

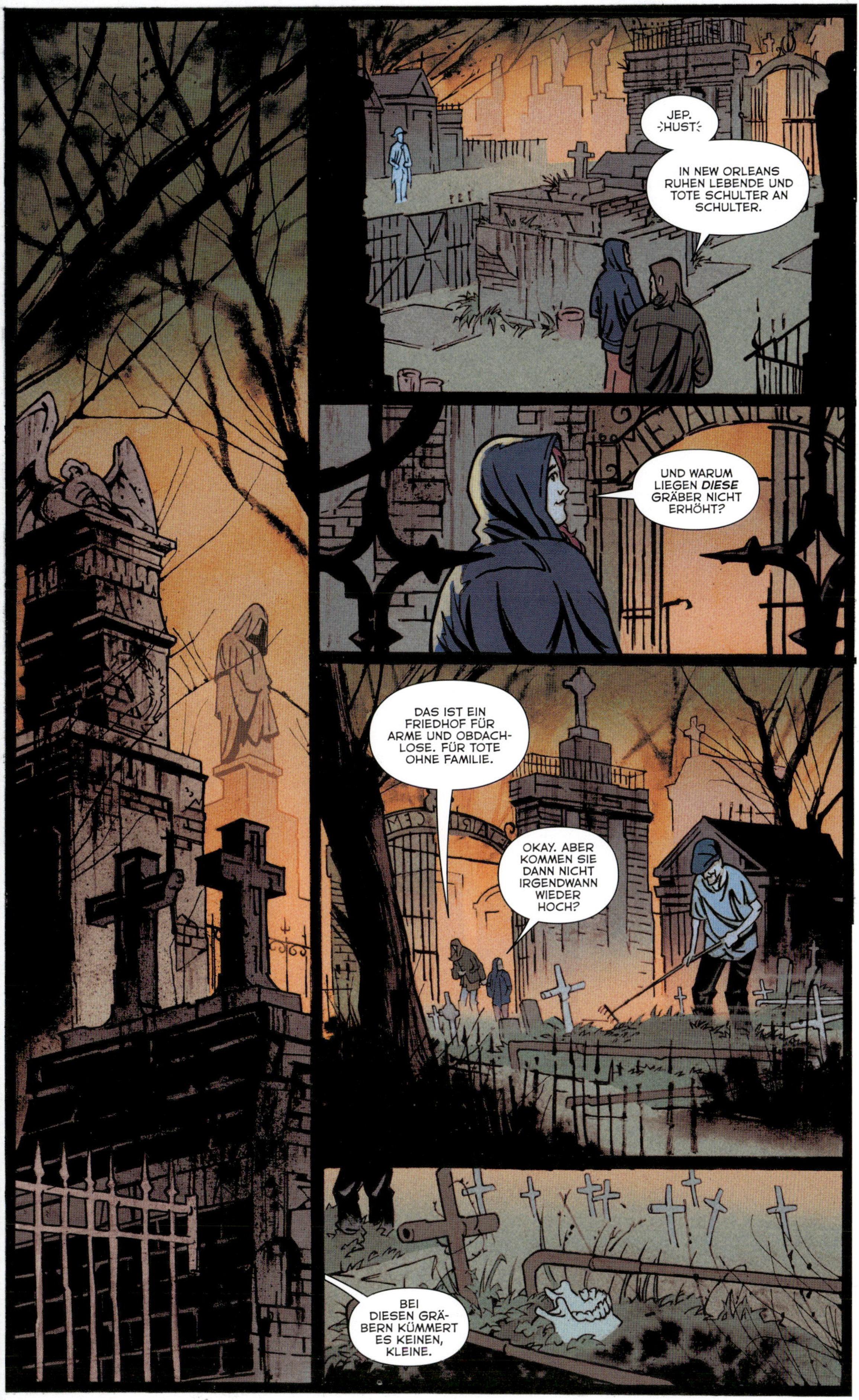
JEP. ·HUST·
IN NEW ORLEANS RUHEN LEBENDE UND TOTE SCHULTER AN SCHULTER.
UND WARUM LIEGEN *DIESE* GRÄBER NICHT ERHÖHT?
DAS IST EIN FRIEDHOF FÜR ARME UND OBDACHLOSE. FÜR TOTE OHNE FAMILIE.
OKAY. ABER KOMMEN SIE DANN NICHT IRGENDWANN WIEDER HOCH?
BEI DIESEN GRÄBERN KÜMMERT ES KEINEN, KLEINE.

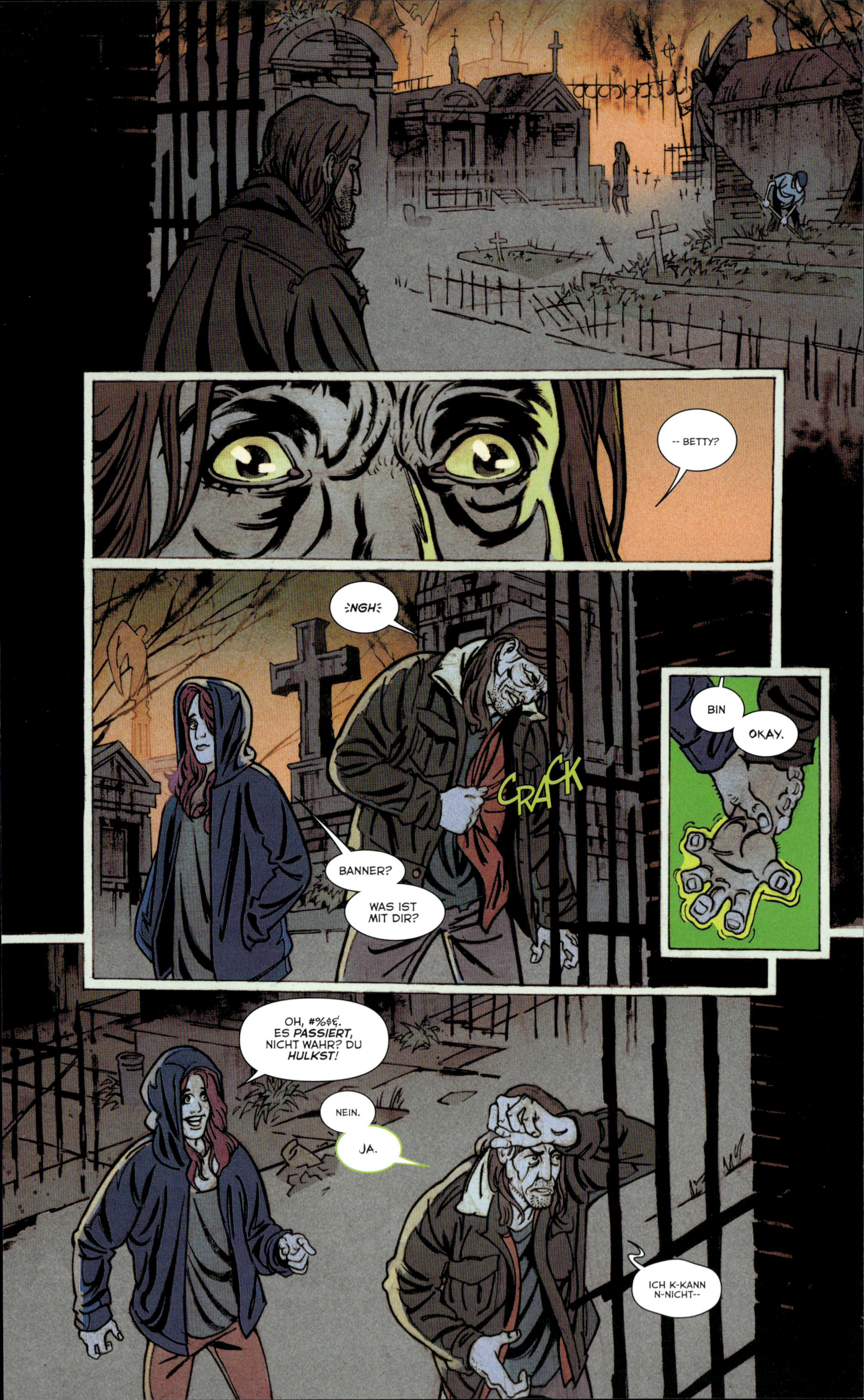
-- BETTY?
NGH
BANNER?
WAS IST MIT DIR?
CRACK
BIN
OKAY.
OH, #%$&. ES PASSIERT, NICHT WAHR? DU HULKST!
NEIN.
JA.
ICH K-KANN N-NICHT--

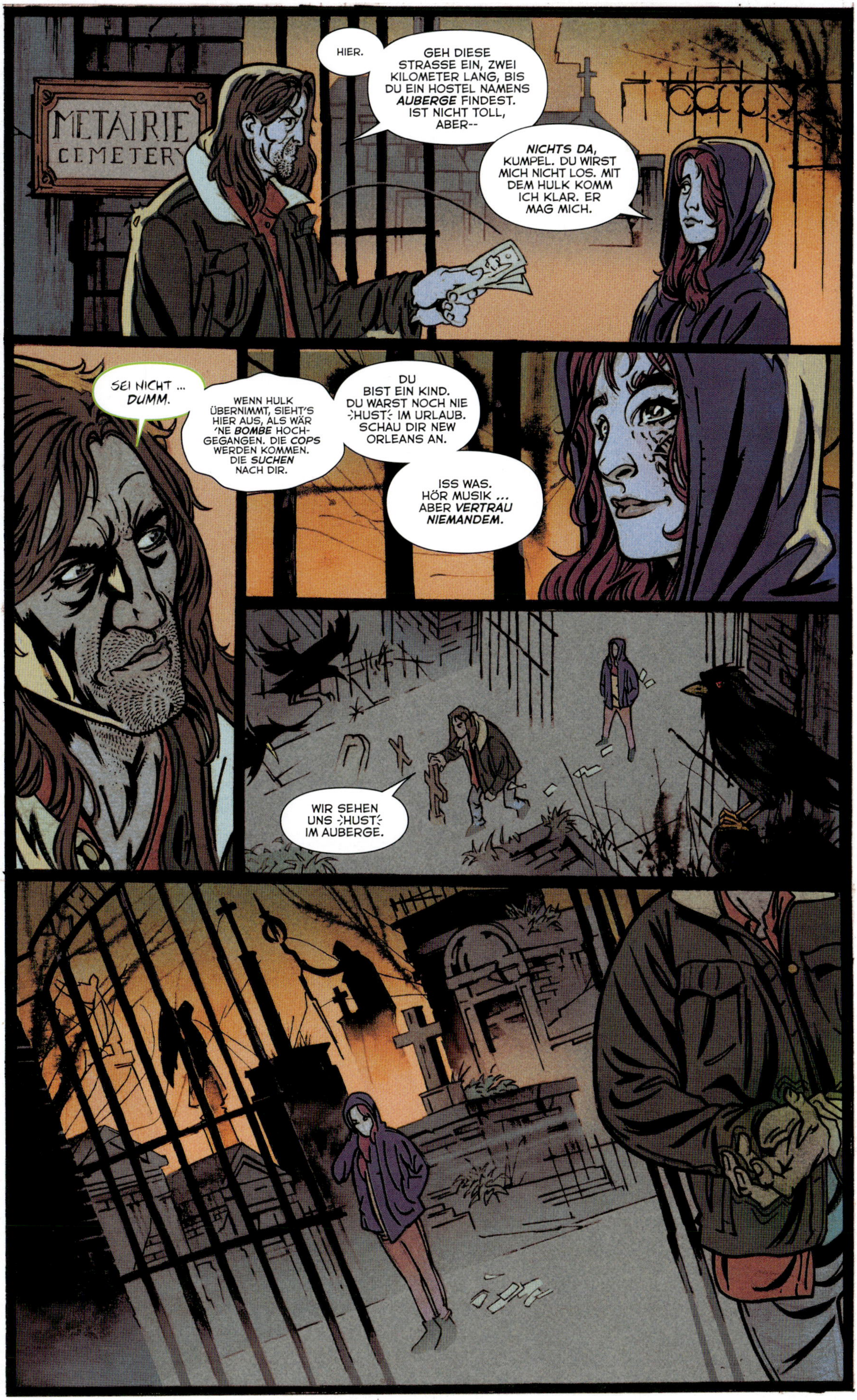
METAIRIE CEMETERY
HIER.
GEH DIESE STRASSE EIN, ZWEI KILOMETER LANG, BIS DU EIN HOSTEL NAMENS *AUBERGE* FINDEST. IST NICHT TOLL, ABER--
NICHTS DA, KUMPEL. DU WIRST MICH NICHT LOS. MIT DEM HULK KOMM ICH KLAR. ER MAG MICH.
SEI NICHT ... *DUMM.*
WENN HULK ÜBERNIMMT, SIEHT'S HIER AUS, ALS WÄR 'NE *BOMBE* HOCHGEGANGEN. DIE *COPS* WERDEN KOMMEN. DIE *SUCHEN* NACH DIR.
DU BIST EIN KIND. DU WARST NOCH NIE *HUST* IM URLAUB. SCHAU DIR NEW ORLEANS AN.
ISS WAS. HÖR MUSIK ... ABER *VERTRAU NIEMANDEM.*
WIR SEHEN UNS *HUST* IM AUBERGE.

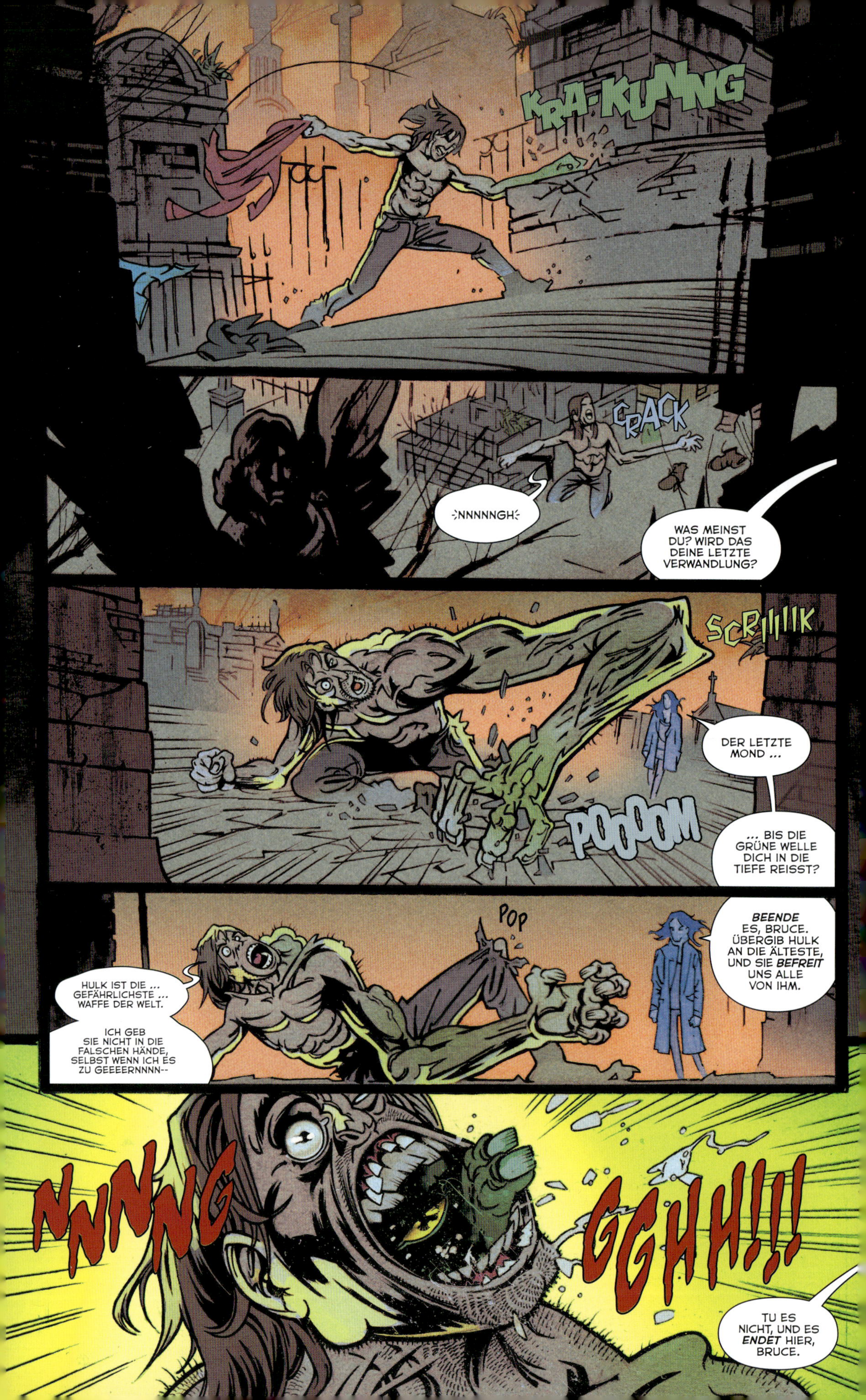
KRA-KUNNG
CRACK
-NNNNNGH-
WAS MEINST DU? WIRD DAS DEINE LETZTE VERWANDLUNG?
SCRIIIIIK
DER LETZTE MOND ...
POOOOM
... BIS DIE GRÜNE WELLE DICH IN DIE TIEFE REISST?
POP
HULK IST DIE ... GEFÄHRLICHSTE ... WAFFE DER WELT.
ICH GEB SIE NICHT IN DIE FALSCHEN HÄNDE, SELBST WENN ICH ES ZU GEEEERNNNN--
BEENDE ES, BRUCE. ÜBERGIB HULK AN DIE ÄLTESTE, UND SIE *BEFREIT* UNS ALLE VON IHM.
NNNNG GGHH!!!
TU ES NICHT, UND ES *ENDET* HIER, BRUCE.

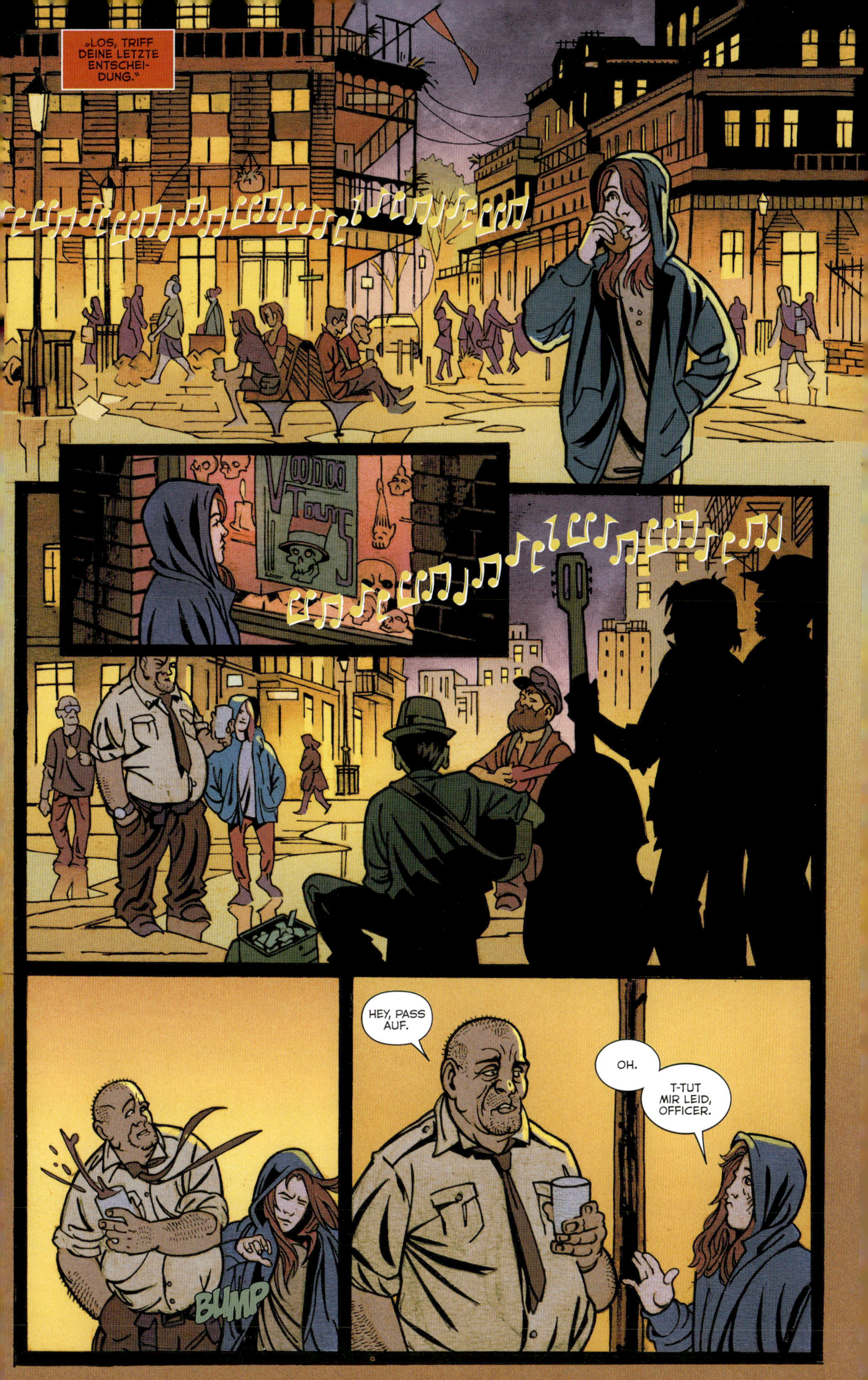
„LOS, TRIFF DEINE LETZTE ENTSCHEI-DUNG."
Voodoo Tours
BUMP
HEY, PASS AUF.
OH.
T-TUT MIR LEID, OFFICER.

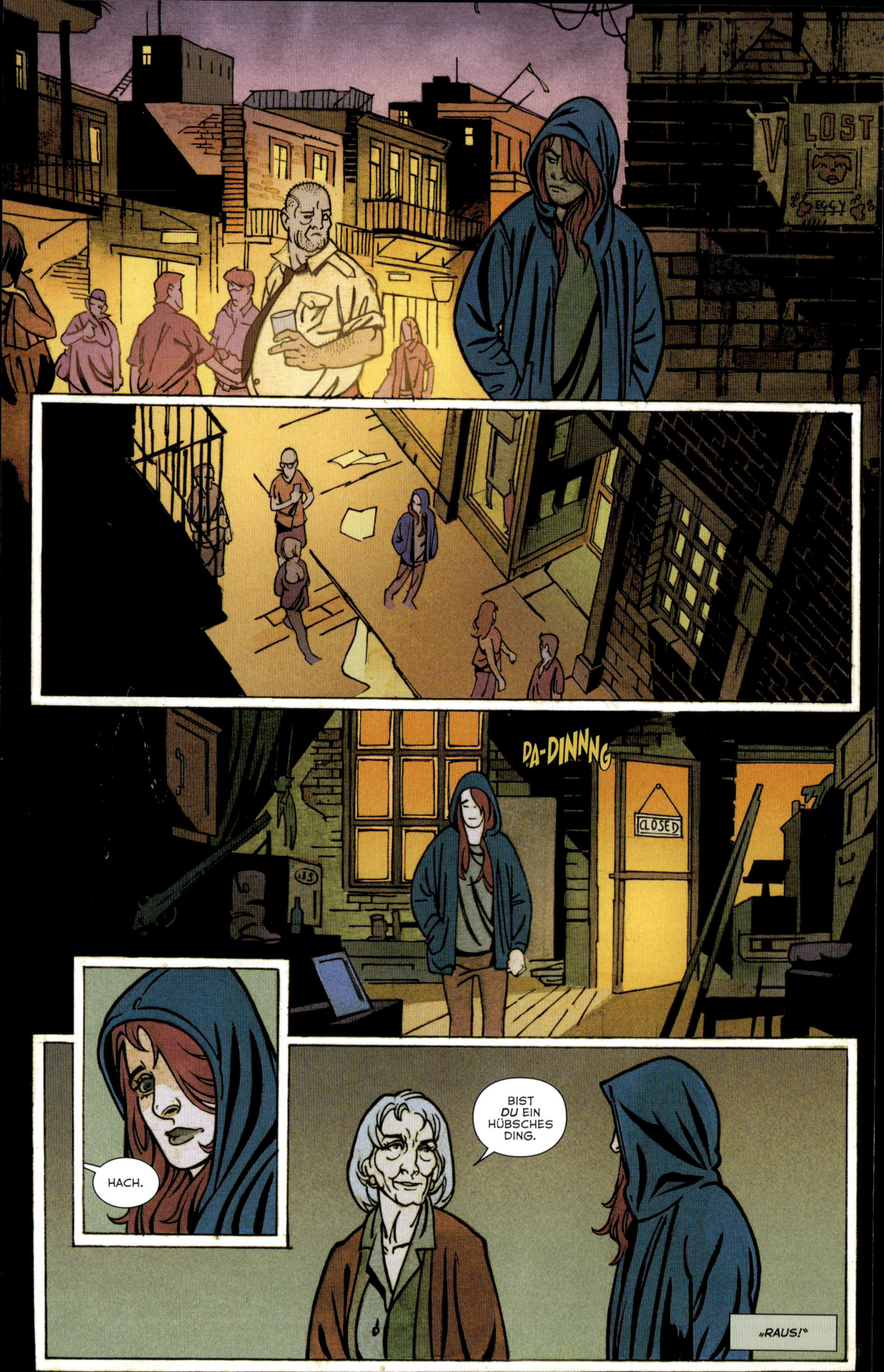
LOST
DA-DINNNG
CLOSED
HACH.
BIST *DU* EIN HÜBSCHES DING.
„RAUS!“

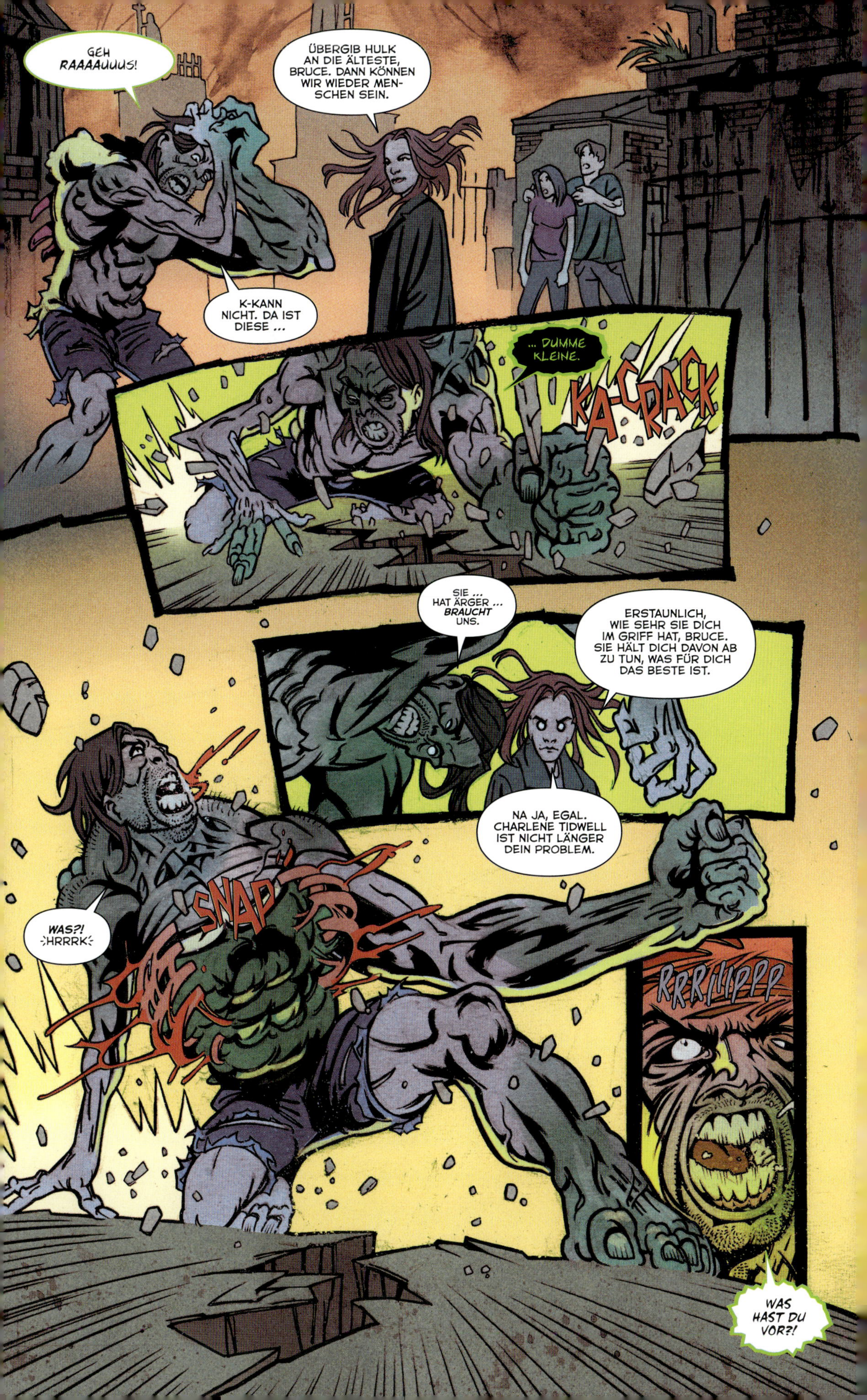

GEH RAAAAUUUS!
ÜBERGIB HULK AN DIE ÄLTESTE, BRUCE. DANN KÖNNEN WIR WIEDER MEN-SCHEN SEIN.
K-KANN NICHT. DA IST DIESE ...
... DUMME KLEINE.
KA-CRACK
SIE ... HAT ÄRGER ... BRAUCHT UNS.
ERSTAUNLICH, WIE SEHR SIE DICH IM GRIFF HAT, BRUCE. SIE HÄLT DICH DAVON AB ZU TUN, WAS FÜR DICH DAS BESTE IST.
NA JA, EGAL. CHARLENE TIDWELL IST NICHT LÄNGER DEIN PROBLEM.
SNAP
WAS?! HRRRK
RRRIIPPP
WAS HAST DU VOR?!

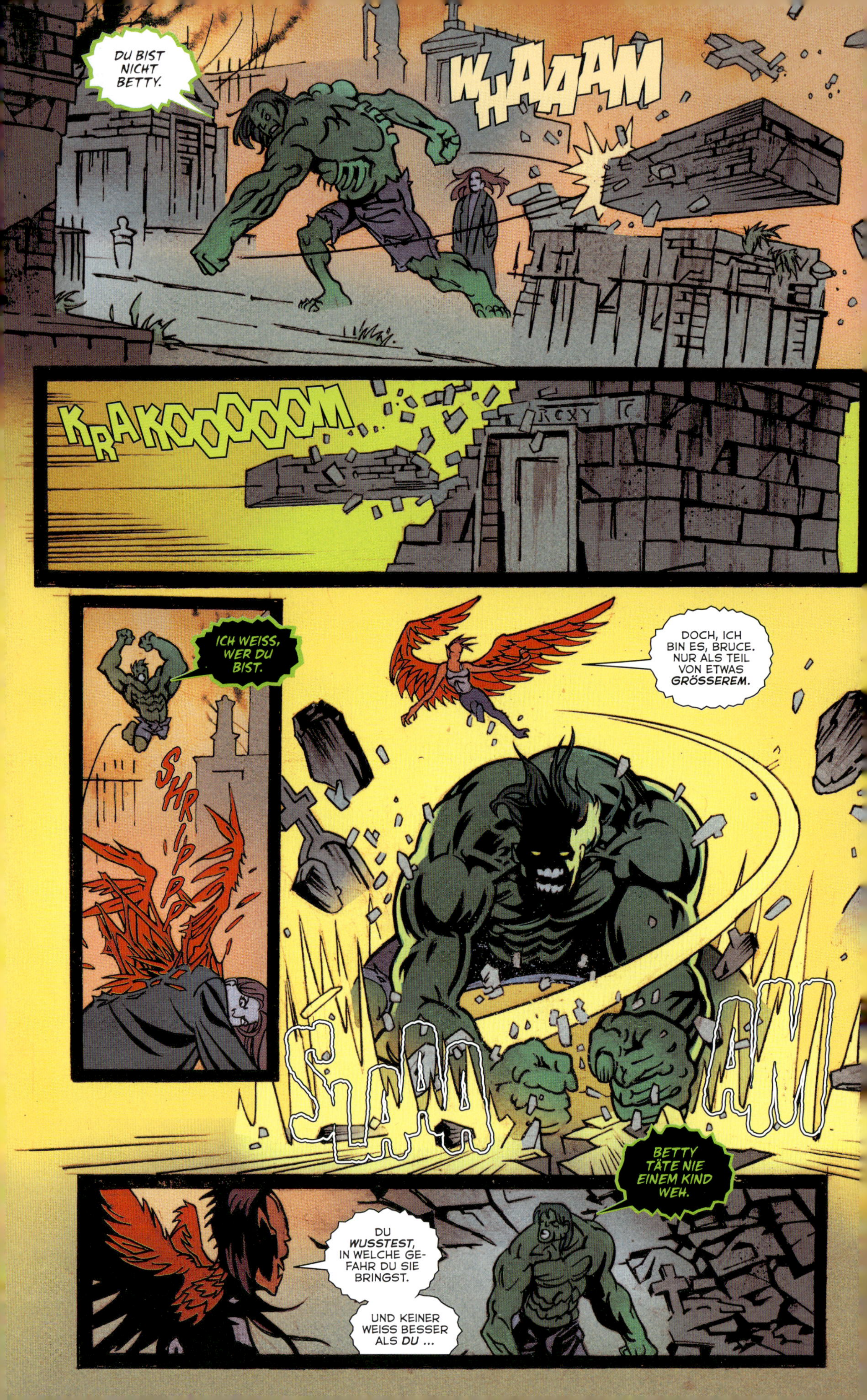
DU BIST NICHT BETTY.
WHAAAM
KRAKOOOOOM
ROXY
ICH WEISS, WER DU BIST.
SHRIPPP
DOCH, ICH BIN ES, BRUCE. NUR ALS TEIL VON ETWAS GRÖSSEREM.
SLAM
BETTY TÄTE NIE EINEM KIND WEH.
DU WUSSTEST, IN WELCHE GEFAHR DU SIE BRINGST.
UND KEINER WEISS BESSER ALS DU ...

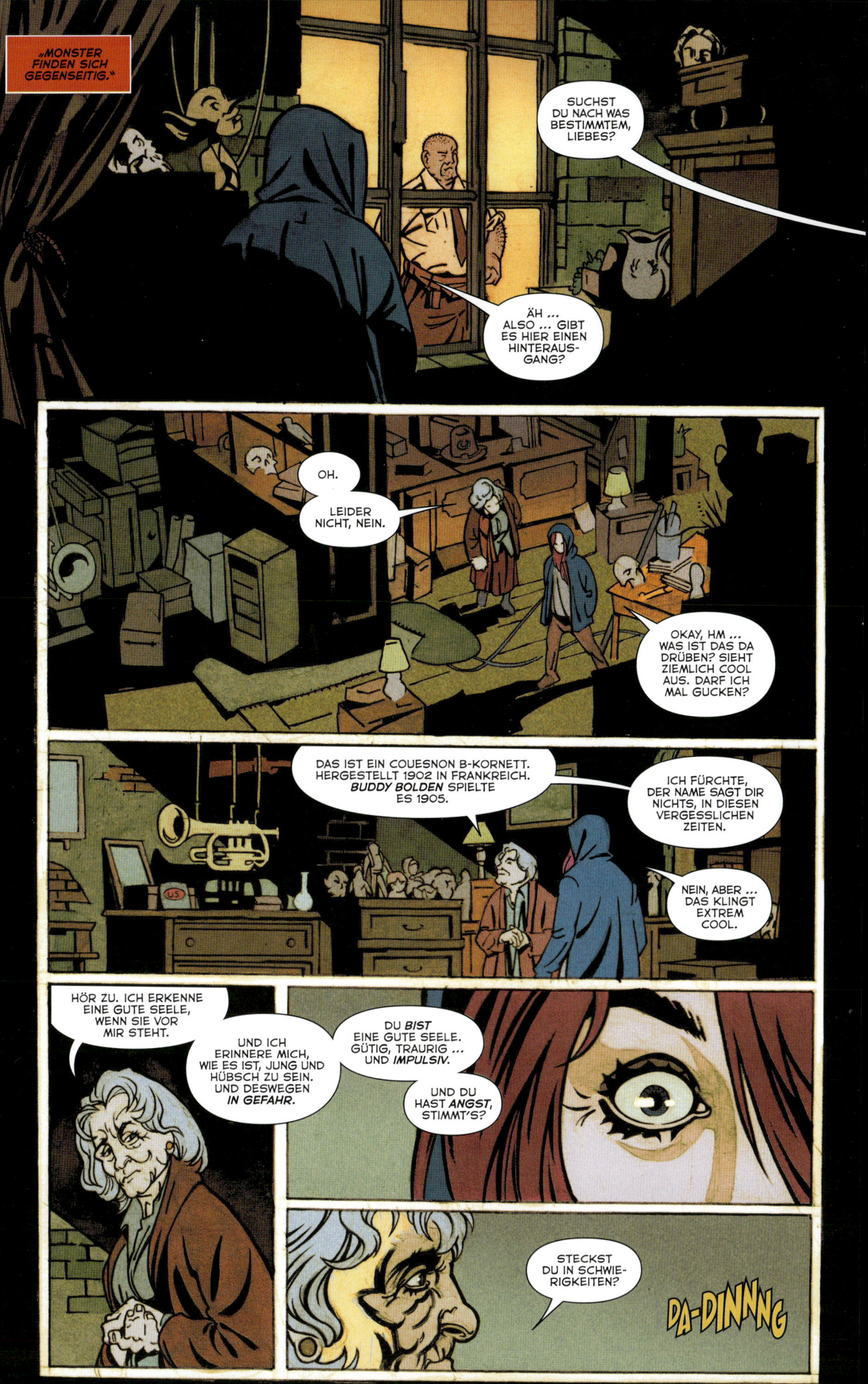
„MONSTER FINDEN SICH GEGENSEITIG."
SUCHST DU NACH WAS BESTIMMTEM, LIEBES?
ÄH ... ALSO ... GIBT ES HIER EINEN HINTERAUS-GANG?
OH.
LEIDER NICHT, NEIN.
OKAY, HM ... WAS IST DAS DA DRÜBEN? SIEHT ZIEMLICH COOL AUS. DARF ICH MAL GUCKEN?
DAS IST EIN COUESNON B-KORNETT. HERGESTELLT 1902 IN FRANKREICH. ***BUDDY BOLDEN*** SPIELTE ES 1905.
ICH FÜRCHTE, DER NAME SAGT DIR NICHTS, IN DIESEN VERGESSLICHEN ZEITEN.
NEIN, ABER ... DAS KLINGT EXTREM COOL.
HÖR ZU. ICH ERKENNE EINE GUTE SEELE, WENN SIE VOR MIR STEHT.
UND ICH ERINNERE MICH, WIE ES IST, JUNG UND HÜBSCH ZU SEIN. UND DESWEGEN ***IN GEFAHR.***
DU ***BIST*** EINE GUTE SEELE. GÜTIG, TRAURIG ... UND ***IMPULSIV.***
UND DU HAST ***ANGST,*** STIMMT'S?
STECKST DU IN SCHWIE-RIGKEITEN?
DA-DINNNG

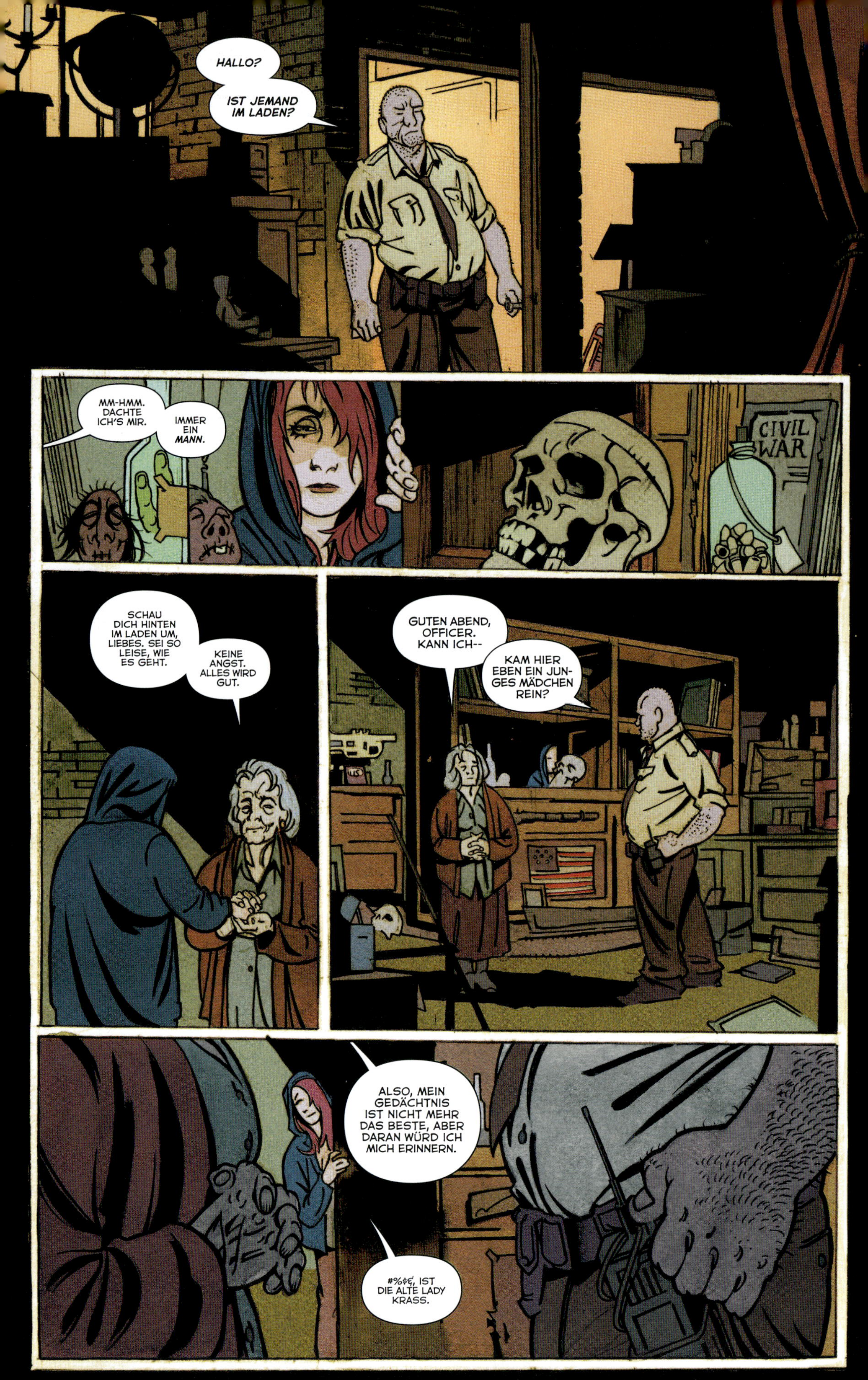
HALLO?
IST JEMAND IM LADEN?
MM-HMM. DACHTE ICH'S MIR.
IMMER EIN MANN.
SCHAU DICH HINTEN IM LADEN UM, LIEBES. SEI SO LEISE, WIE ES GEHT.
KEINE ANGST. ALLES WIRD GUT.
GUTEN ABEND, OFFICER. KANN ICH--
KAM HIER EBEN EIN JUNGES MÄDCHEN REIN?
ALSO, MEIN GEDÄCHTNIS IST NICHT MEHR DAS BESTE, ABER DARAN WÜRD ICH MICH ERINNERN.
#%$€, IST DIE ALTE LADY KRASS.

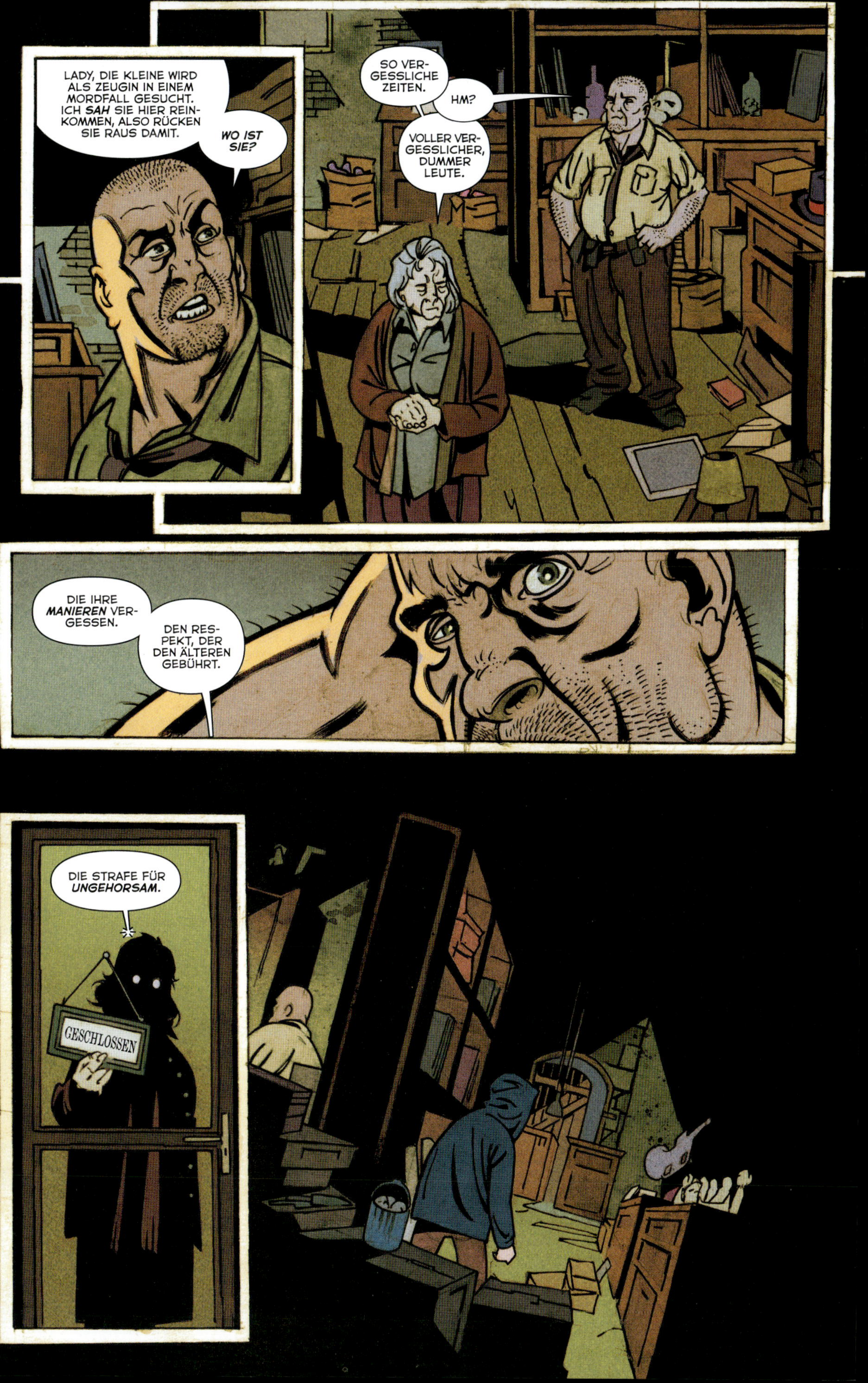
LADY, DIE KLEINE WIRD ALS ZEUGIN IN EINEM MORDFALL GESUCHT. ICH SAH SIE HIER REINKOMMEN, ALSO RÜCKEN SIE RAUS DAMIT.
WO IST SIE?
SO VERGESSLICHE ZEITEN.
HM?
VOLLER VERGESSLICHER, DUMMER LEUTE.
DIE IHRE MANIEREN VERGESSEN.
DEN RESPEKT, DER DEN ÄLTEREN GEBÜHRT.
DIE STRAFE FÜR UNGEHORSAM.
GESCHLOSSEN

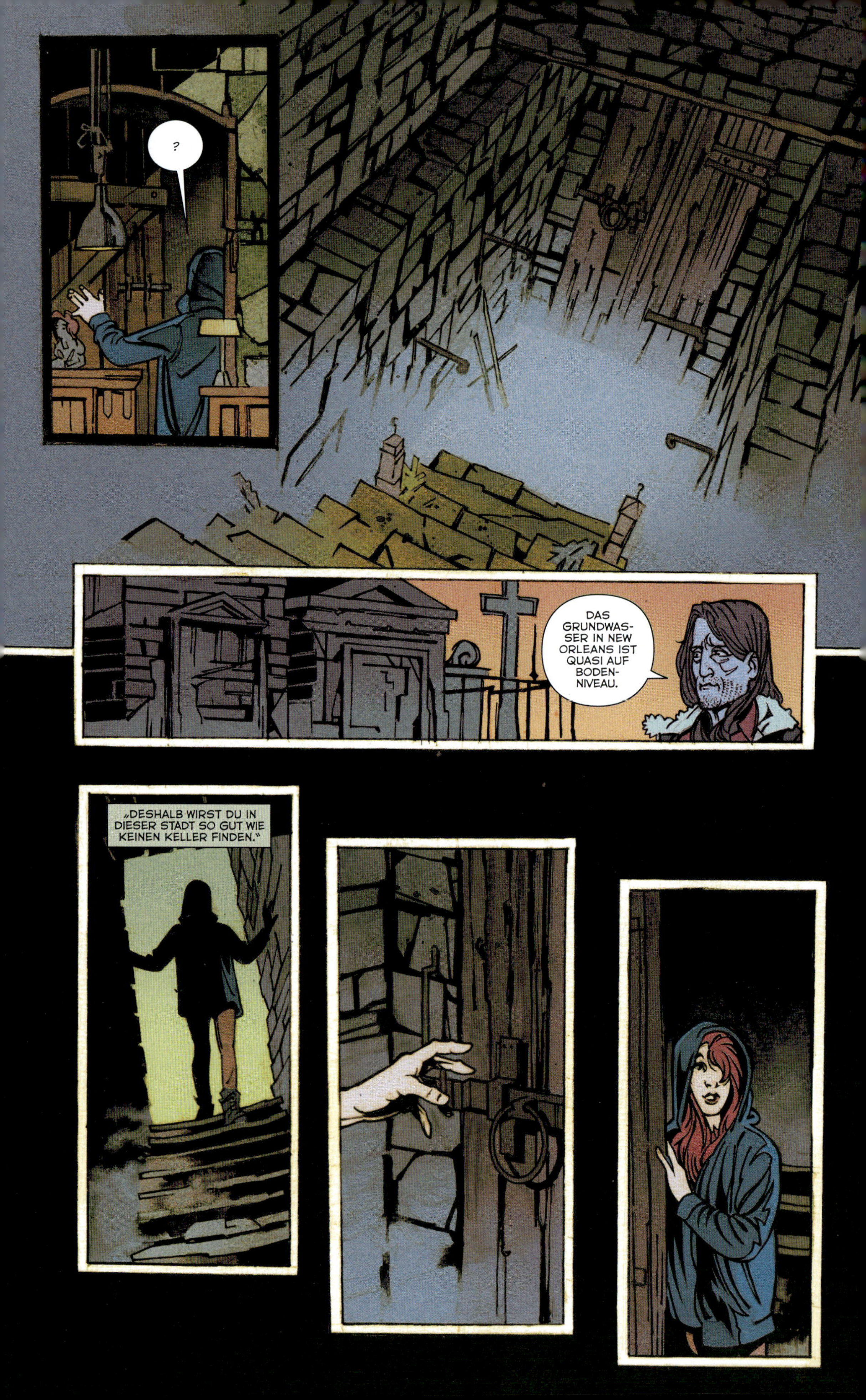
?
DAS GRUNDWASSER IN NEW ORLEANS IST QUASI AUF BODENNIVEAU.
„DESHALB WIRST DU IN DIESER STADT SO GUT WIE KEINEN KELLER FINDEN."

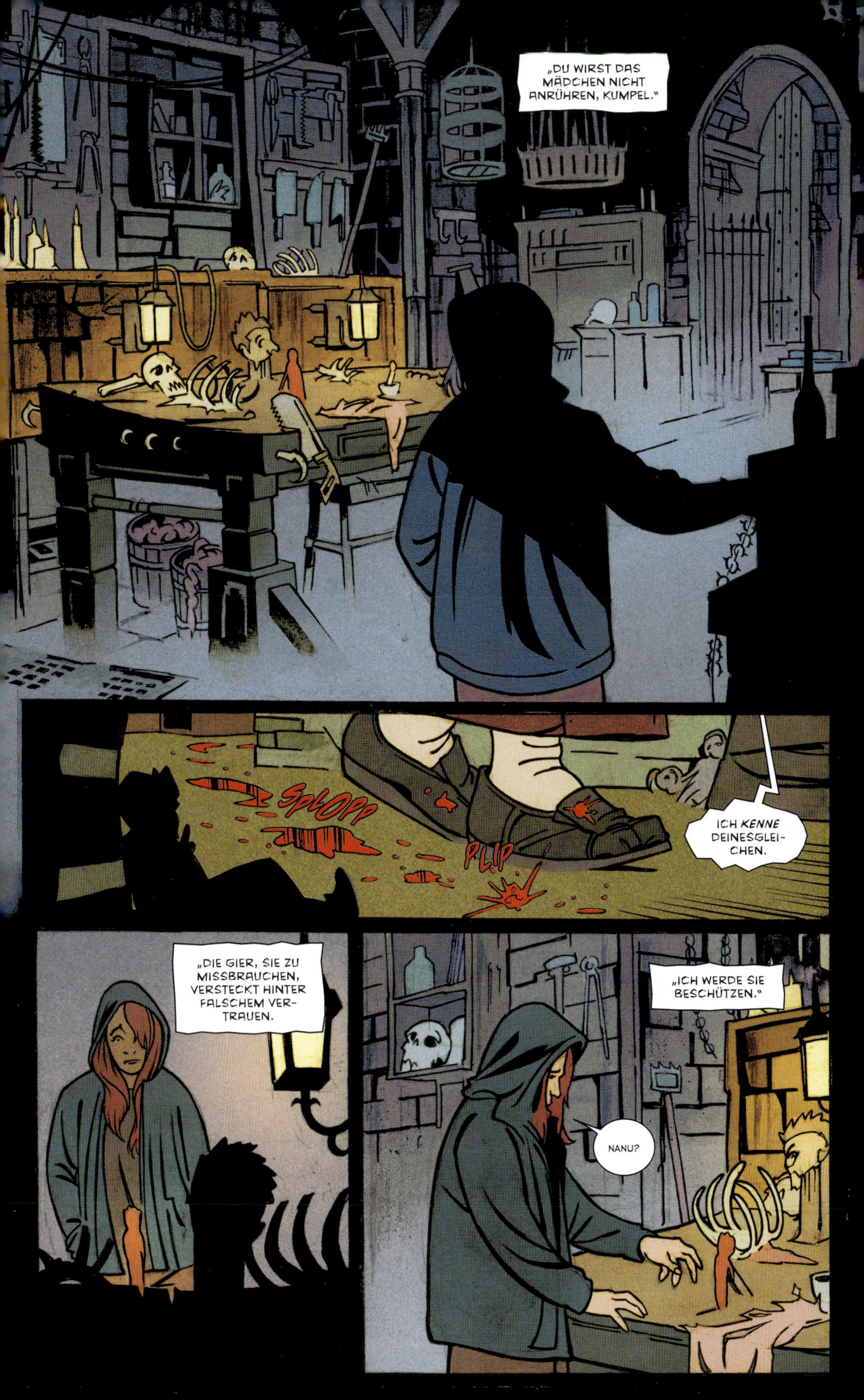
„DU WIRST DAS MÄDCHEN NICHT ANRÜHREN, KUMPEL."
SPLOPP
PLIP
ICH *KENNE* DEINESGLEI-CHEN.
„DIE GIER, SIE ZU MISSBRAUCHEN, VERSTECKT HINTER FALSCHEM VER-TRAUEN.
„ICH WERDE SIE BESCHÜTZEN."
NANU?

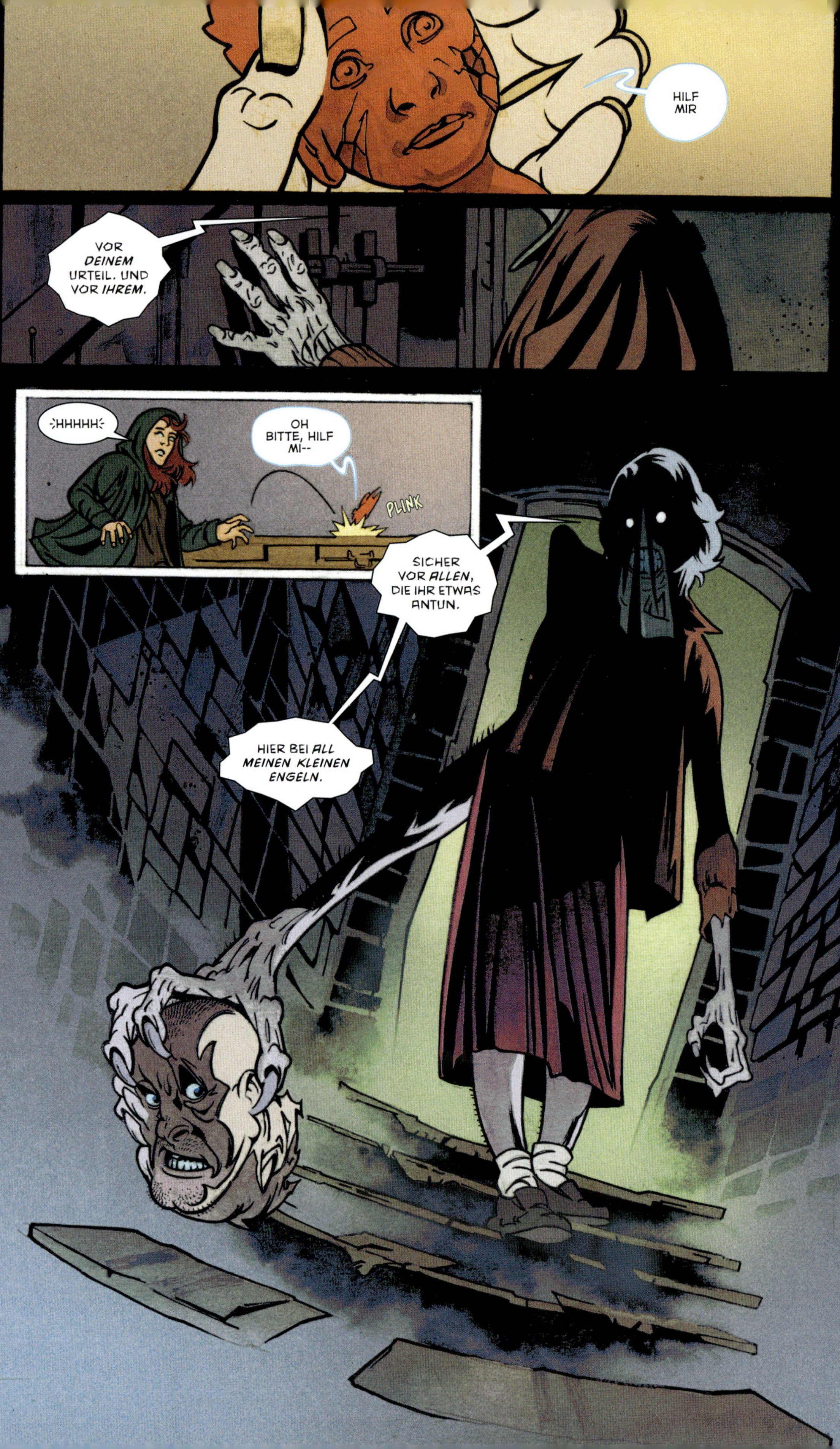
HILF MIR
VOR DEINEM URTEIL. UND VOR IHREM.
:HHHHH:
OH BITTE, HILF MI--
PLINK
SICHER VOR ALLEN, DIE IHR ETWAS ANTUN.
HIER BEI ALL MEINEN KLEINEN ENGELN.

FROZEN CHARLOTTE, TEIL 2

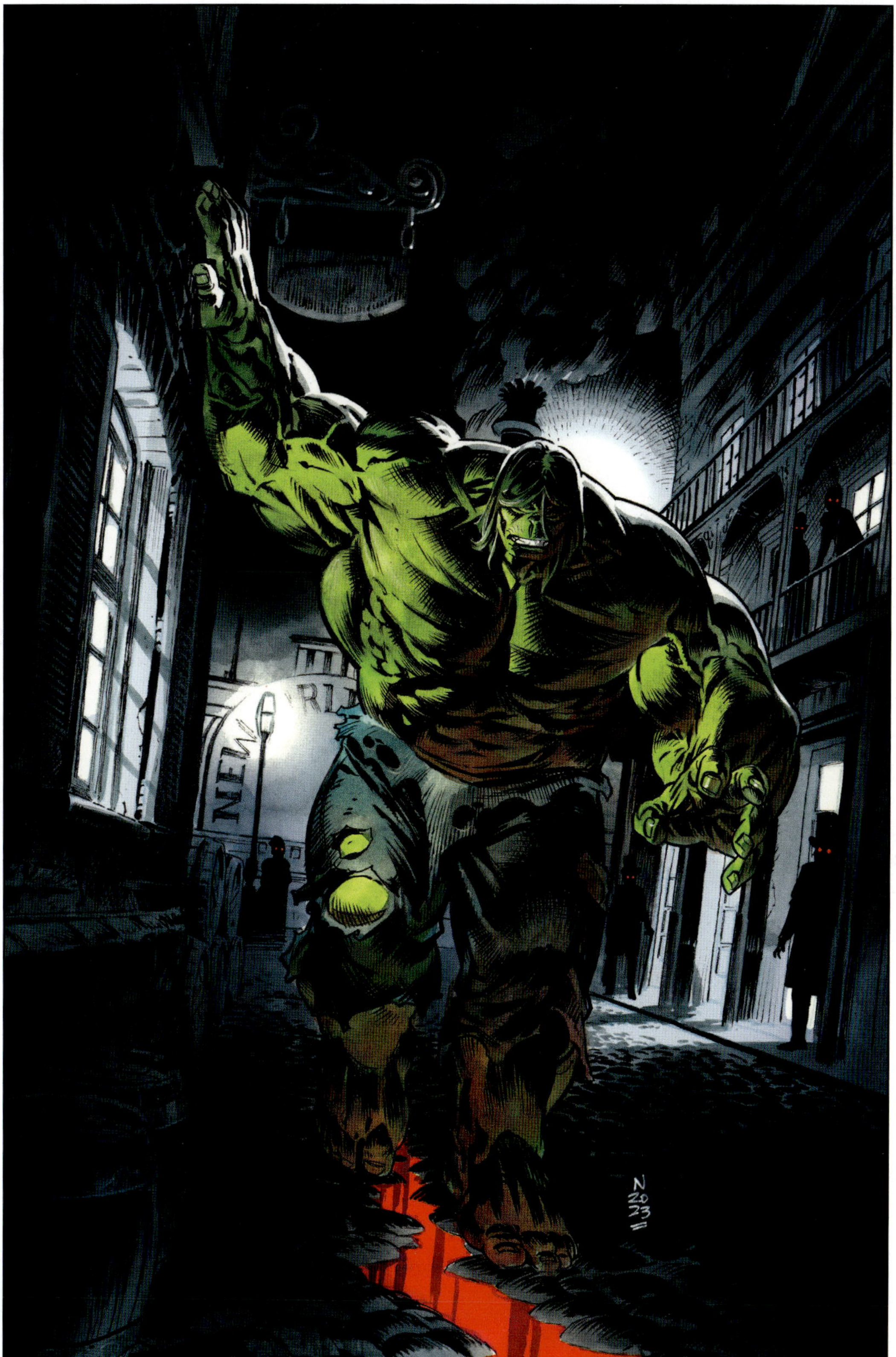

Incredible Hulk (2023) 10
Cover von **NIC KLEIN**

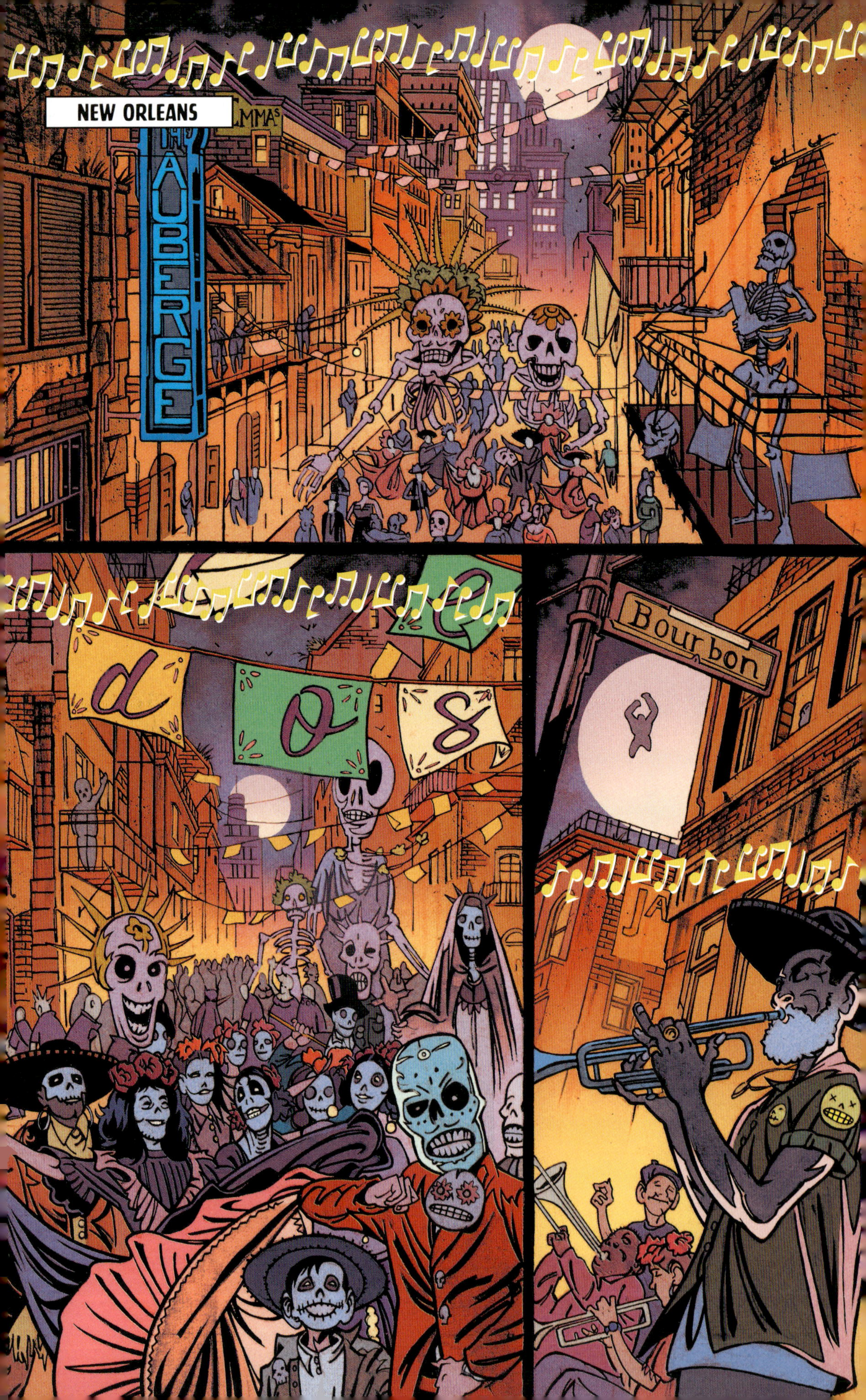
NEW ORLEANS
AUBERGE
d o s
Bourbon

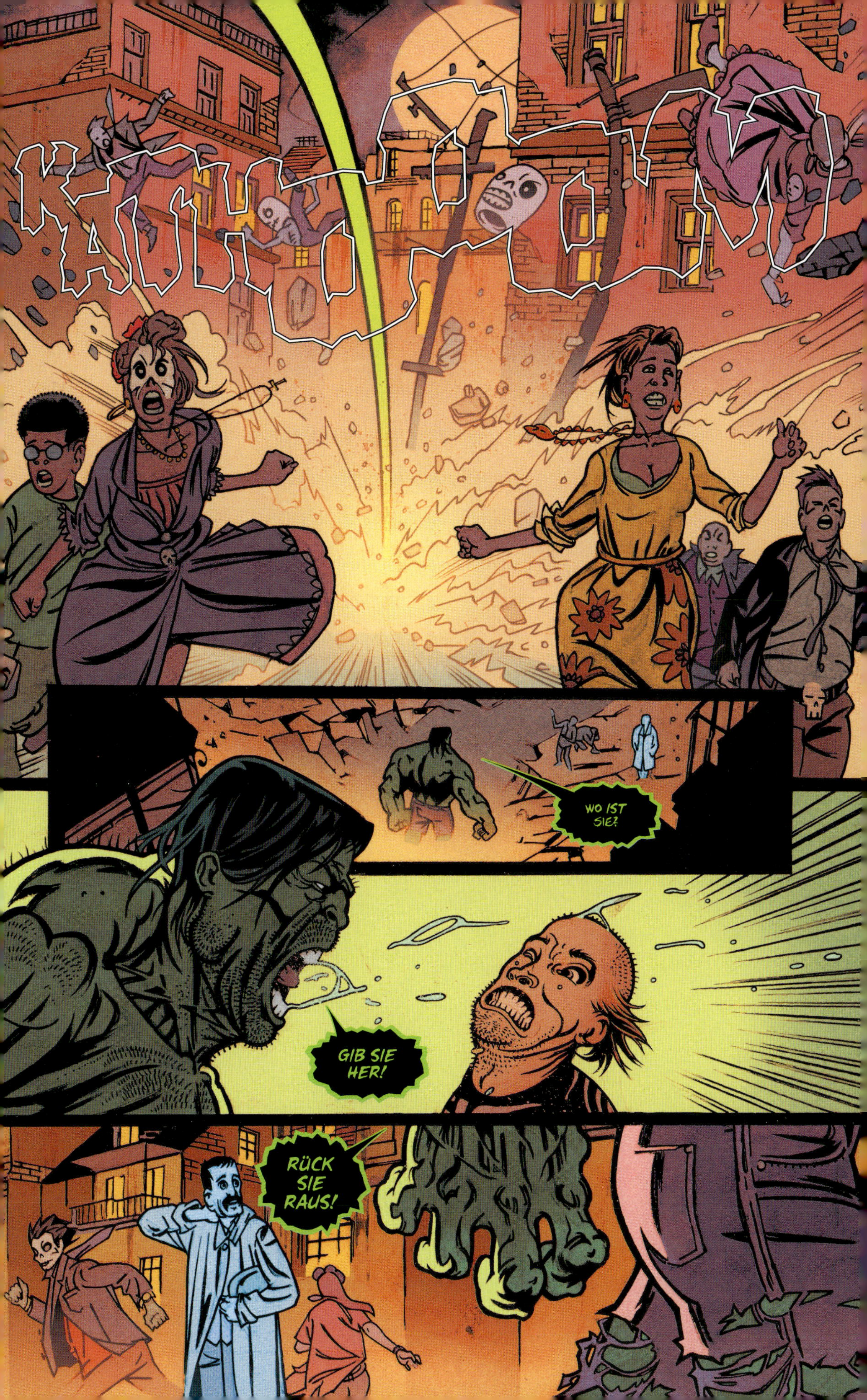
WO IST SIE?
GIB SIE HER!
RÜCK SIE RAUS!

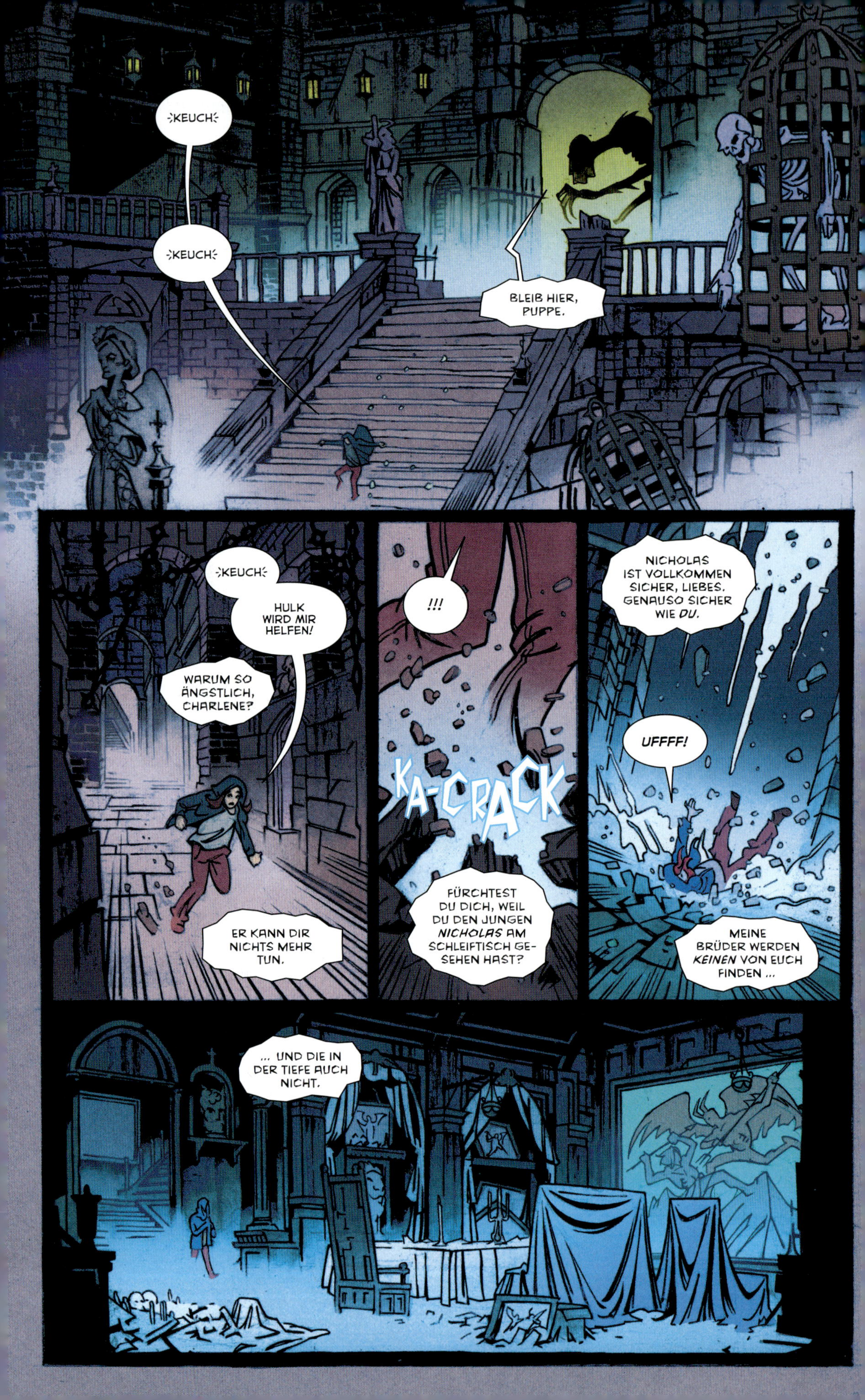
-KEUCH-
-KEUCH-
BLEIB HIER, PUPPE.
-KEUCH-
HULK WIRD MIR HELFEN!
WARUM SO ÄNGSTLICH, CHARLENE?
ER KANN DIR NICHTS MEHR TUN.
!!!
KA-CRACK
FÜRCHTEST DU DICH, WEIL DU DEN JUNGEN NICHOLAS AM SCHLEIFTISCH GE-SEHEN HAST?
NICHOLAS IST VOLLKOMMEN SICHER, LIEBES. GENAUSO SICHER WIE DU.
UFFFF!
MEINE BRÜDER WERDEN KEINEN VON EUCH FINDEN ...
... UND DIE IN DER TIEFE AUCH NICHT.

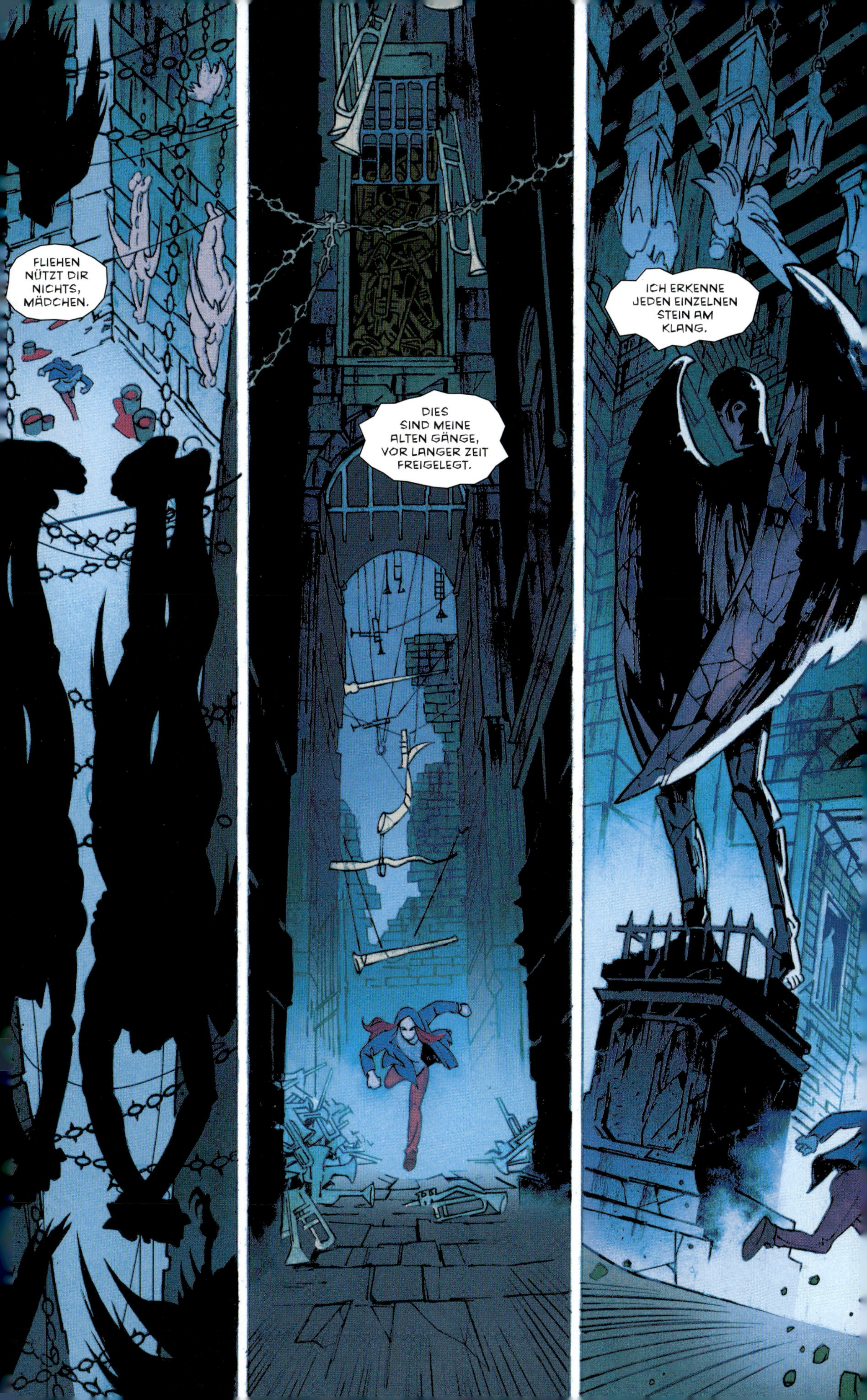
FLIEHEN NÜTZT DIR NICHTS, MÄDCHEN.
DIES SIND MEINE ALTEN GÄNGE, VOR LANGER ZEIT FREIGELEGT.
ICH ERKENNE JEDEN EINZELNEN STEIN AM KLANG.

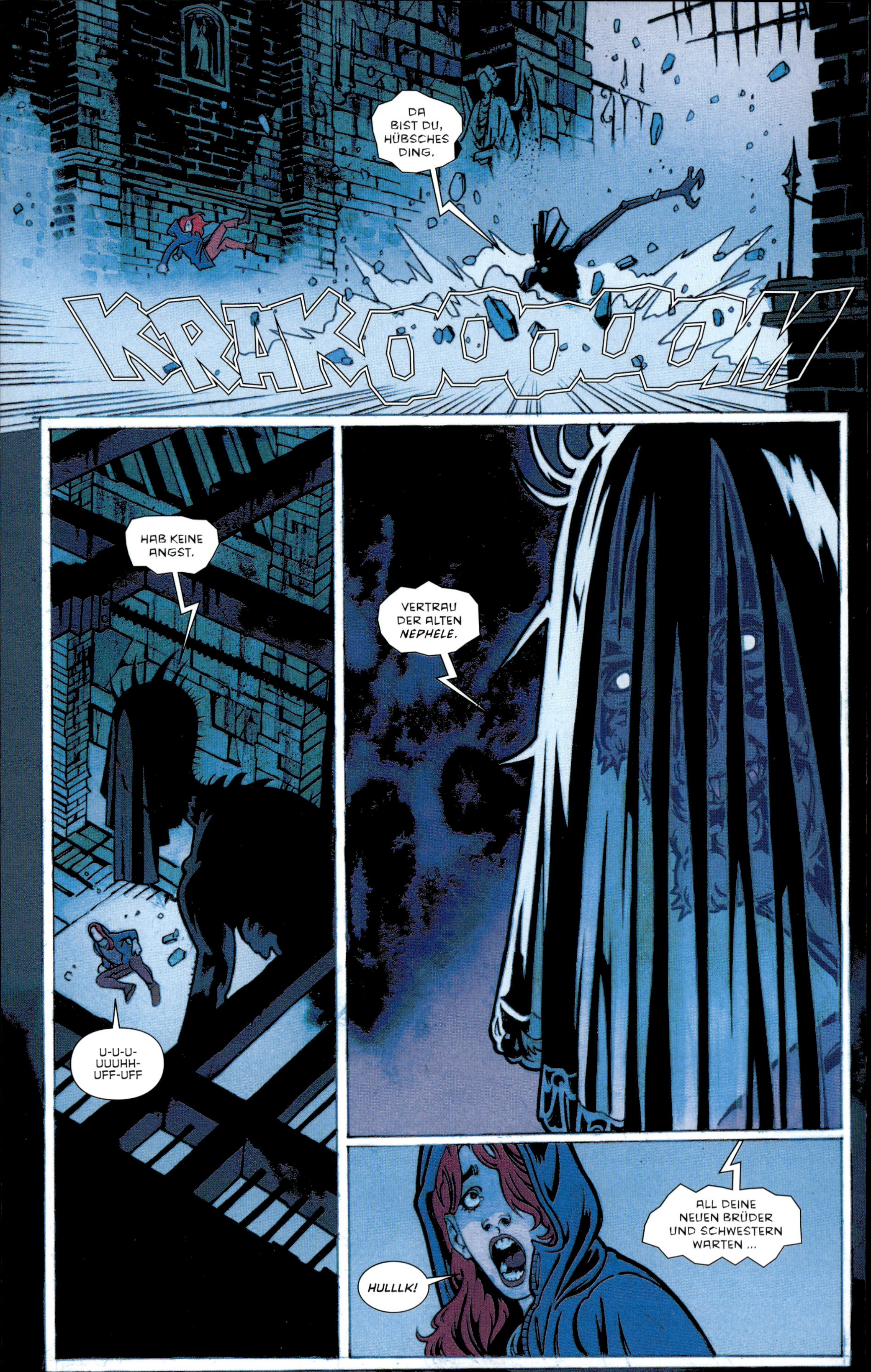
DA BIST DU, HÜBSCHES DING.
KRAKOOOOOOM
HAB KEINE ANGST.
U-U-U-UUUHH-UFF-UFF
VERTRAU DER ALTEN NEPHELE.
ALL DEINE NEUEN BRÜDER UND SCHWESTERN WARTEN ...
HULLLK!

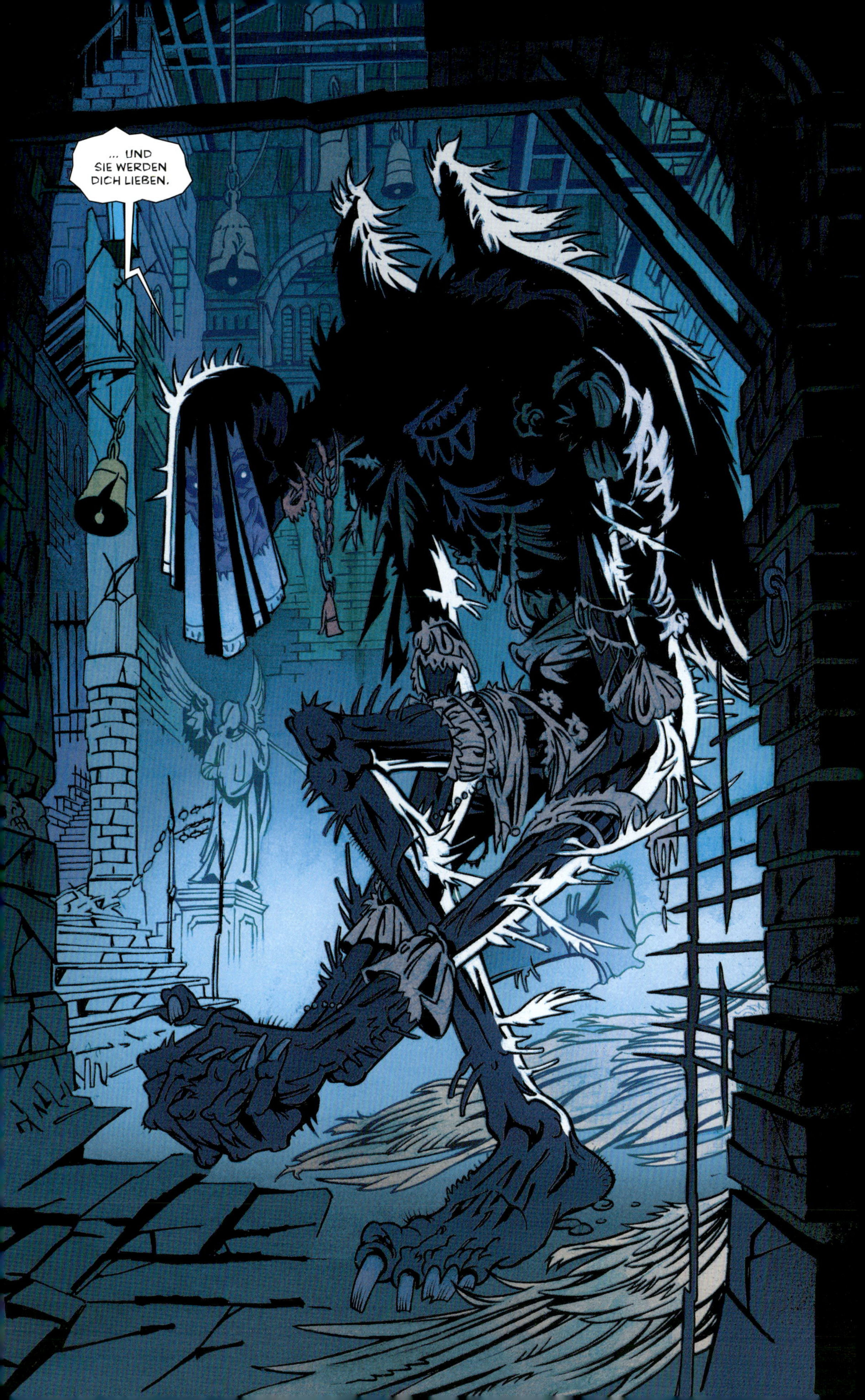
... UND
SIE WERDEN
DICH LIEBEN.

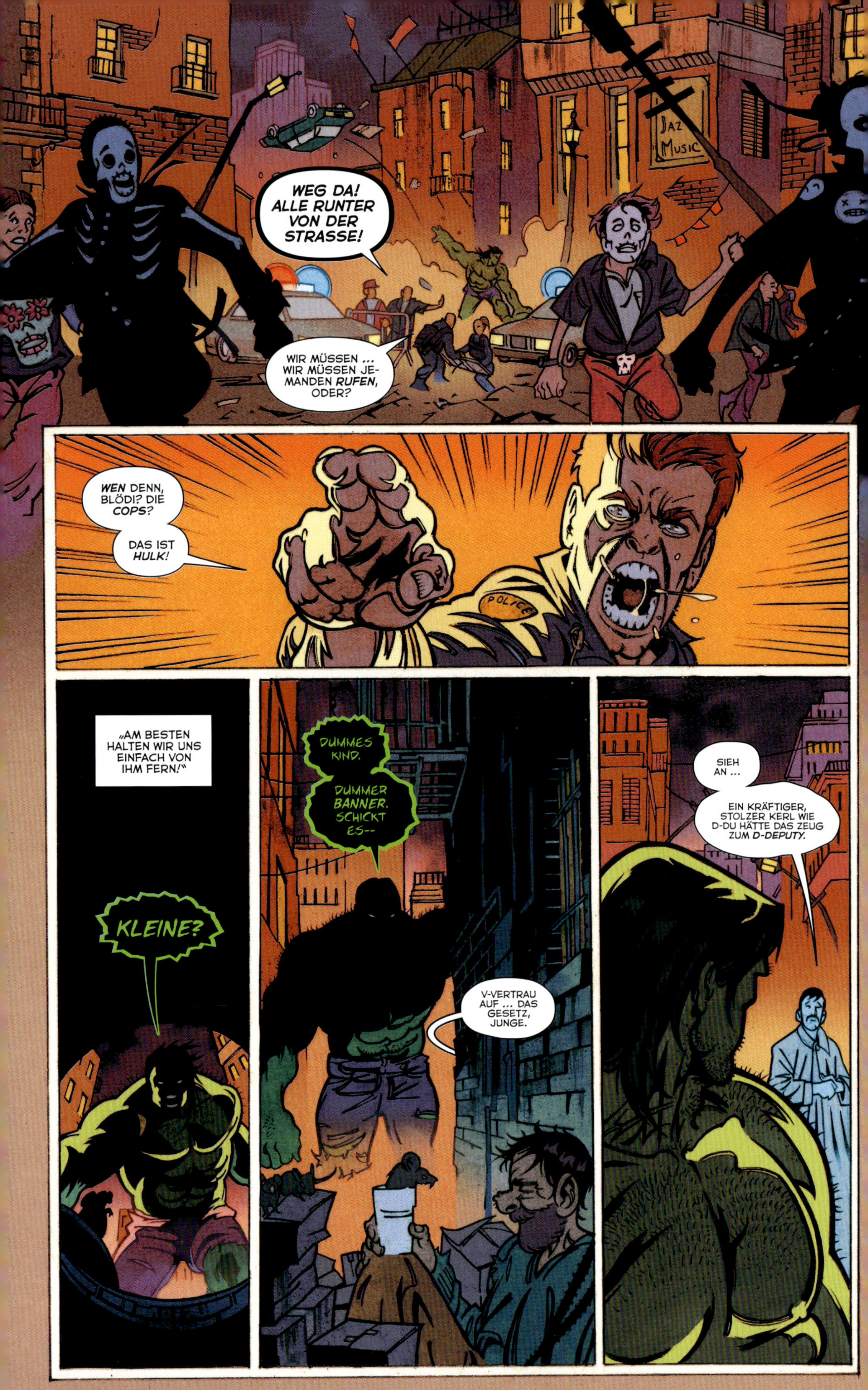

WEG DA! ALLE RUNTER VON DER STRASSE!
WIR MÜSSEN ... WIR MÜSSEN JEMANDEN RUFEN, ODER?
WEN DENN, BLÖDI? DIE COPS?
DAS IST HULK!
„AM BESTEN HALTEN WIR UNS EINFACH VON IHM FERN!“
KLEINE?
DUMMES KIND.
DUMMER BANNER. SCHICKT ES--
V-VERTRAU AUF ... DAS GESETZ, JUNGE.
SIEH AN ...
EIN KRÄFTIGER, STOLZER KERL WIE D-DU HÄTTE DAS ZEUG ZUM D-DEPUTY.

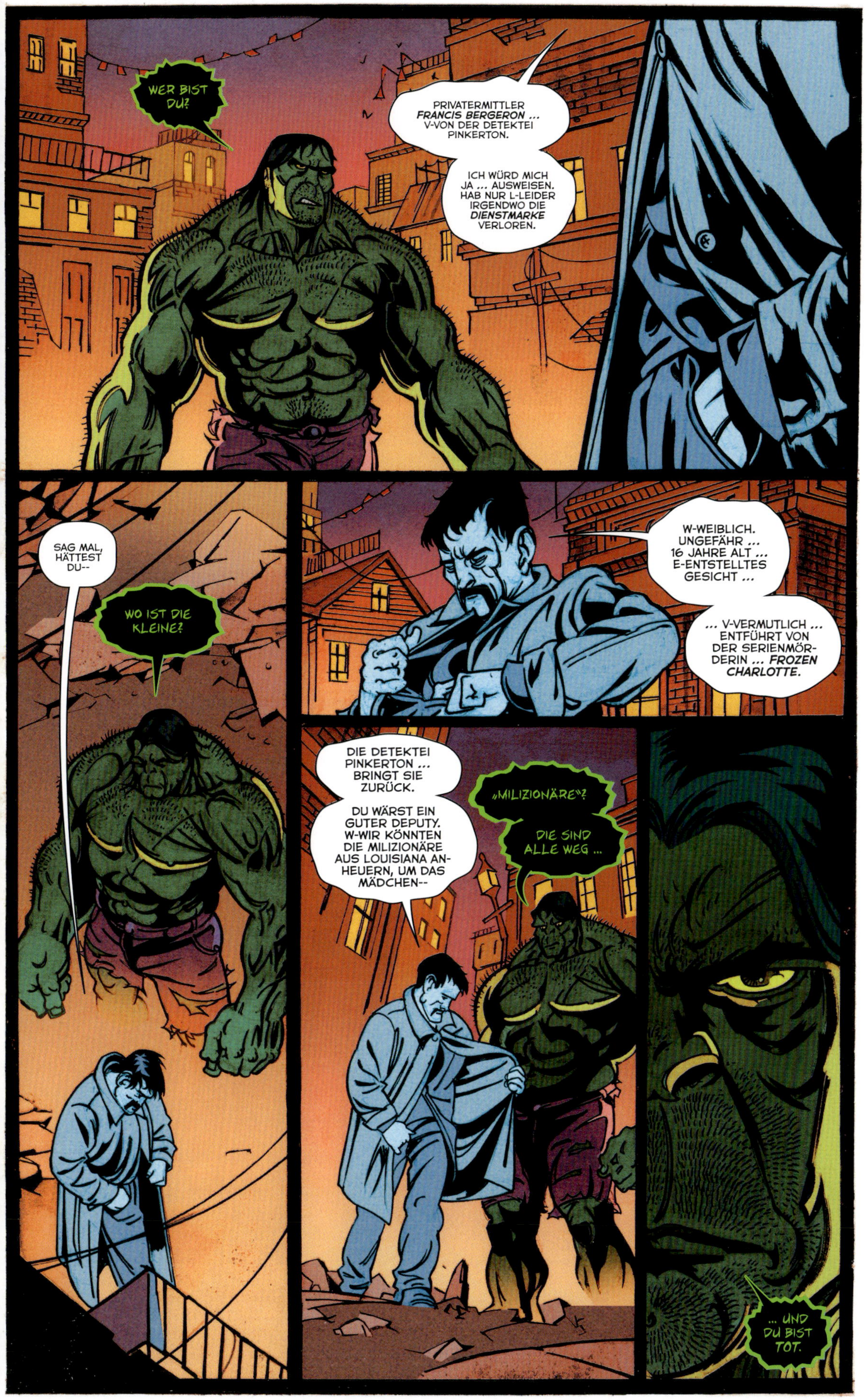
WER BIST DU?
PRIVATERMITTLER FRANCIS BERGERON ... V-VON DER DETEKTEI PINKERTON.
ICH WÜRD MICH JA ... AUSWEISEN. HAB NUR L-LEIDER IRGENDWO DIE DIENSTMARKE VERLOREN.
SAG MAL, HÄTTEST DU--
WO IST DIE KLEINE?
W-WEIBLICH. UNGEFÄHR ... 16 JAHRE ALT ... E-ENTSTELLTES GESICHT ...
... V-VERMUTLICH ... ENTFÜHRT VON DER SERIENMÖRDERIN ... FROZEN CHARLOTTE.
DIE DETEKTEI PINKERTON ... BRINGT SIE ZURÜCK.
DU WÄRST EIN GUTER DEPUTY. W-WIR KÖNNTEN DIE MILIZIONÄRE AUS LOUISIANA ANHEUERN, UM DAS MÄDCHEN--
„MILIZIONÄRE"?
DIE SIND ALLE WEG ...
... UND DU BIST TOT.

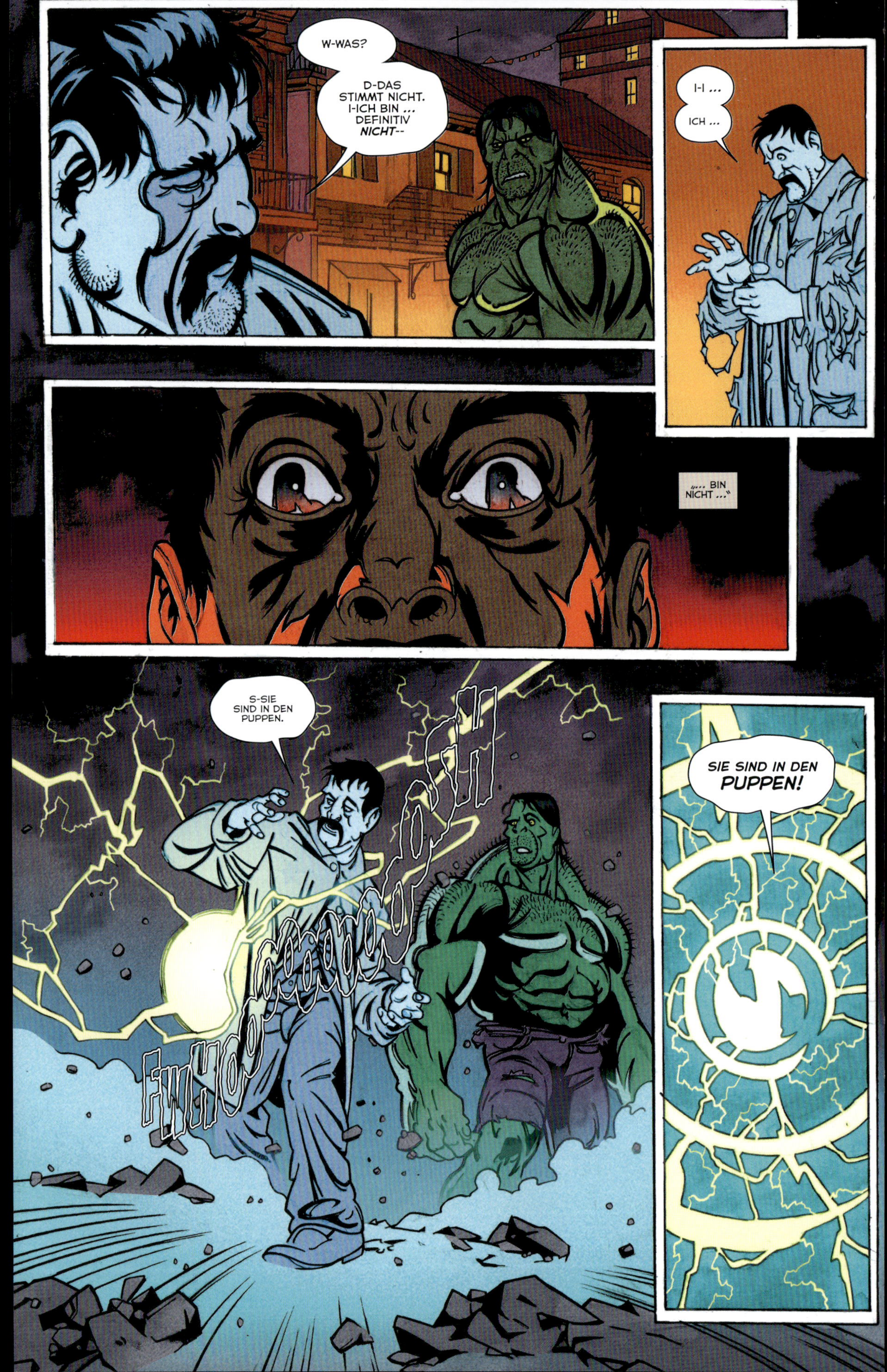
W-WAS?
D-DAS STIMMT NICHT. I-ICH BIN ... DEFINITIV *NICHT*--
I-I ...
ICH ...
„... BIN NICHT ..."
S-SIE SIND IN DEN PUPPEN.
FWHOOOOOOOOOSH
SIE SIND IN DEN **PUPPEN!**

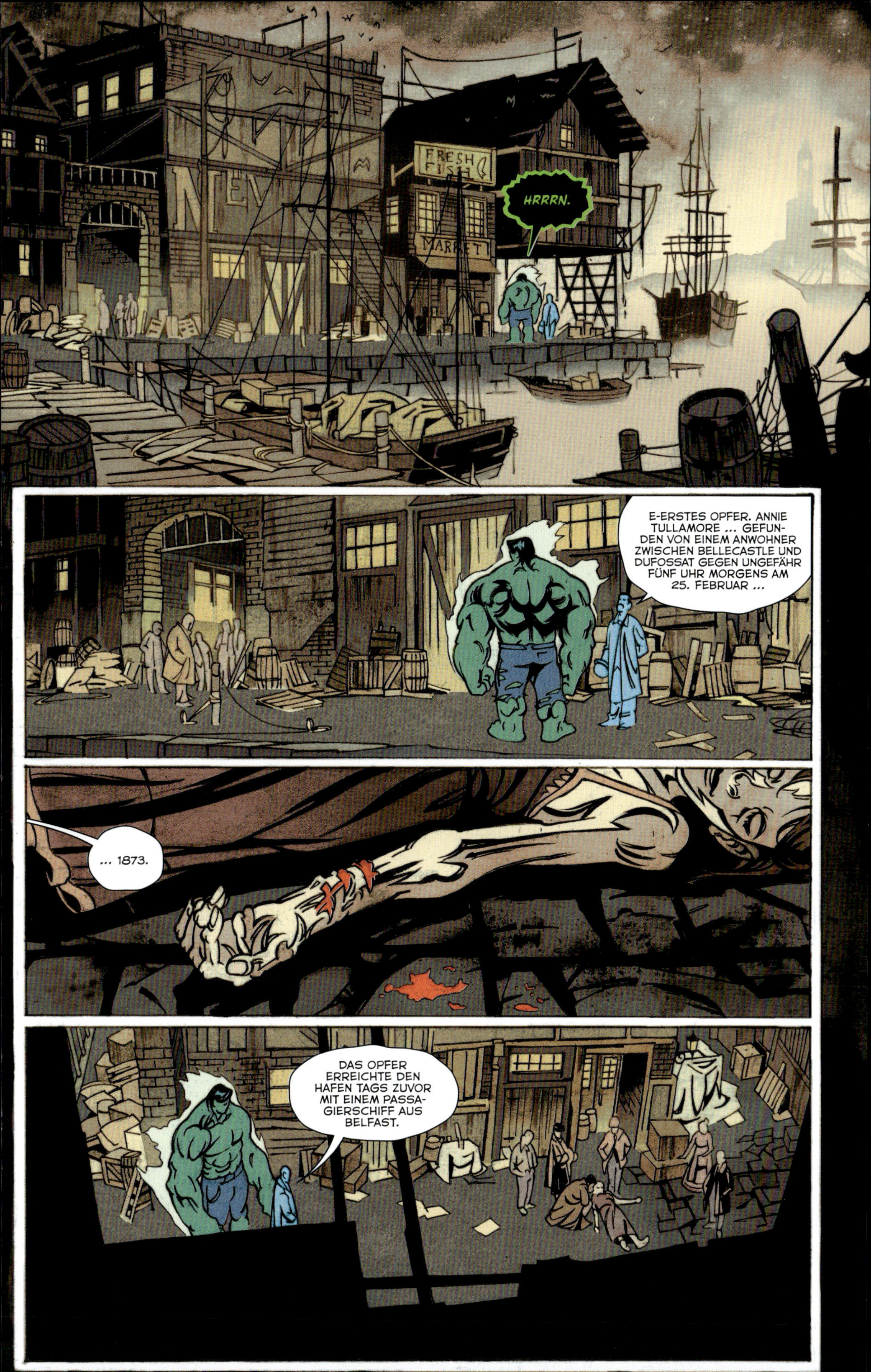
FRESH FISH
MARKET
HRRRN.
E-ERSTES OPFER. ANNIE TULLAMORE ... GEFUNDEN VON EINEM ANWOHNER ZWISCHEN BELLECASTLE UND DUFOSSAT GEGEN UNGEFÄHR FÜNF UHR MORGENS AM 25. FEBRUAR ...
... 1873.
DAS OPFER ERREICHTE DEN HAFEN TAGS ZUVOR MIT EINEM PASSAGIERSCHIFF AUS BELFAST.

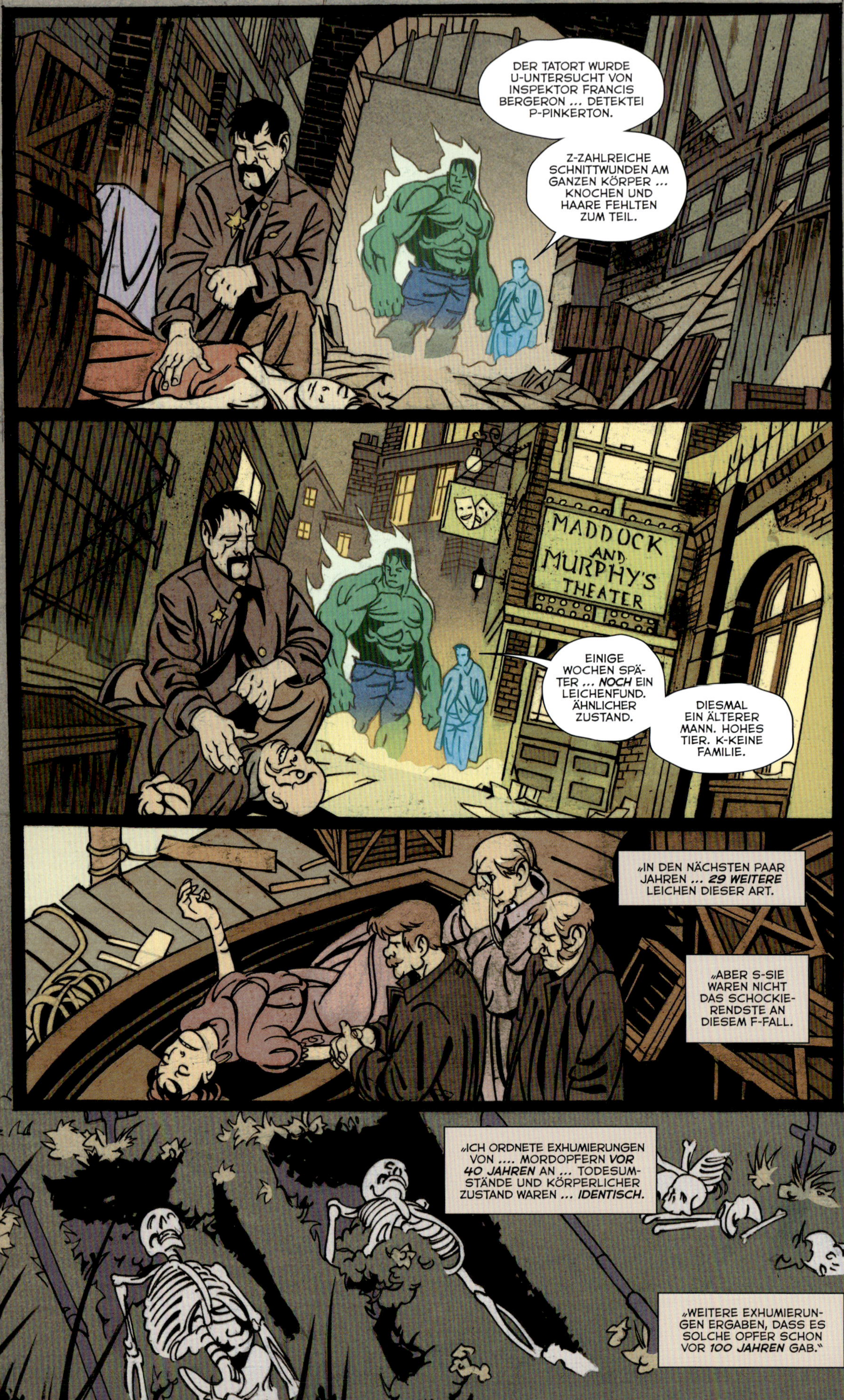

DER TATORT WURDE U-UNTERSUCHT VON INSPEKTOR FRANCIS BERGERON ... DETEKTEI P-PINKERTON.
Z-ZAHLREICHE SCHNITTWUNDEN AM GANZEN KÖRPER ... KNOCHEN UND HAARE FEHLTEN ZUM TEIL.
MADDOCK AND MURPHY'S THEATER
EINIGE WOCHEN SPÄTER ... NOCH EIN LEICHENFUND. ÄHNLICHER ZUSTAND.
DIESMAL EIN ÄLTERER MANN. HOHES TIER. K-KEINE FAMILIE.
„IN DEN NÄCHSTEN PAAR JAHREN ... 29 WEITERE LEICHEN DIESER ART.
„ABER S-SIE WAREN NICHT DAS SCHOCKIERENDSTE AN DIESEM F-FALL.
„ICH ORDNETE EXHUMIERUNGEN VON .... MORDOPFERN VOR 40 JAHREN AN ... TODESUMSTÄNDE UND KÖRPERLICHER ZUSTAND WAREN ... IDENTISCH.
„WEITERE EXHUMIERUNGEN ERGABEN, DASS ES SOLCHE OPFER SCHON VOR 100 JAHREN GAB."

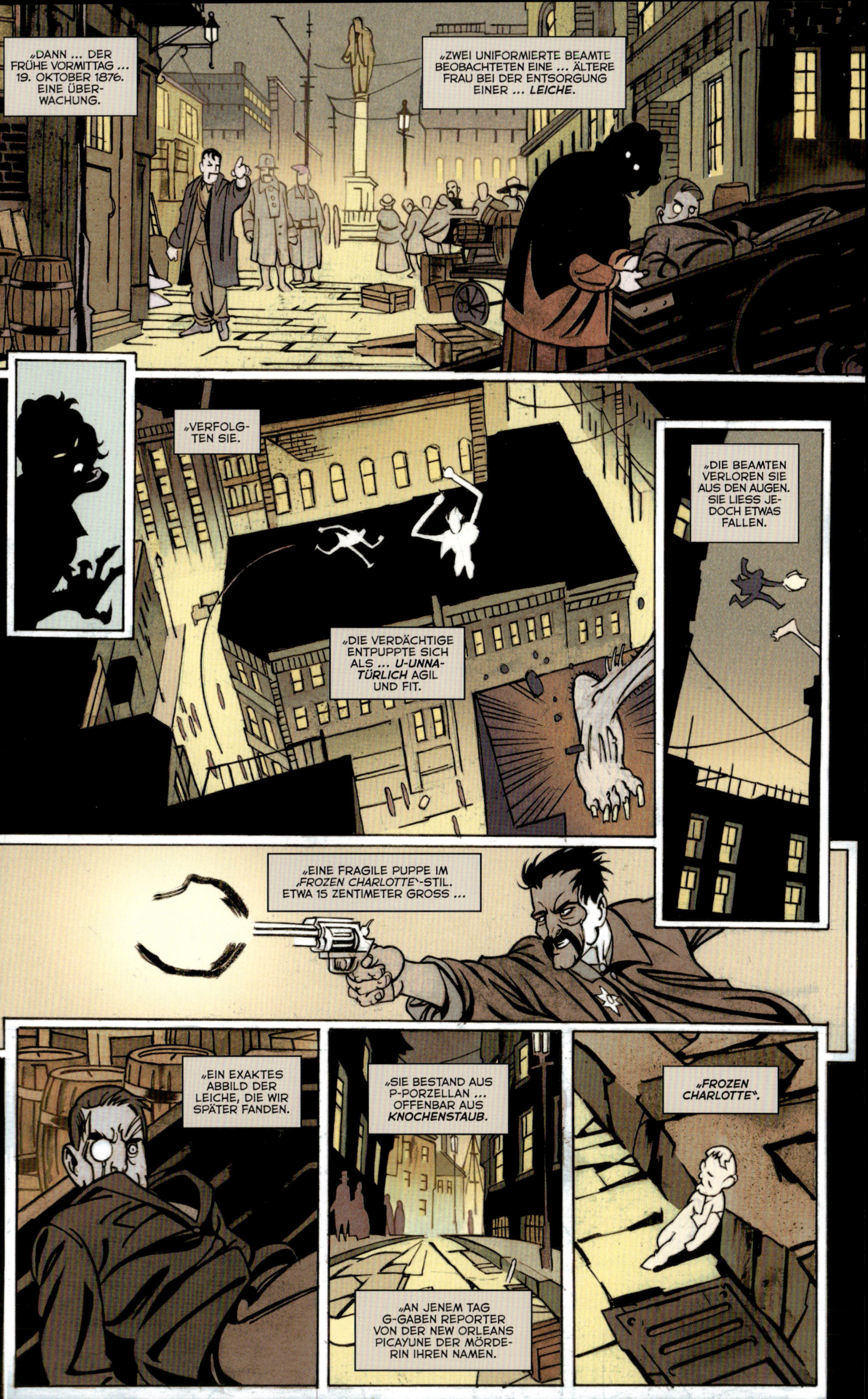
„DANN ... DER FRÜHE VORMITTAG ... 19. OKTOBER 1876. EINE ÜBERWACHUNG.
„ZWEI UNIFORMIERTE BEAMTE BEOBACHTETEN EINE ... ÄLTERE FRAU BEI DER ENTSORGUNG EINER ... LEICHE.
„VERFOLGTEN SIE.
„DIE VERDÄCHTIGE ENTPUPPTE SICH ALS ... U-UNNATÜRLICH AGIL UND FIT.
„DIE BEAMTEN VERLOREN SIE AUS DEN AUGEN. SIE LIESS JEDOCH ETWAS FALLEN.
„EINE FRAGILE PUPPE IM ‚FROZEN CHARLOTTE'-STIL. ETWA 15 ZENTIMETER GROSS ...
„EIN EXAKTES ABBILD DER LEICHE, DIE WIR SPÄTER FANDEN.
„SIE BESTAND AUS P-PORZELLAN ... OFFENBAR AUS KNOCHENSTAUB.
„AN JENEM TAG G-GABEN REPORTER VON DER NEW ORLEANS PICAYUNE DER MÖRDERIN IHREN NAMEN.
„FROZEN CHARLOTTE".

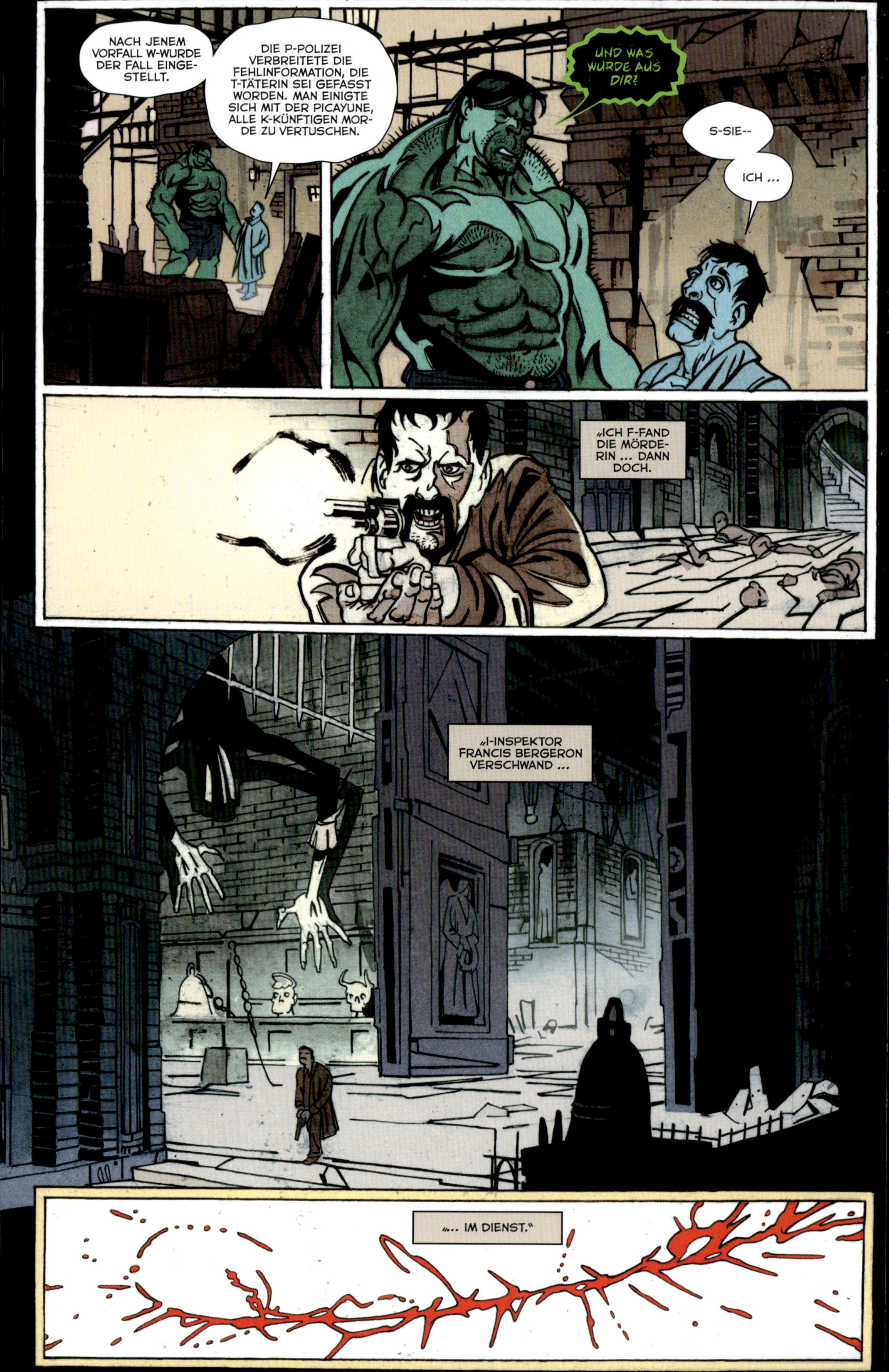
NACH JENEM VORFALL W-WURDE DER FALL EINGE-STELLT.
DIE P-POLIZEI VERBREITETE DIE FEHLINFORMATION, DIE T-TÄTERIN SEI GEFASST WORDEN. MAN EINIGTE SICH MIT DER PICAYUNE, ALLE K-KÜNFTIGEN MORDE ZU VERTUSCHEN.
UND WAS WURDE AUS DIR?
S-SIE--
ICH ...
„ICH F-FAND DIE MÖRDERIN ... DANN DOCH.
„I-INSPEKTOR FRANCIS BERGERON VERSCHWAND ...
„... IM DIENST."

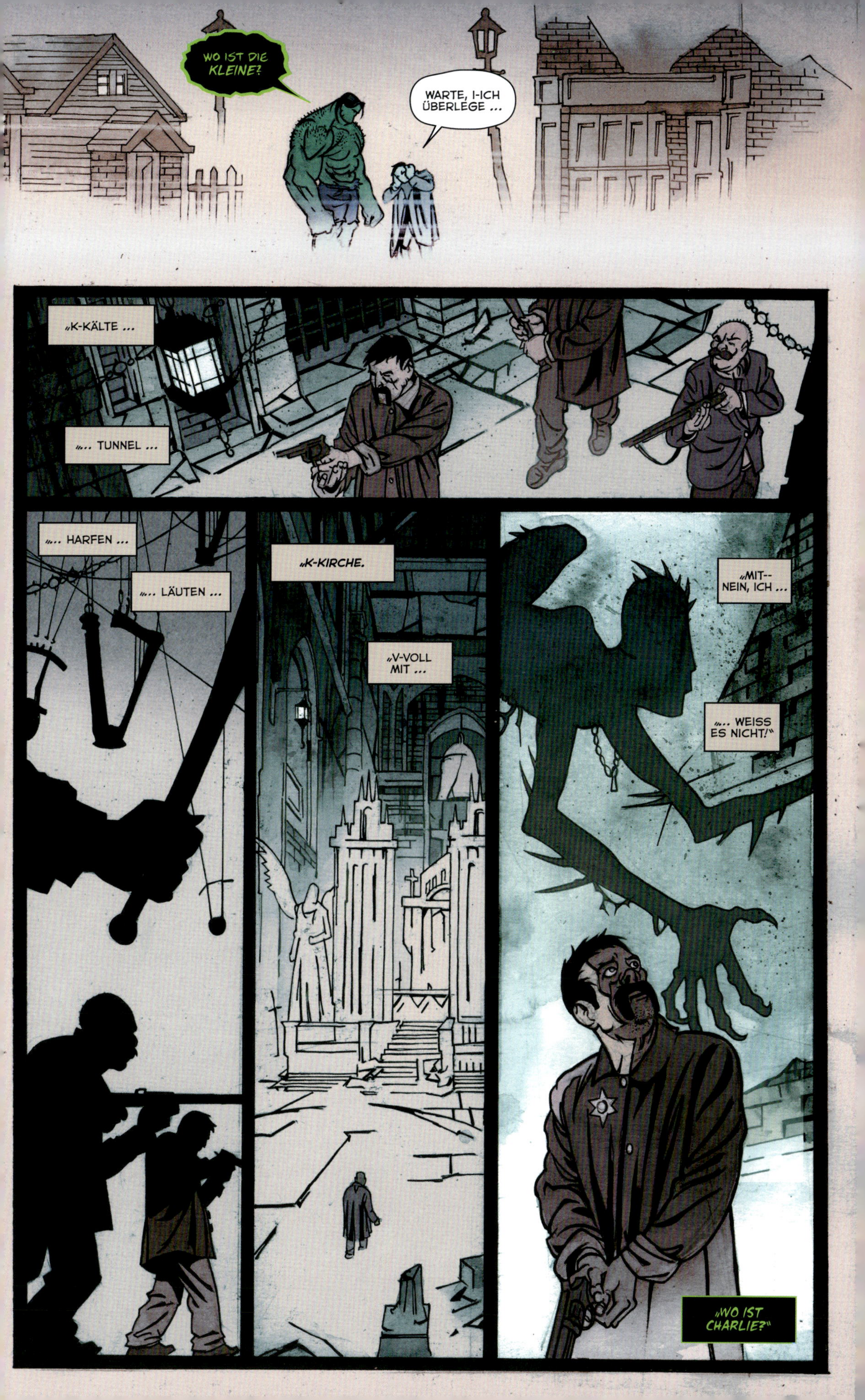
WO IST DIE KLEINE?
WARTE, I-ICH ÜBERLEGE ...
„K-KÄLTE ...
„... TUNNEL ...
„... HARFEN ...
„... LÄUTEN ...
„K-KIRCHE.
„V-VOLL MIT ...
„MIT-- NEIN, ICH ...
„... WEISS ES NICHT!"
„WO IST CHARLIE?"

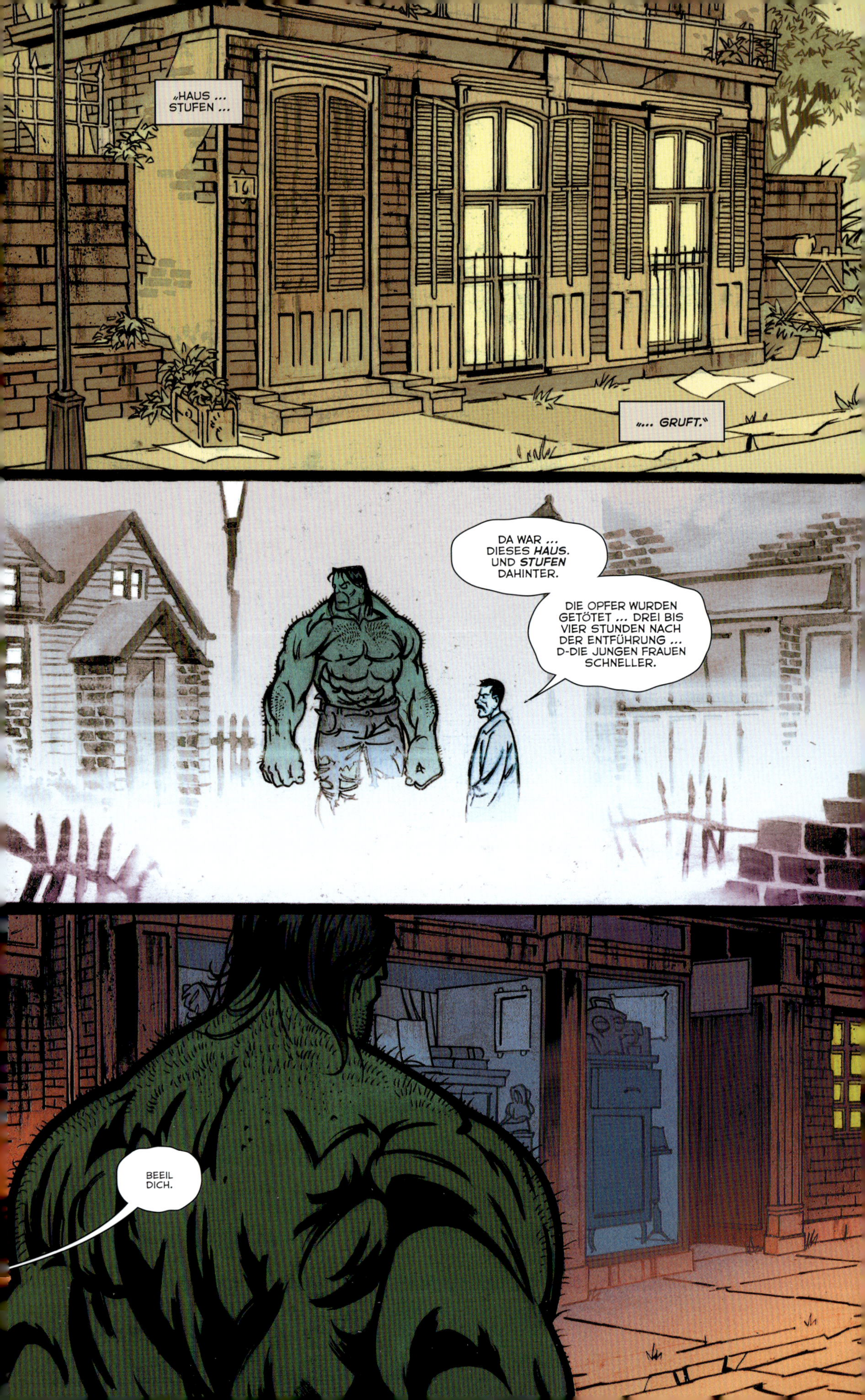
„HAUS ... STUFEN ...
„... GRUFT."
DA WAR ... DIESES *HAUS*. UND *STUFEN* DAHINTER.
DIE OPFER WURDEN GETÖTET ... DREI BIS VIER STUNDEN NACH DER ENTFÜHRUNG ... D-DIE JUNGEN FRAUEN SCHNELLER.
BEEIL DICH.

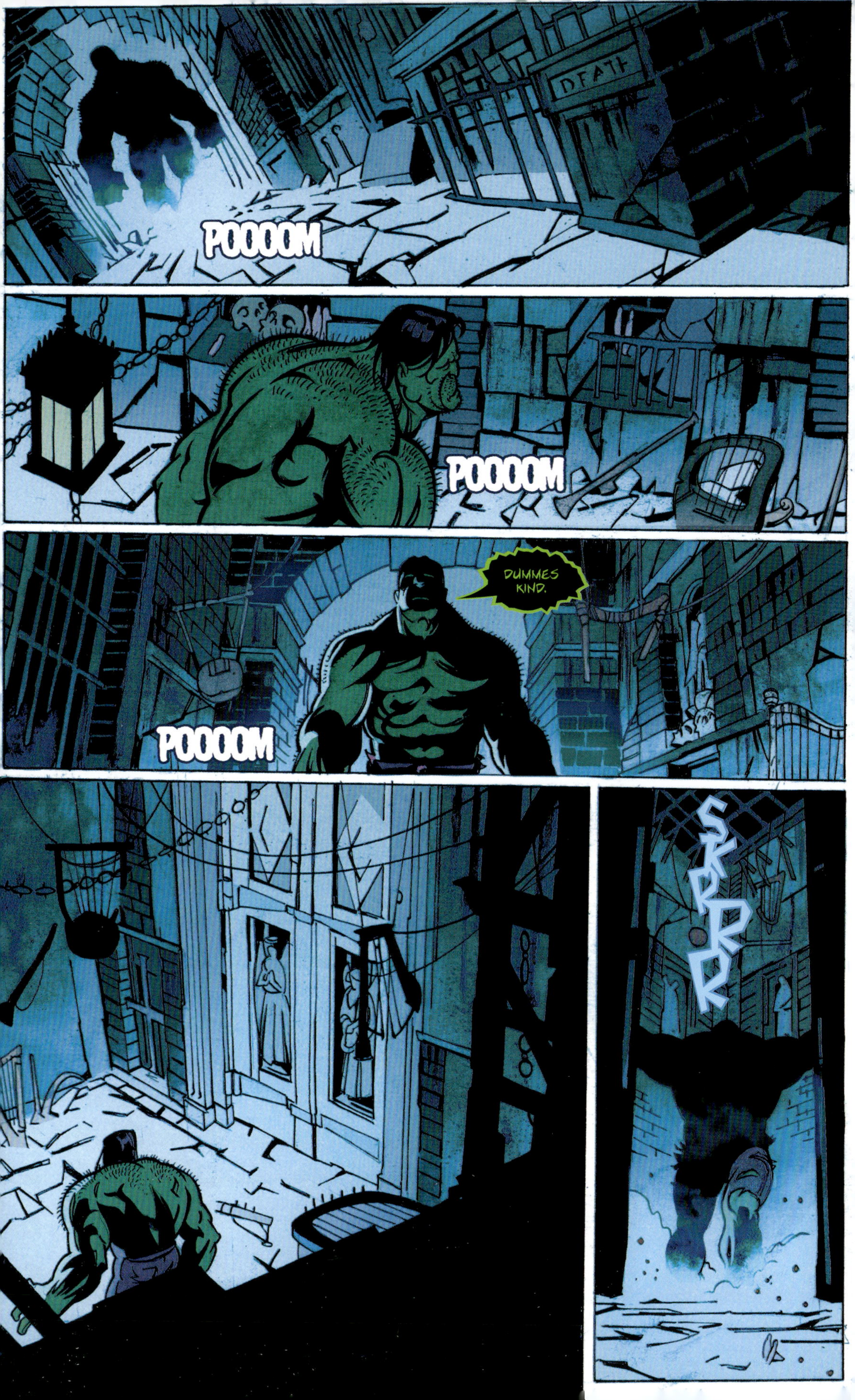
DEATH
POOOOM
POOOOM
DUMMES KIND.
POOOOM
SKRRR

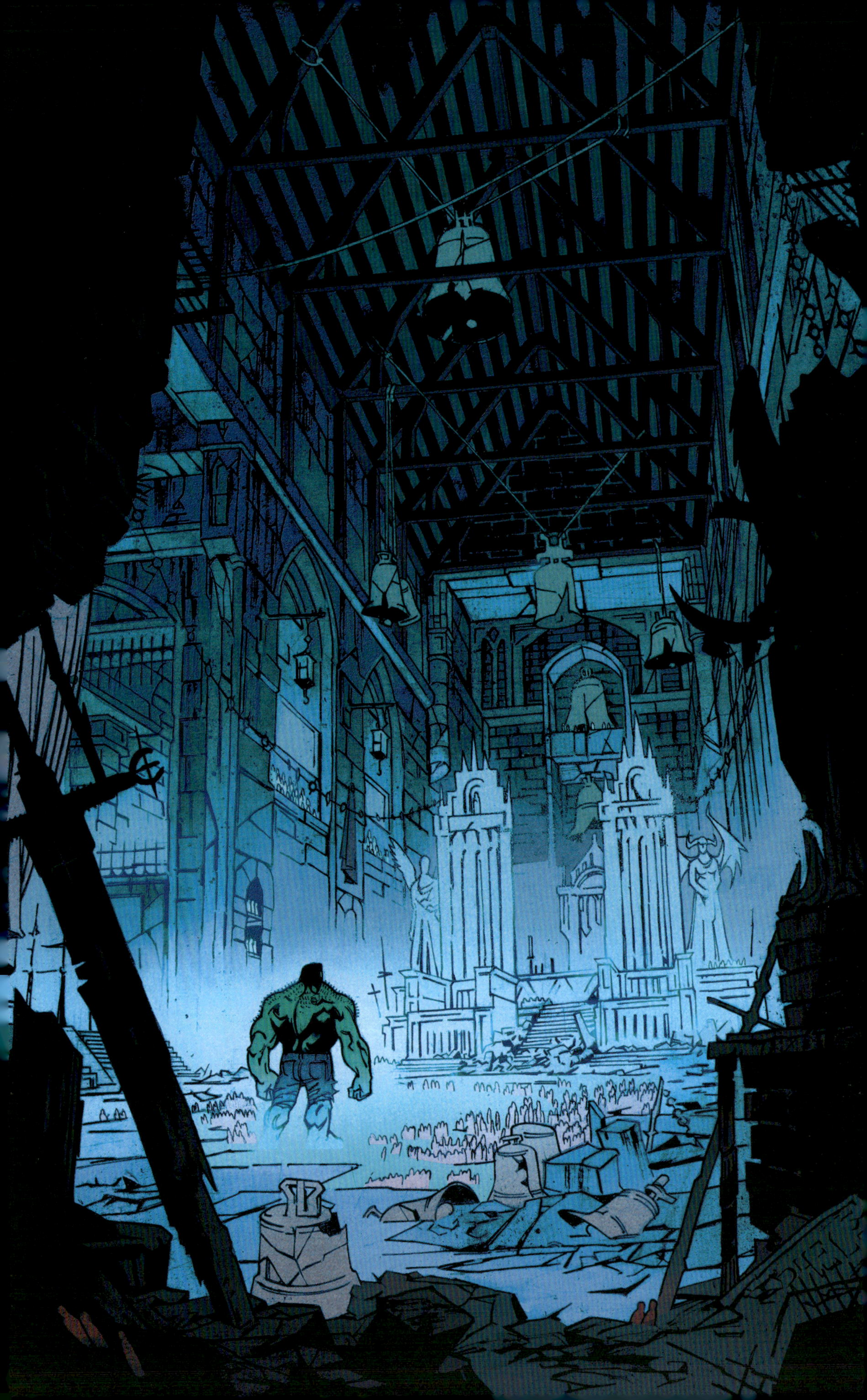

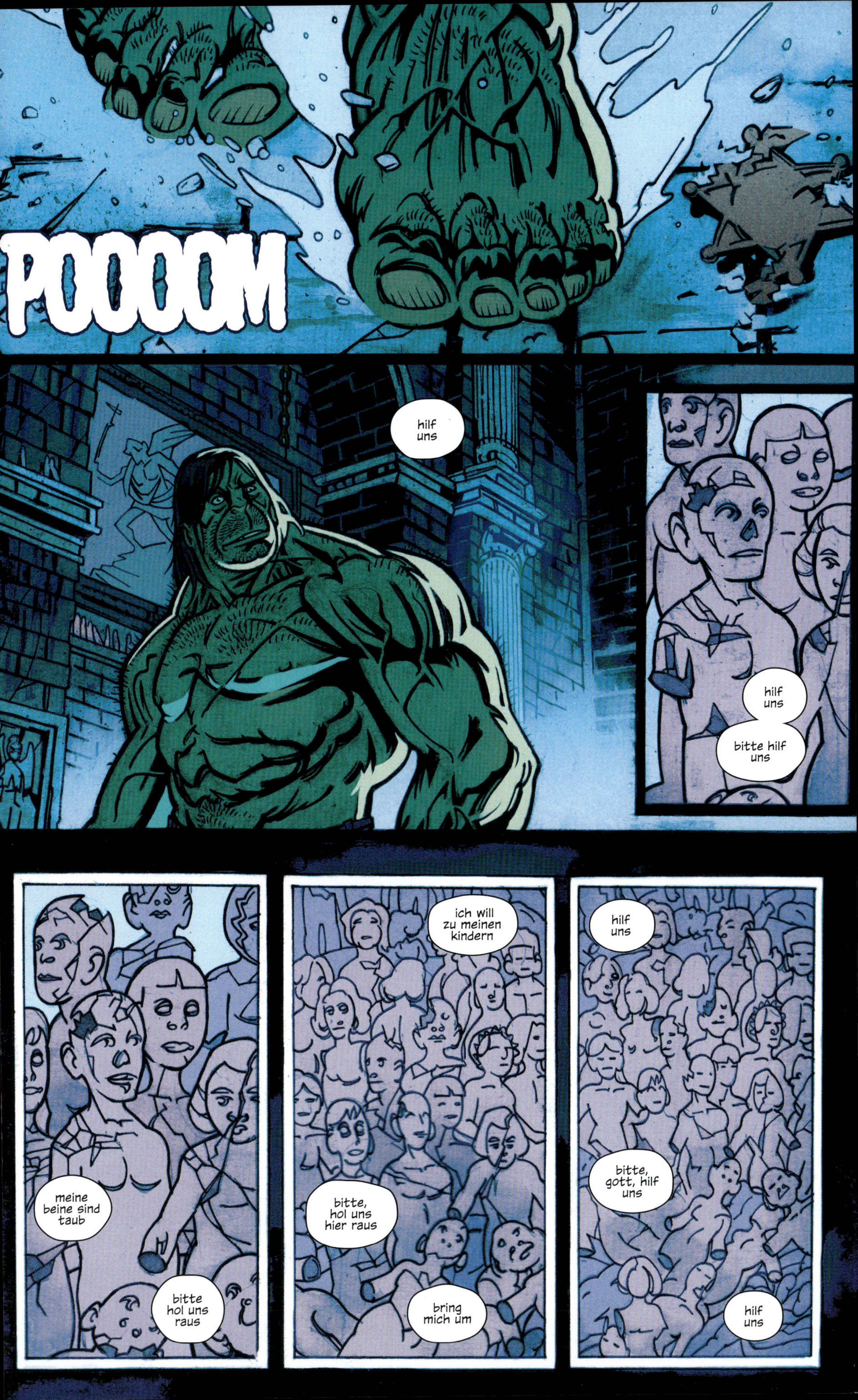
POOOOM
hilf uns
hilf uns
bitte hilf uns
meine beine sind taub
bitte hol uns raus
ich will zu meinen kindern
bitte, hol uns hier raus
bring mich um
hilf uns
bitte, gott, hilf uns
hilf uns

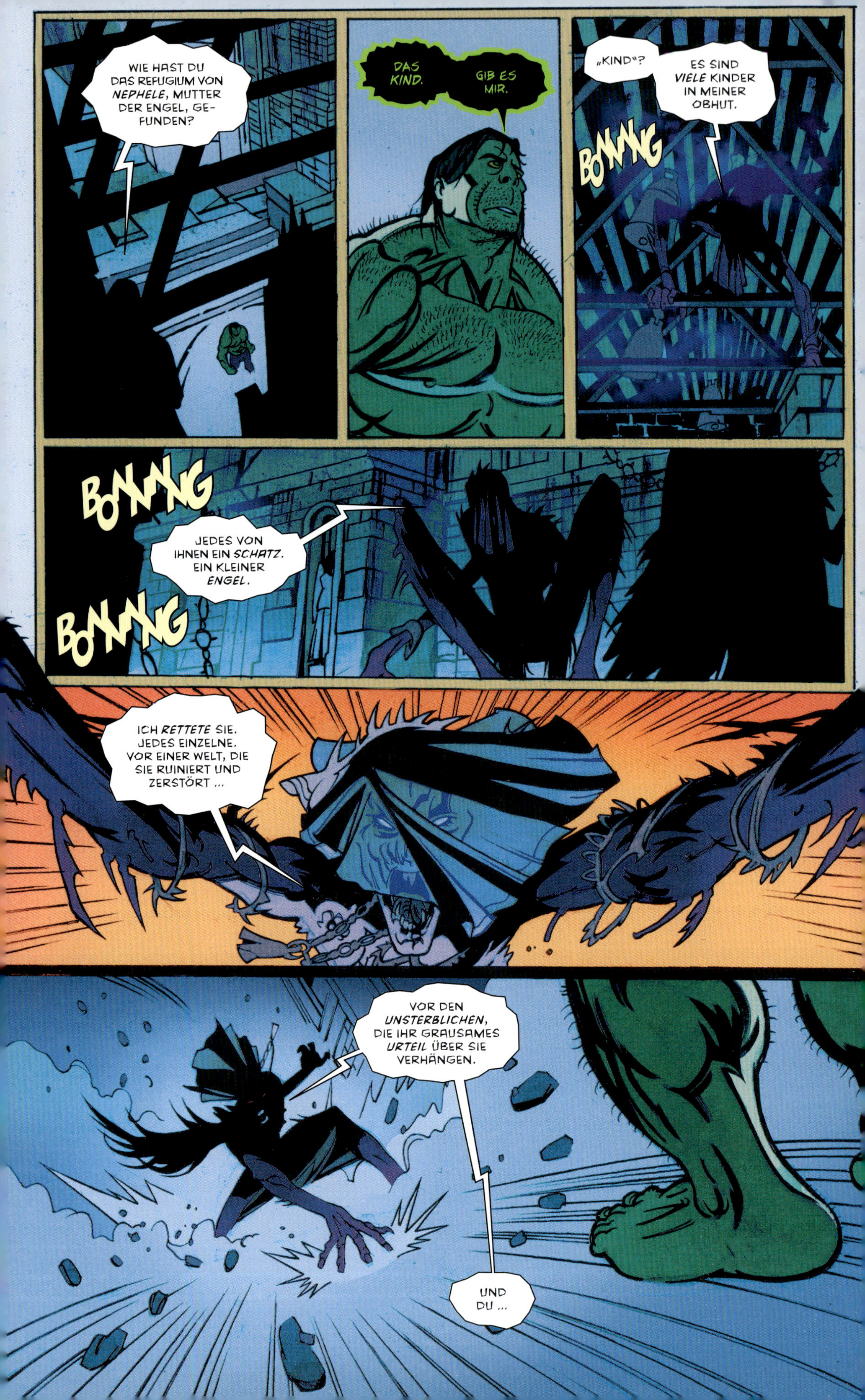

WIE HAST DU DAS REFUGIUM VON *NEPHELE*, MUTTER DER ENGEL, GEFUNDEN?
DAS KIND.
GIB ES MIR.
„KIND“?
ES SIND *VIELE* KINDER IN MEINER OBHUT.
BONNNG
BONNNG
JEDES VON IHNEN EIN *SCHATZ*. EIN KLEINER *ENGEL*.
BONNNG
ICH *RETTETE* SIE. JEDES EINZELNE. VOR EINER WELT, DIE SIE RUINIERT UND ZERSTÖRT ...
VOR DEN *UNSTERBLICHEN*, DIE IHR GRAUSAMES *URTEIL* ÜBER SIE VERHÄNGEN.
UND DU ...

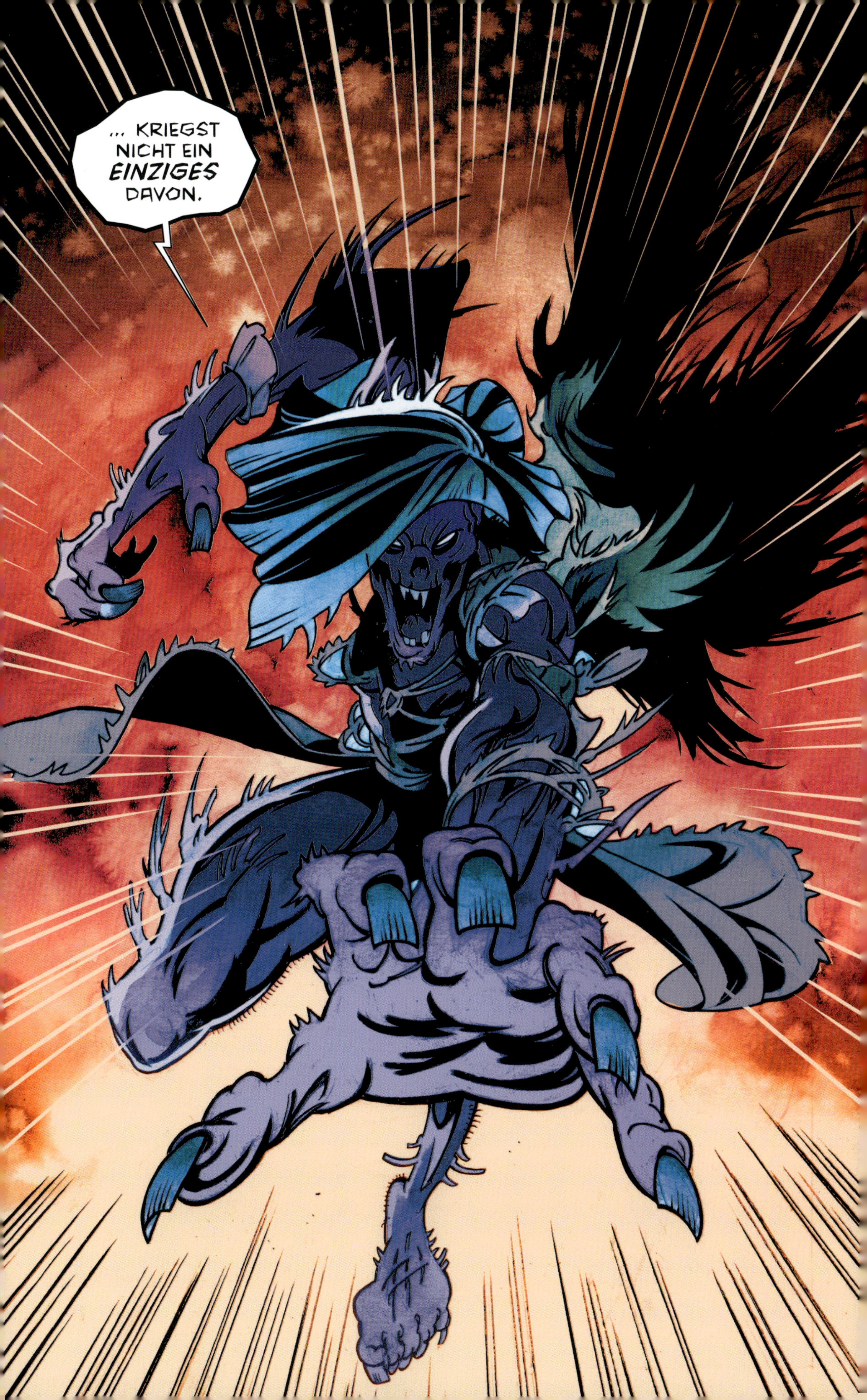
... KRIEGST NICHT EIN EINZIGES DAVON.

FROZEN CHARLOTTE, TEIL 3

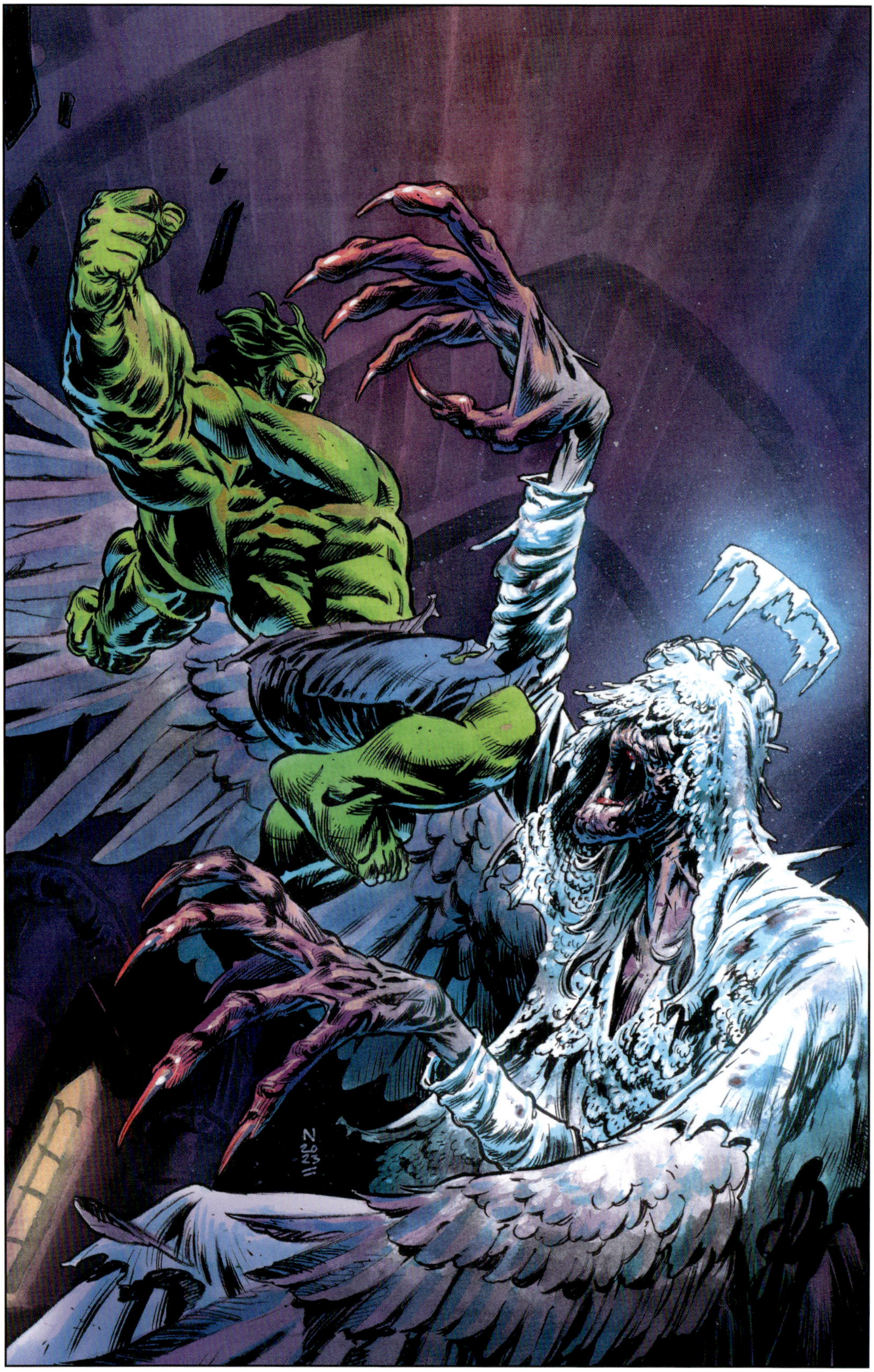

Incredible Hulk (2023) 11
Cover von **NIC KLEIN**

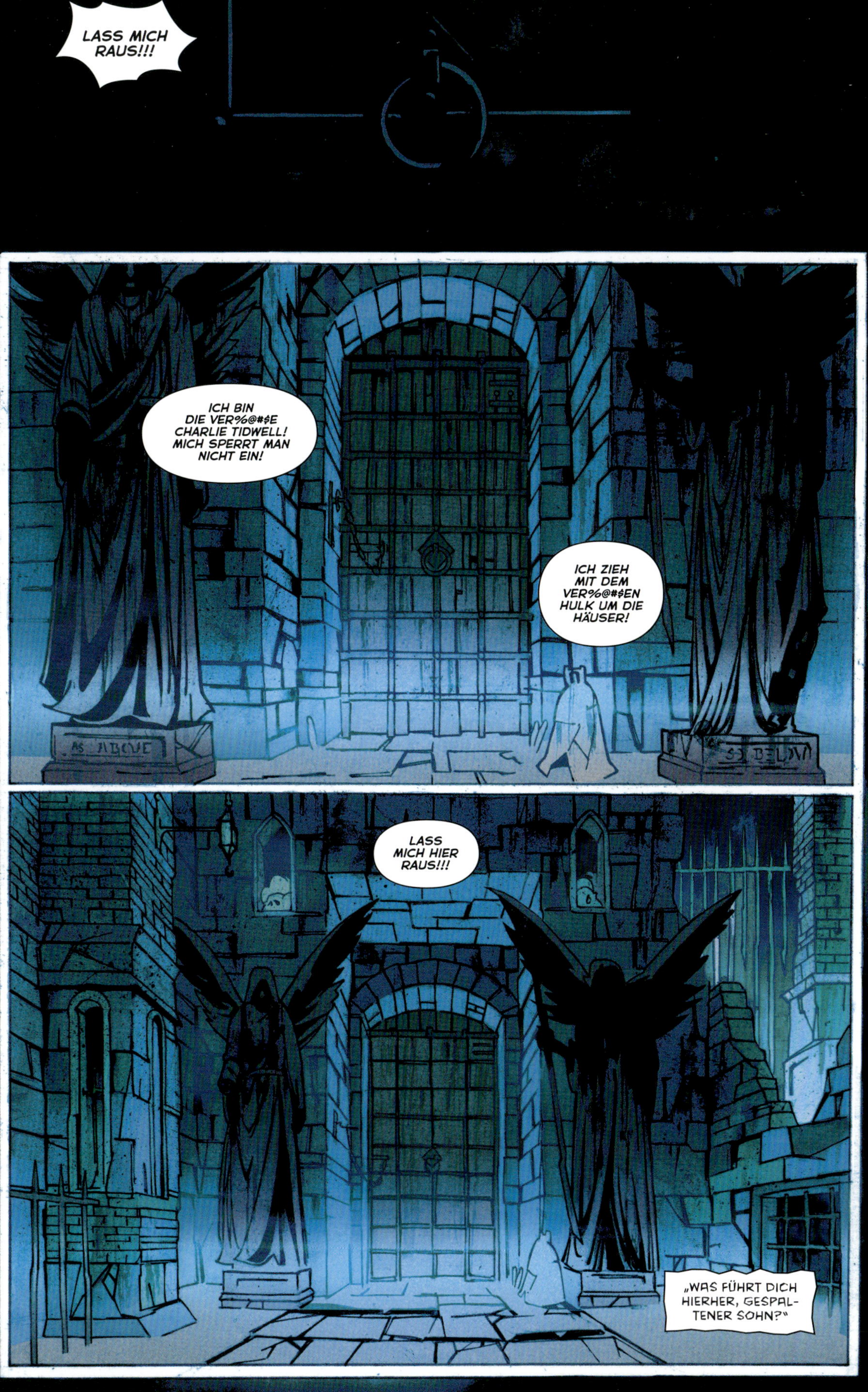
LASS MICH RAUS!!!
ICH BIN DIE VER%@#$E CHARLIE TIDWELL! MICH SPERRT MAN NICHT EIN!
ICH ZIEH MIT DEM VER%@#$EN HULK UM DIE HÄUSER!
LASS MICH HIER RAUS!!!
„WAS FÜHRT DICH HIERHER, GESPALTENER SOHN?"

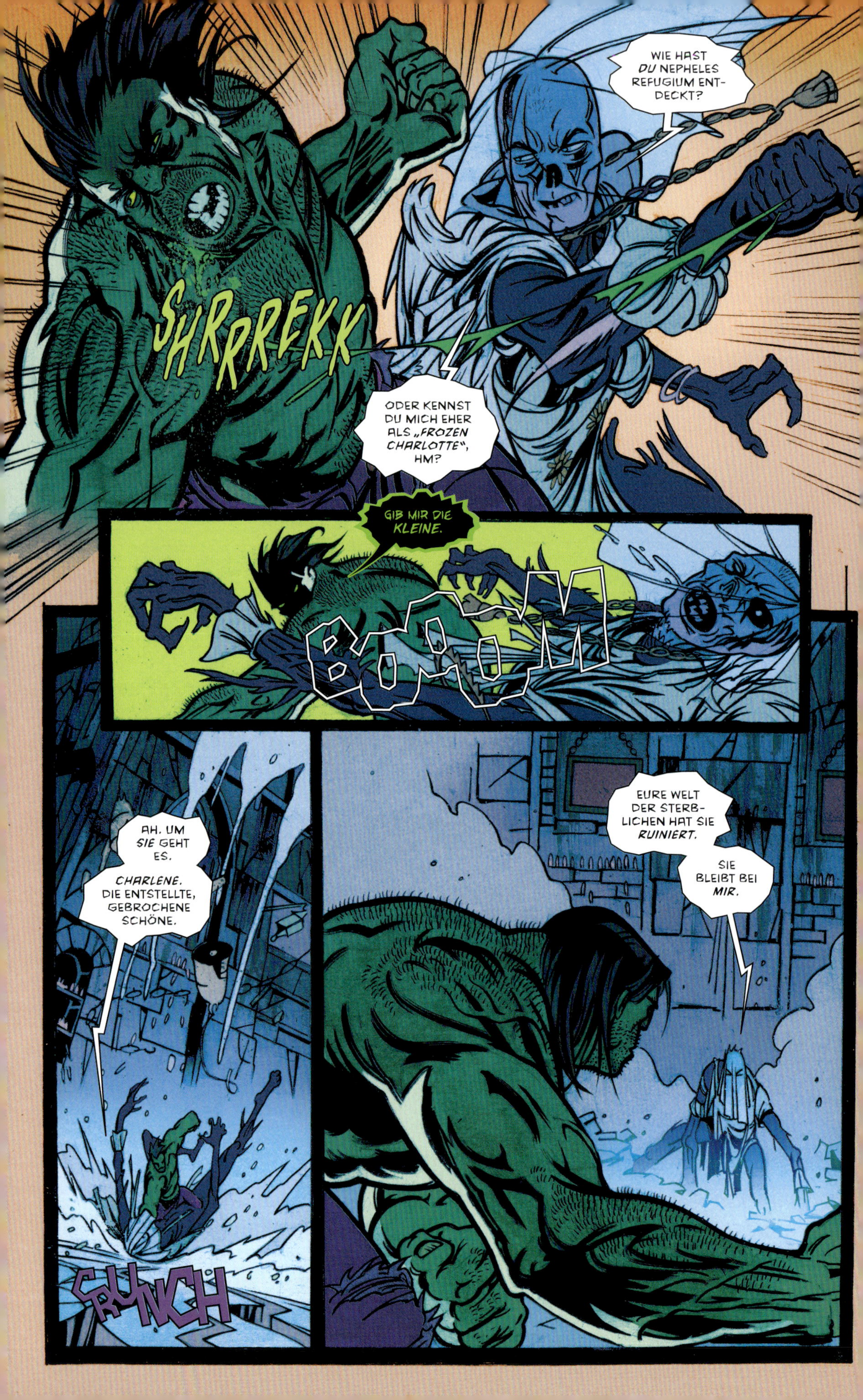
WIE HAST DU NEPHELES REFUGIUM ENT-DECKT?
SHRRREKK
ODER KENNST DU MICH EHER ALS „FROZEN CHARLOTTE", HM?
GIB MIR DIE KLEINE.
BOOOM
AH. UM SIE GEHT ES.
CHARLENE. DIE ENTSTELLTE, GEBROCHENE SCHÖNE.
CRUNCH
EURE WELT DER STERB-LICHEN HAT SIE RUINIERT.
SIE BLEIBT BEI MIR.

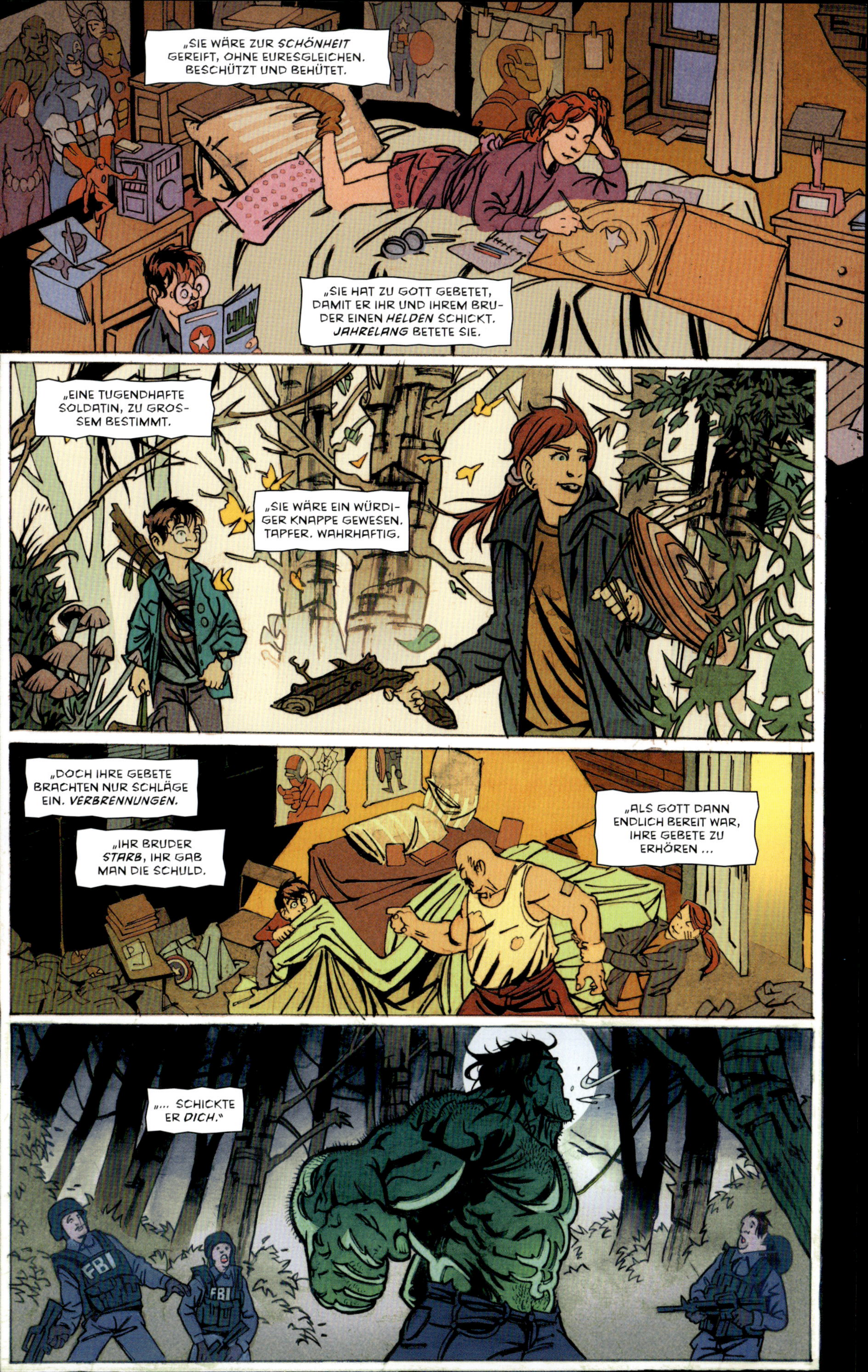
„SIE WÄRE ZUR SCHÖNHEIT GEREIFT, OHNE EURESGLEICHEN. BESCHÜTZT UND BEHÜTET.
„SIE HAT ZU GOTT GEBETET, DAMIT ER IHR UND IHREM BRUDER EINEN HELDEN SCHICKT. JAHRELANG BETETE SIE.
„EINE TUGENDHAFTE SOLDATIN, ZU GROSSEM BESTIMMT.
„SIE WÄRE EIN WÜRDIGER KNAPPE GEWESEN. TAPFER. WAHRHAFTIG.
„DOCH IHRE GEBETE BRACHTEN NUR SCHLÄGE EIN. VERBRENNUNGEN.
„IHR BRUDER STARB, IHR GAB MAN DIE SCHULD.
„ALS GOTT DANN ENDLICH BEREIT WAR, IHRE GEBETE ZU ERHÖREN ...
„... SCHICKTE ER DICH."
HULK
FBI
FBI

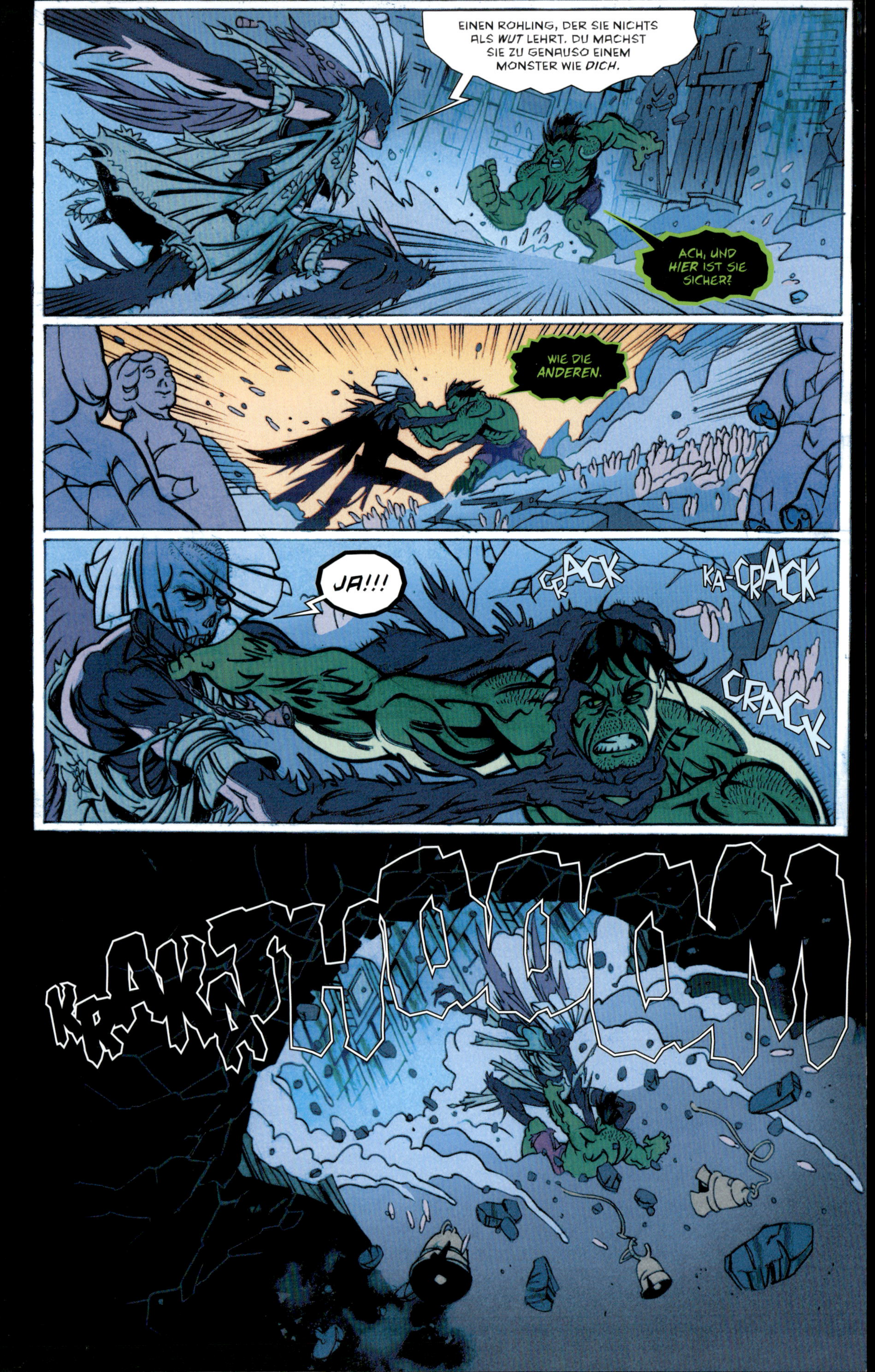
EINEN ROHLING, DER SIE NICHTS ALS WUT LEHRT. DU MACHST SIE ZU GENAUSO EINEM MONSTER WIE DICH.
ACH, UND HIER IST SIE SICHER?
WIE DIE ANDEREN.
JA!!!
CRACK
KA-CRACK
CRACK
KRAKATHOOOM

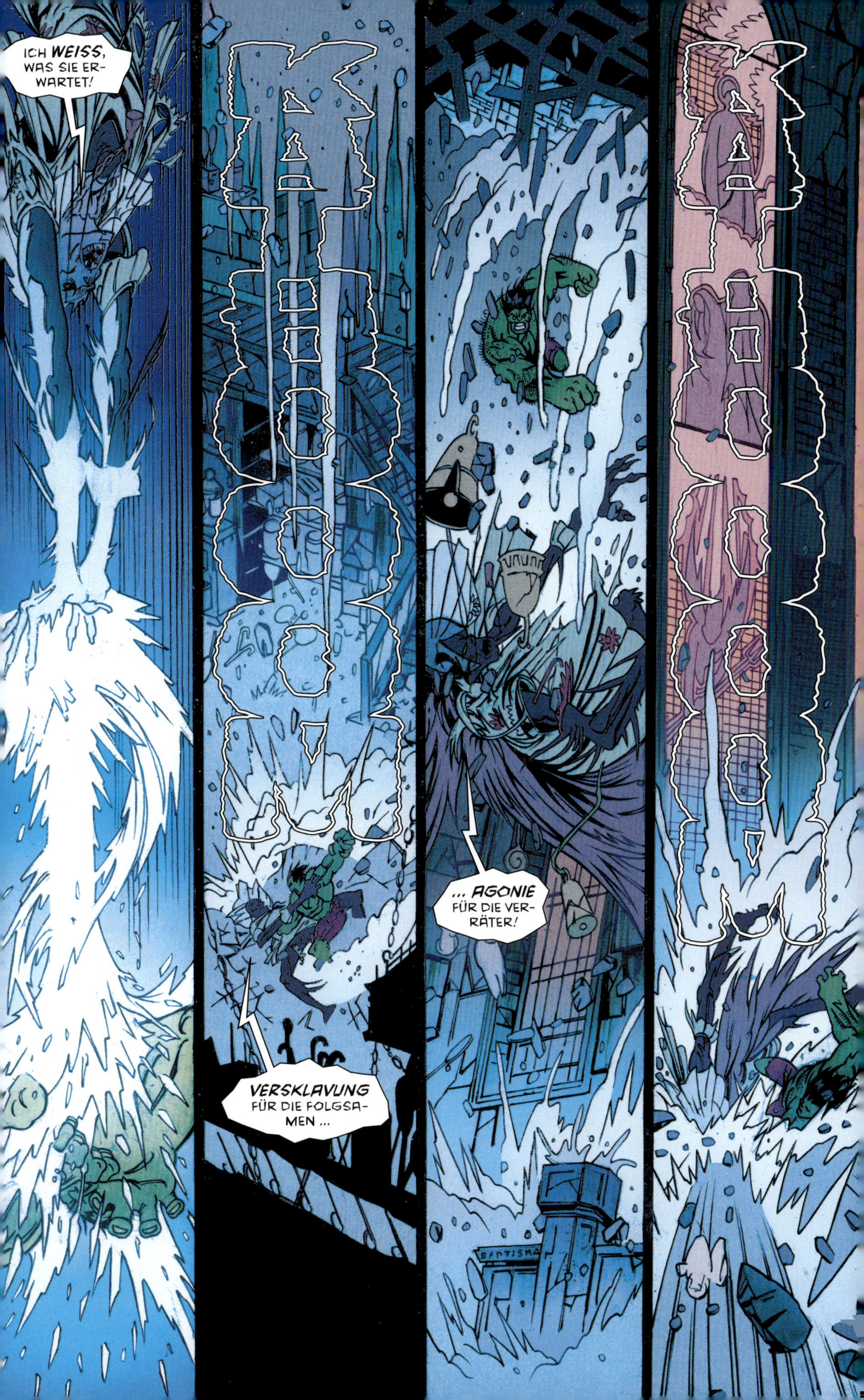
ICH **WEISS**, WAS SIE ER-WARTET!
VERSKLAVUNG FÜR DIE FOLGSA-MEN ...
... **AGONIE** FÜR DIE VER-RÄTER!

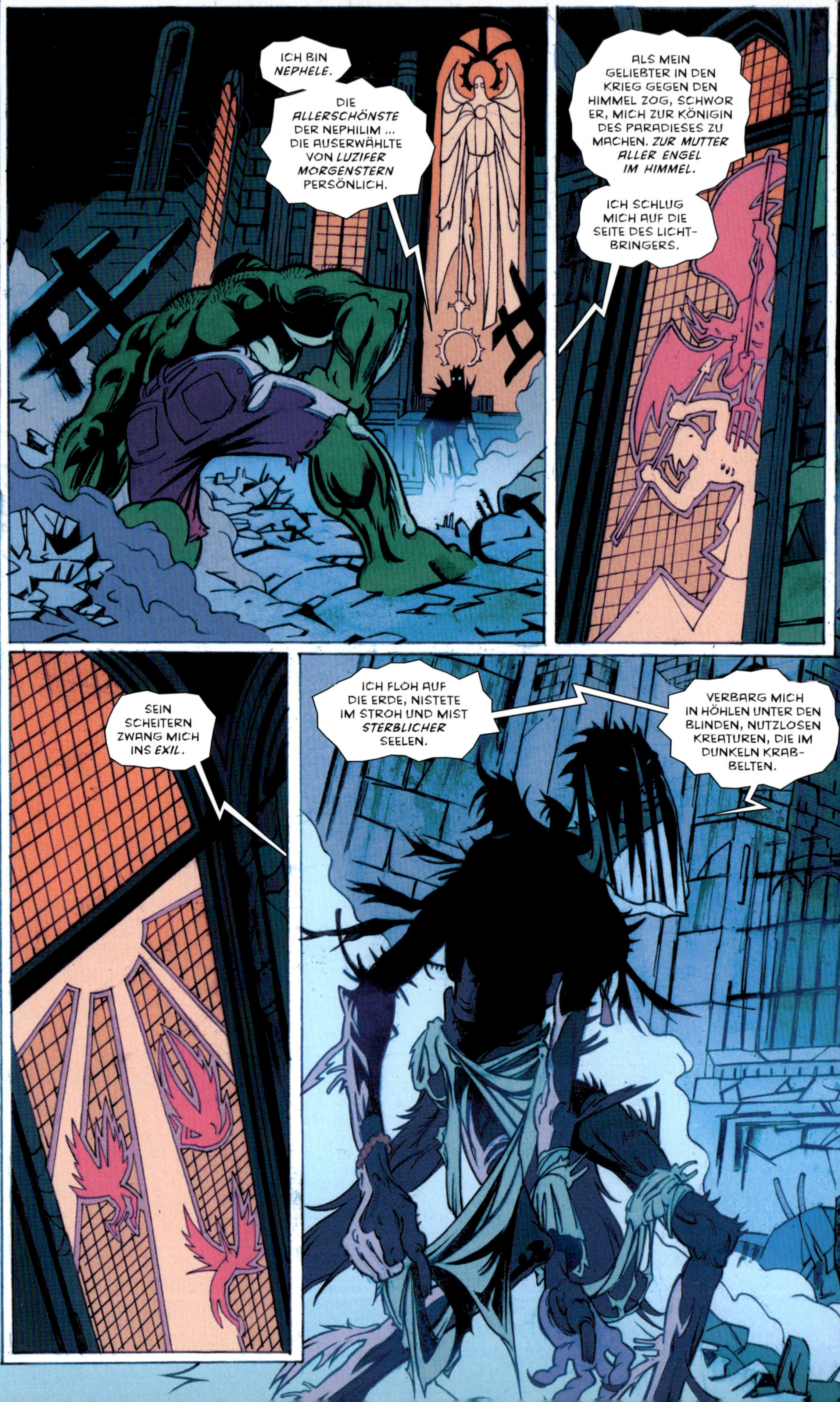

ICH BIN *NEPHELE*.
DIE *ALLERSCHÖNSTE* DER NEPHILIM ... DIE AUSERWÄHLTE VON *LUZIFER MORGENSTERN* PERSÖNLICH.
ALS MEIN GELIEBTER IN DEN KRIEG GEGEN DEN HIMMEL ZOG, SCHWOR ER, MICH ZUR KÖNIGIN DES PARADIESES ZU MACHEN. *ZUR MUTTER ALLER ENGEL IM HIMMEL*.
ICH SCHLUG MICH AUF DIE SEITE DES LICHT-BRINGERS.
SEIN SCHEITERN ZWANG MICH INS *EXIL*.
ICH FLOH AUF DIE ERDE, NISTETE IM STROH UND MIST *STERBLICHER* SEELEN.
VERBARG MICH IN HÖHLEN UNTER DEN BLINDEN, NUTZLOSEN KREATUREN, DIE IM DUNKELN KRAB-BELTEN.

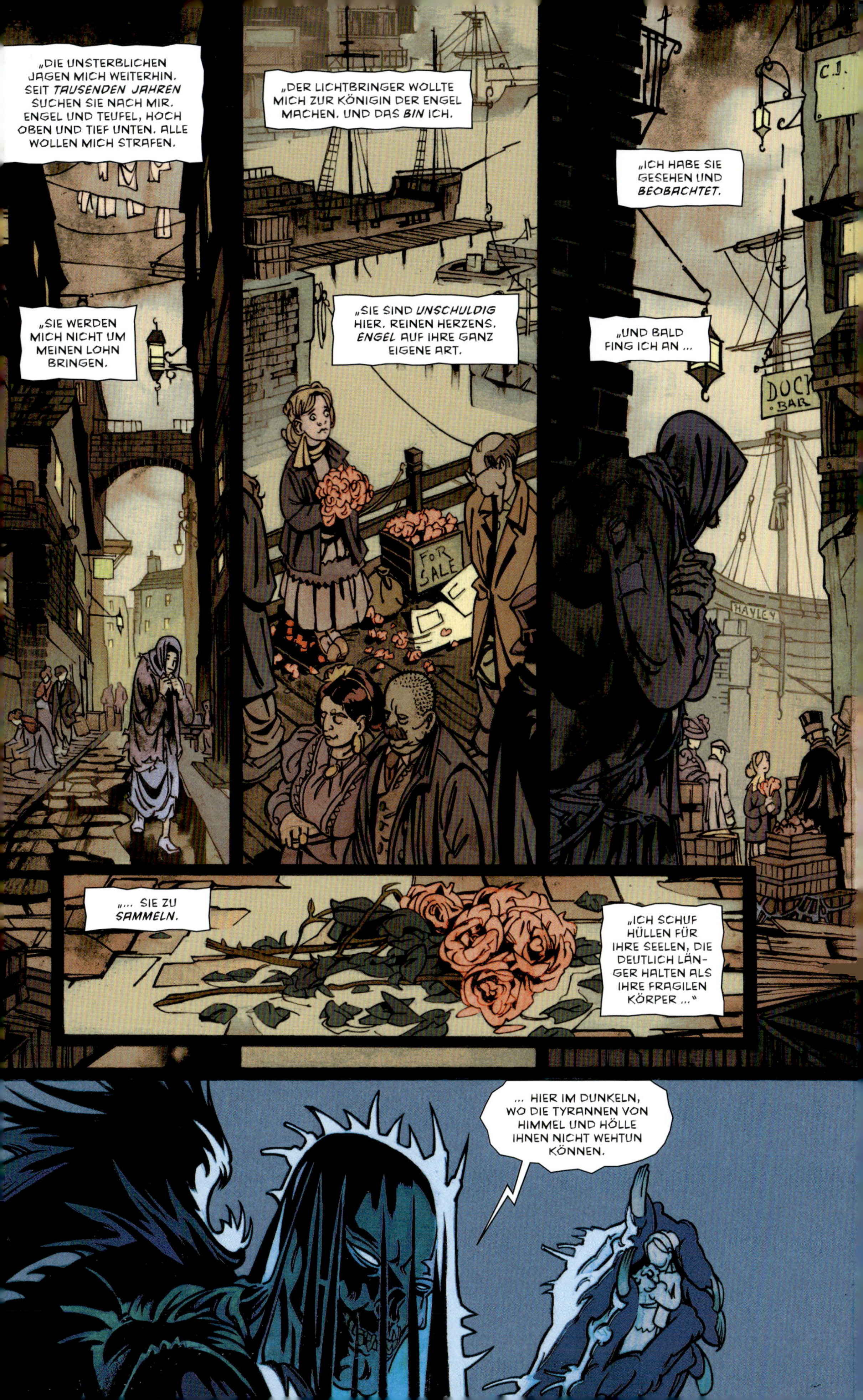
„DIE UNSTERBLICHEN JAGEN MICH WEITERHIN. SEIT *TAUSENDEN JAHREN* SUCHEN SIE NACH MIR. ENGEL UND TEUFEL, HOCH OBEN UND TIEF UNTEN. ALLE WOLLEN MICH STRAFEN.
„SIE WERDEN MICH NICHT UM MEINEN LOHN BRINGEN.
„DER LICHTBRINGER WOLLTE MICH ZUR KÖNIGIN DER ENGEL MACHEN. UND DAS *BIN* ICH.
„SIE SIND *UNSCHULDIG* HIER. REINEN HERZENS. *ENGEL* AUF IHRE GANZ EIGENE ART.
FOR SALE
„ICH HABE SIE GESEHEN UND *BEOBACHTET*.
„UND BALD FING ICH AN ...
DOCK BAR
C.J.
HAYLEY
„... SIE ZU *SAMMELN*.
„ICH SCHUF HÜLLEN FÜR IHRE SEELEN, DIE DEUTLICH LÄNGER HALTEN ALS IHRE FRAGILEN KÖRPER ...“
... HIER IM DUNKELN, WO DIE TYRANNEN VON HIMMEL UND HÖLLE IHNEN NICHT WEHTUN KÖNNEN.

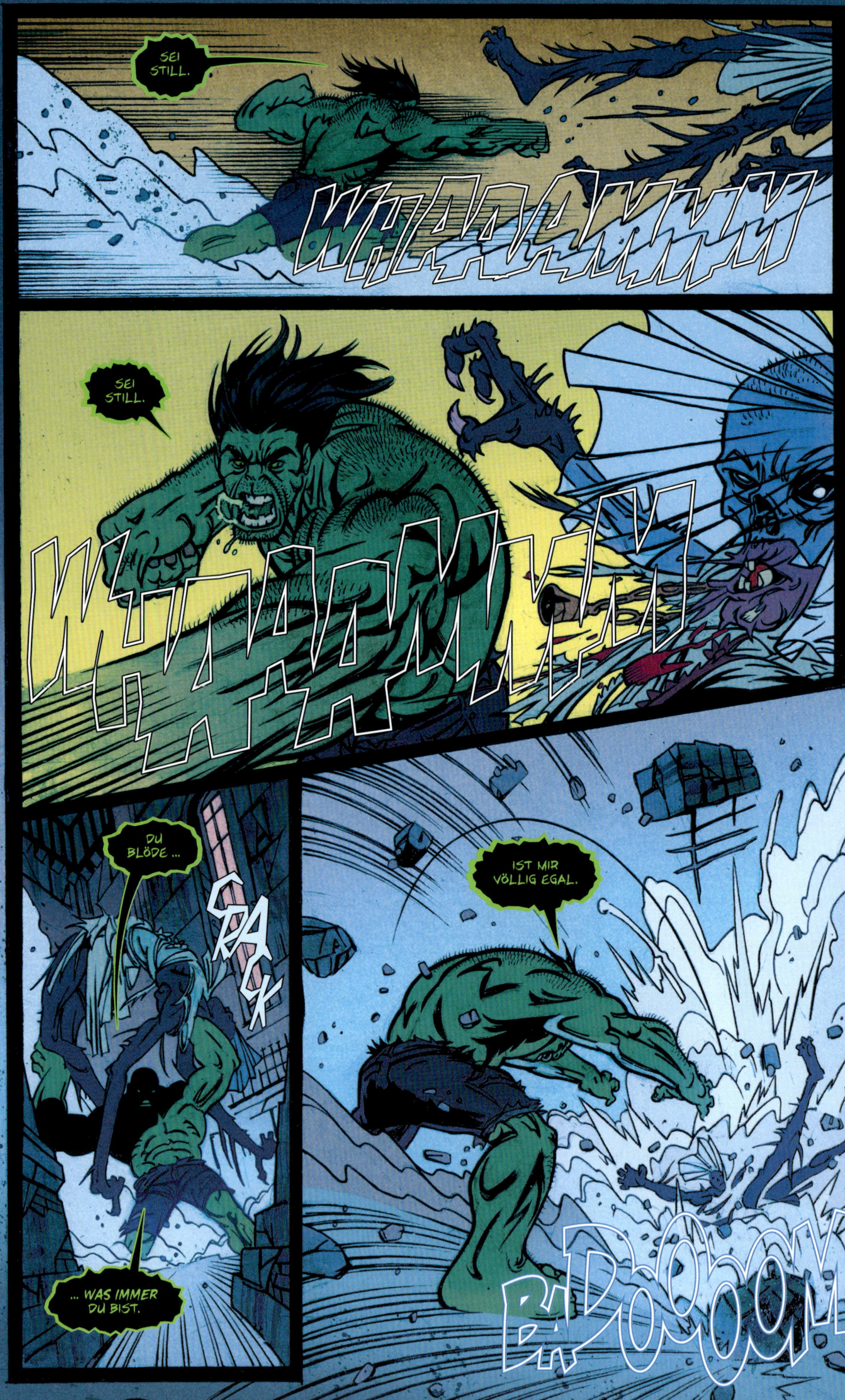
SEI STILL.
WHAAAMMM
SEI STILL.
WHAAAMMM
DU BLÖDE ...
CRACK
... WAS IMMER DU BIST.
IST MIR VÖLLIG EGAL.
BADOOOOOM

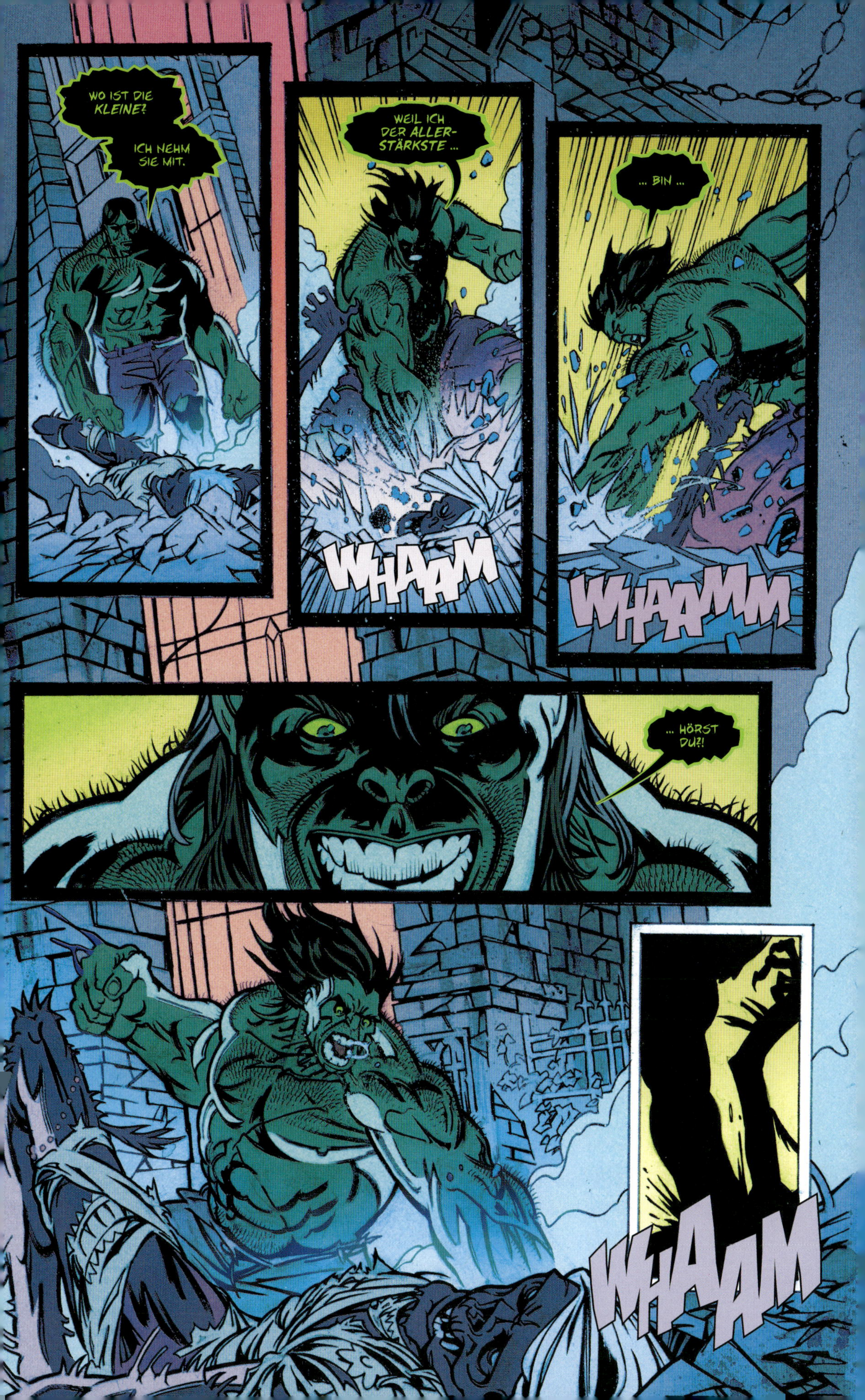
WO IST DIE KLEINE?
ICH NEHM SIE MIT.
WEIL ICH DER ALLER-STÄRKSTE ...
WHAAM
... BIN ...
WHAAMM
... HÖRST DU?!
WHAAM

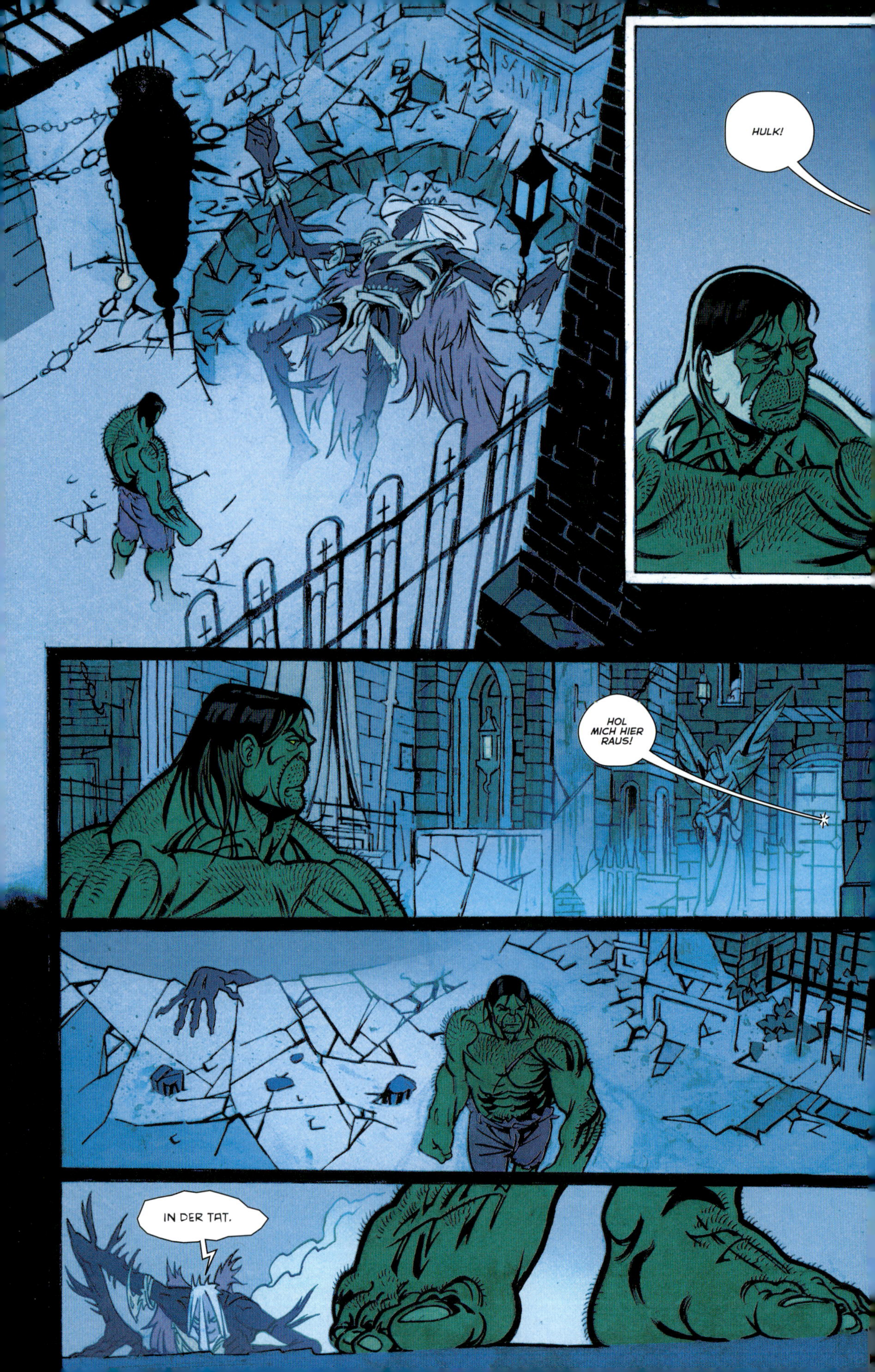
HULK!
HOL MICH HIER RAUS!
IN DER TAT.

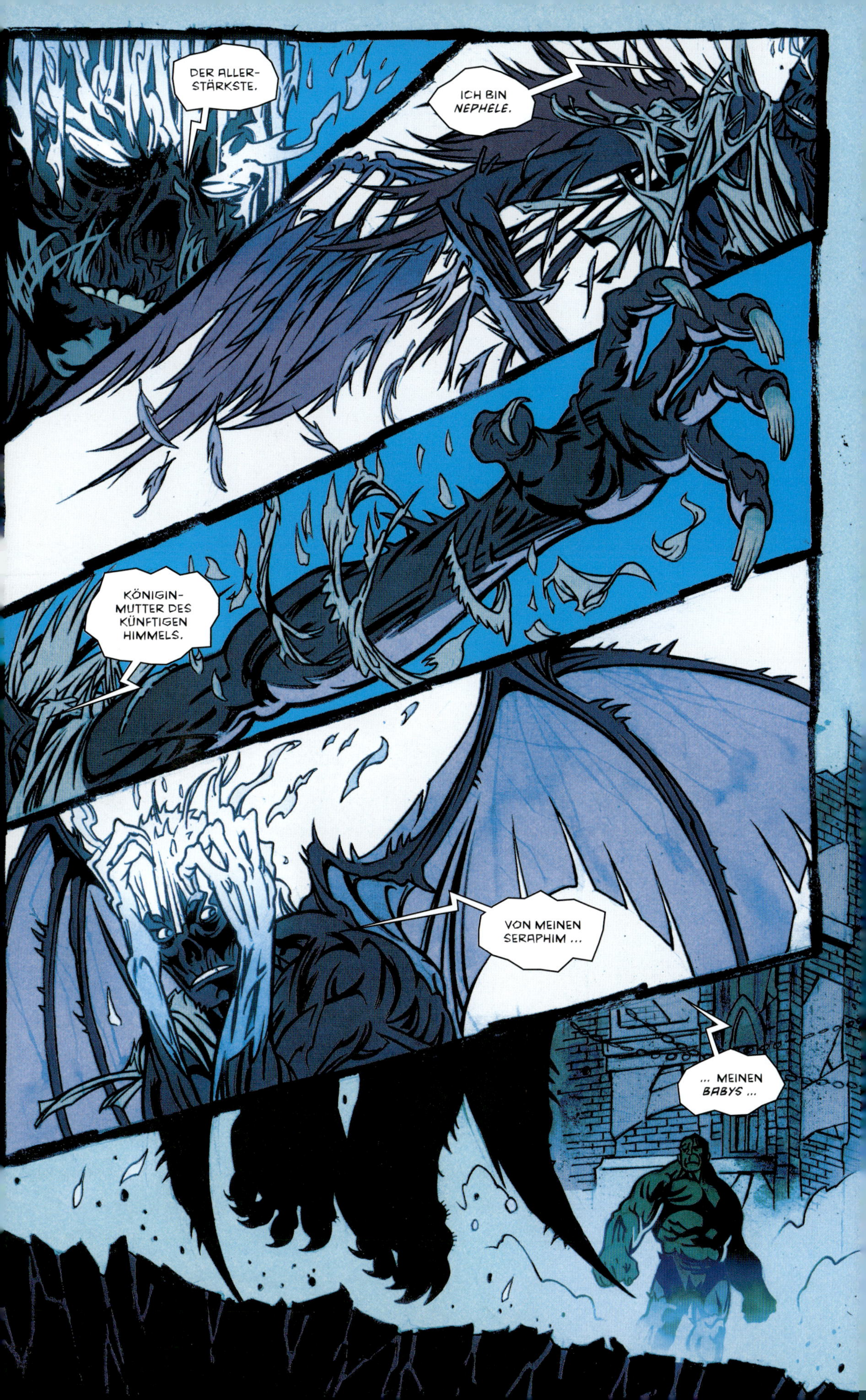
DER ALLER-
STÄRKSTE.
ICH BIN
NEPHELE.
KÖNIGIN-
MUTTER DES
KÜNFTIGEN
HIMMELS.
VON MEINEN
SERAPHIM ...
... MEINEN
BABYS ...

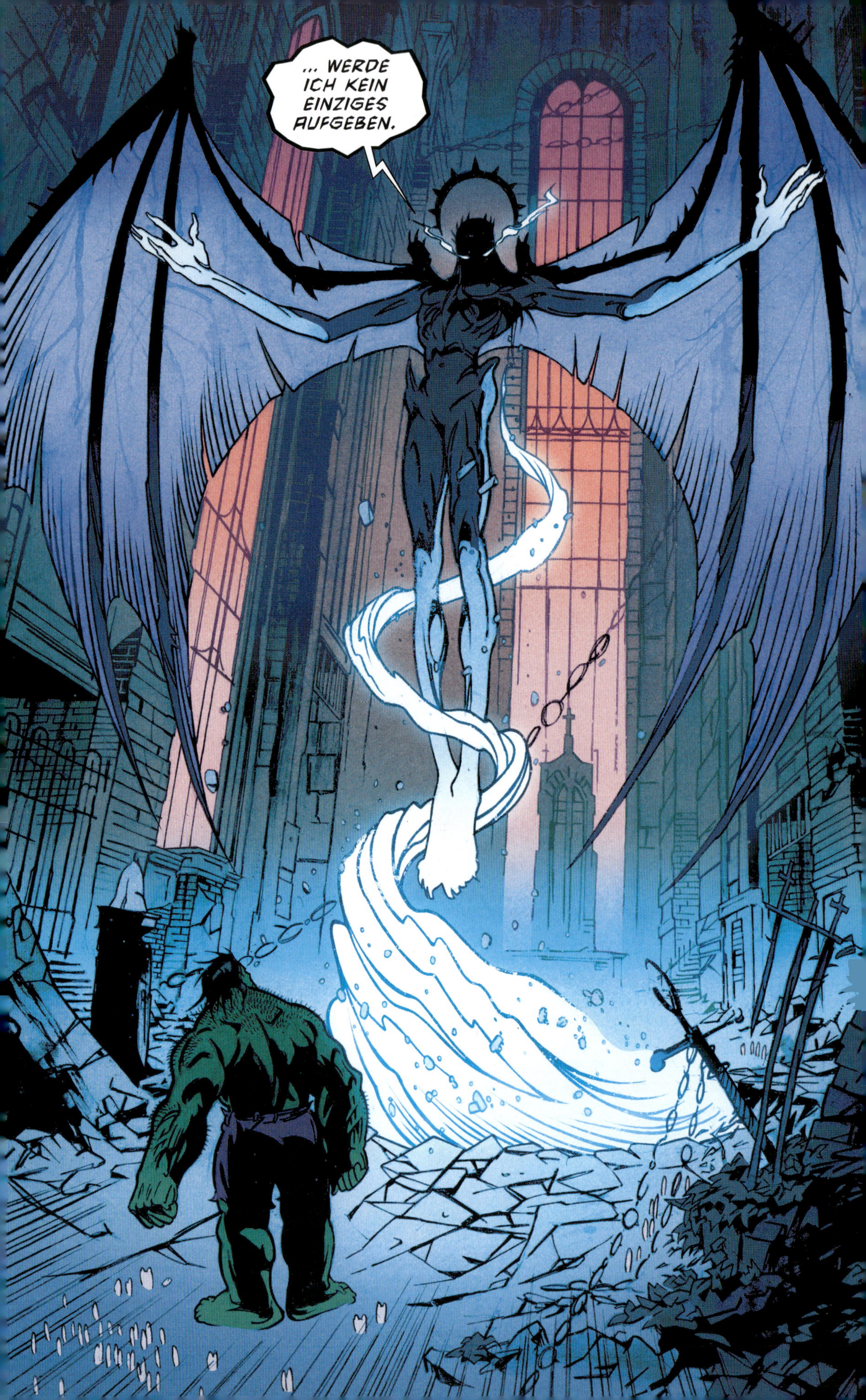
… WERDE ICH KEIN EINZIGES AUFGEBEN.

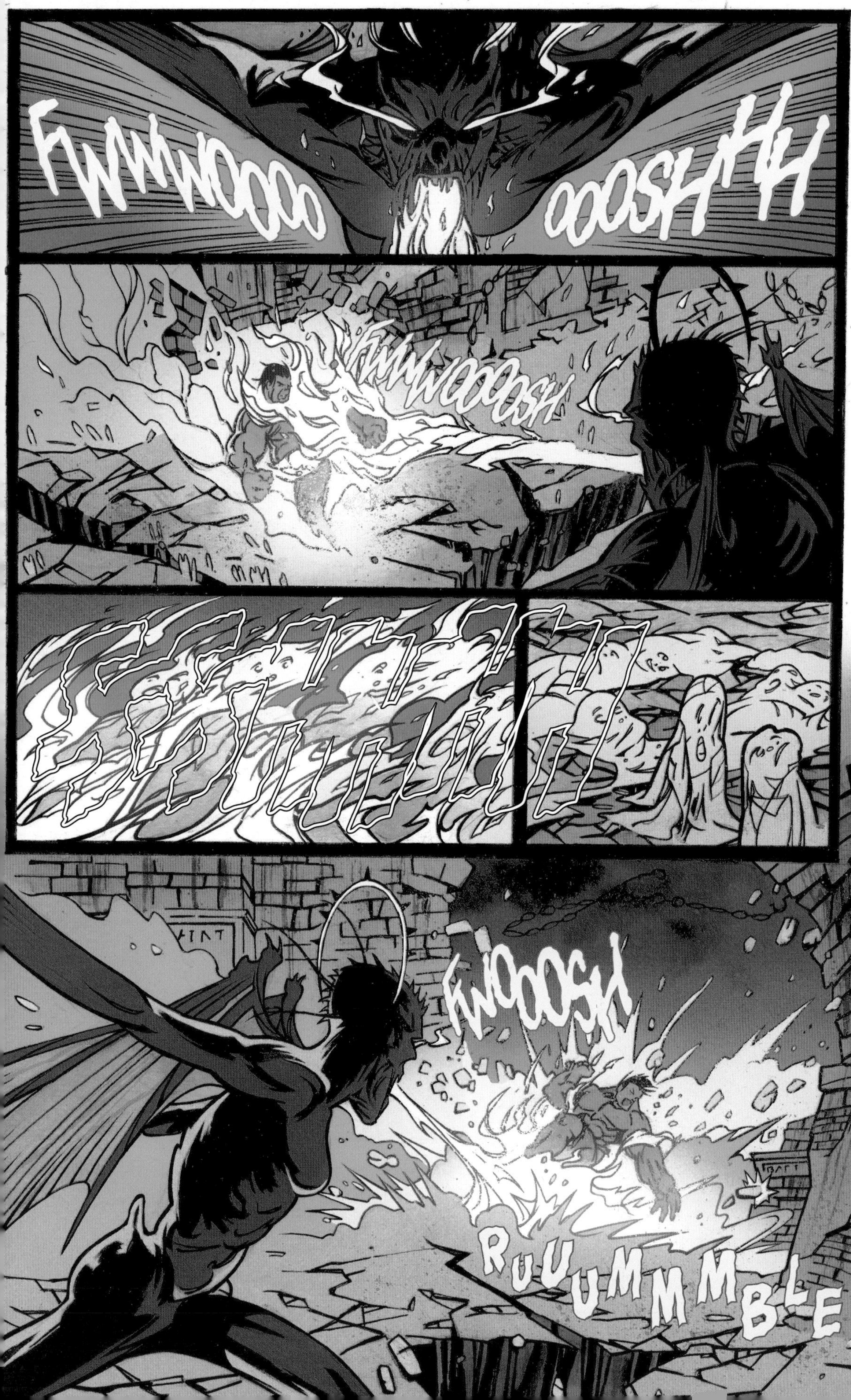
FWWWOOOO OOOSHHH
FWWWOOOOSH
FWOOSH
RUUUMMMBLE

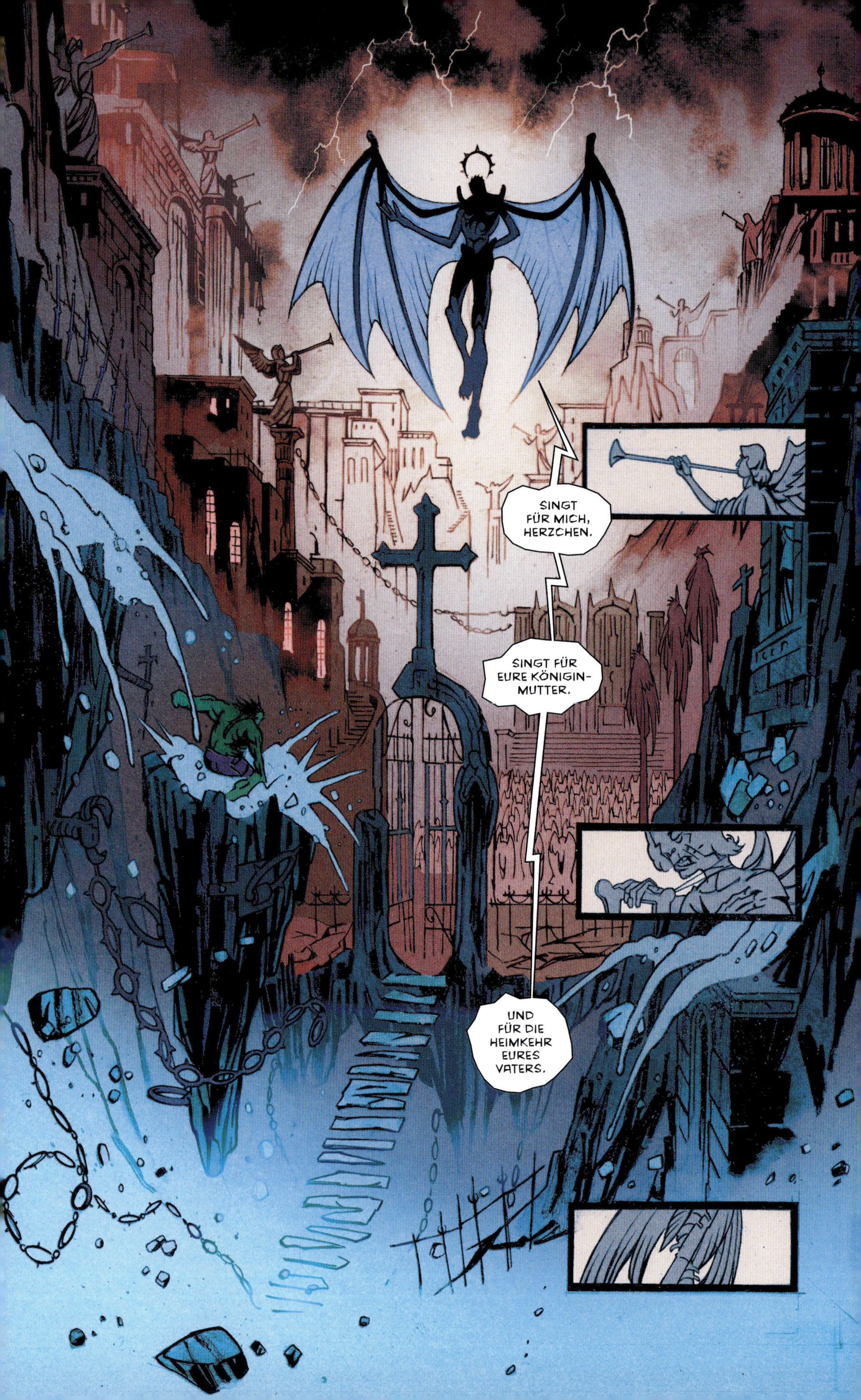
SINGT FÜR MICH, HERZCHEN.
SINGT FÜR EURE KÖNIGIN-MUTTER.
UND FÜR DIE HEIMKEHR EURES VATERS.

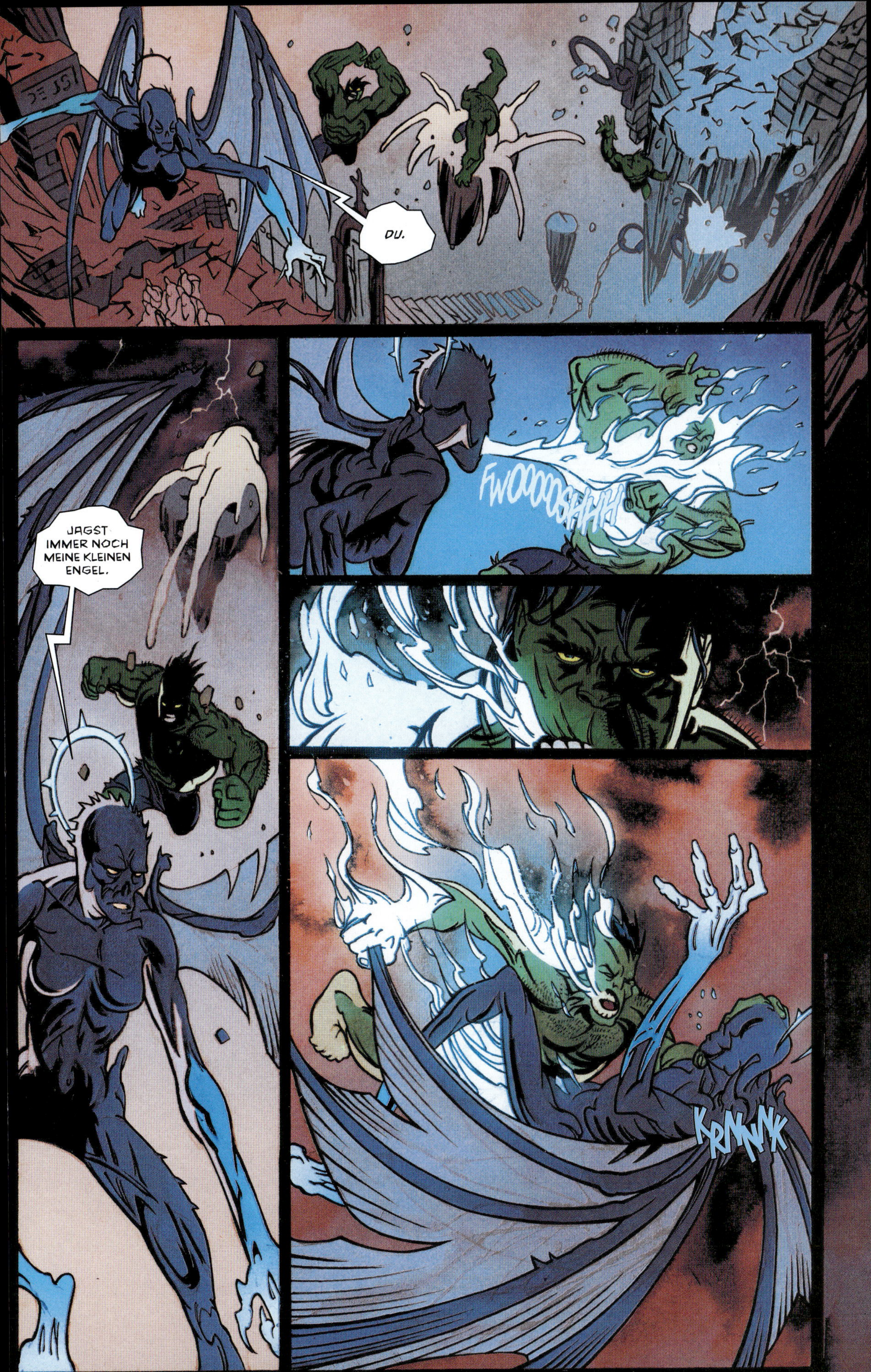
DU.
JAGST IMMER NOCH MEINE KLEINEN ENGEL.
FWOOOOOSHHHH
KRNNNK

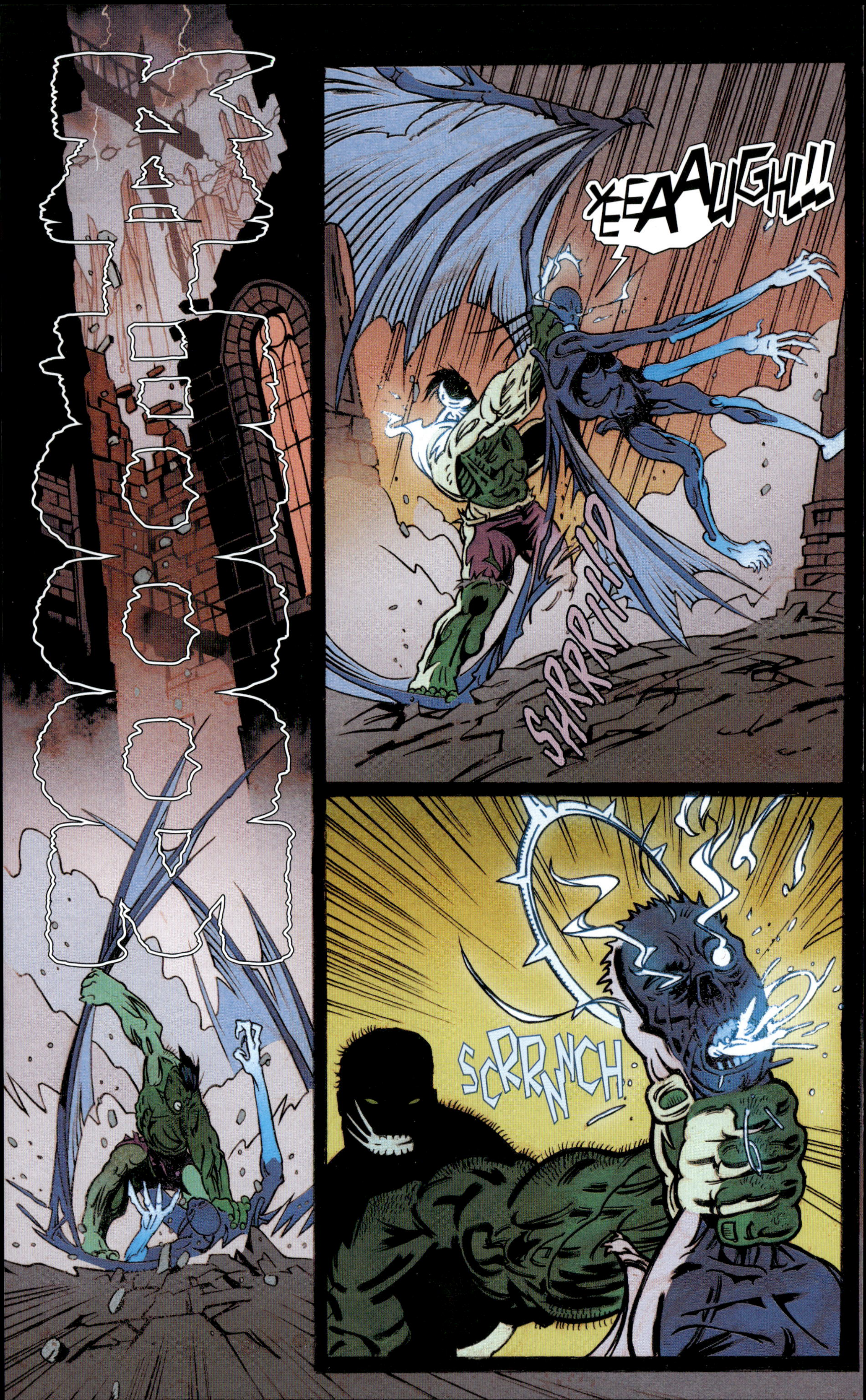

YEEAAUGH!!!
SHRRIIP
SCRRNNCH

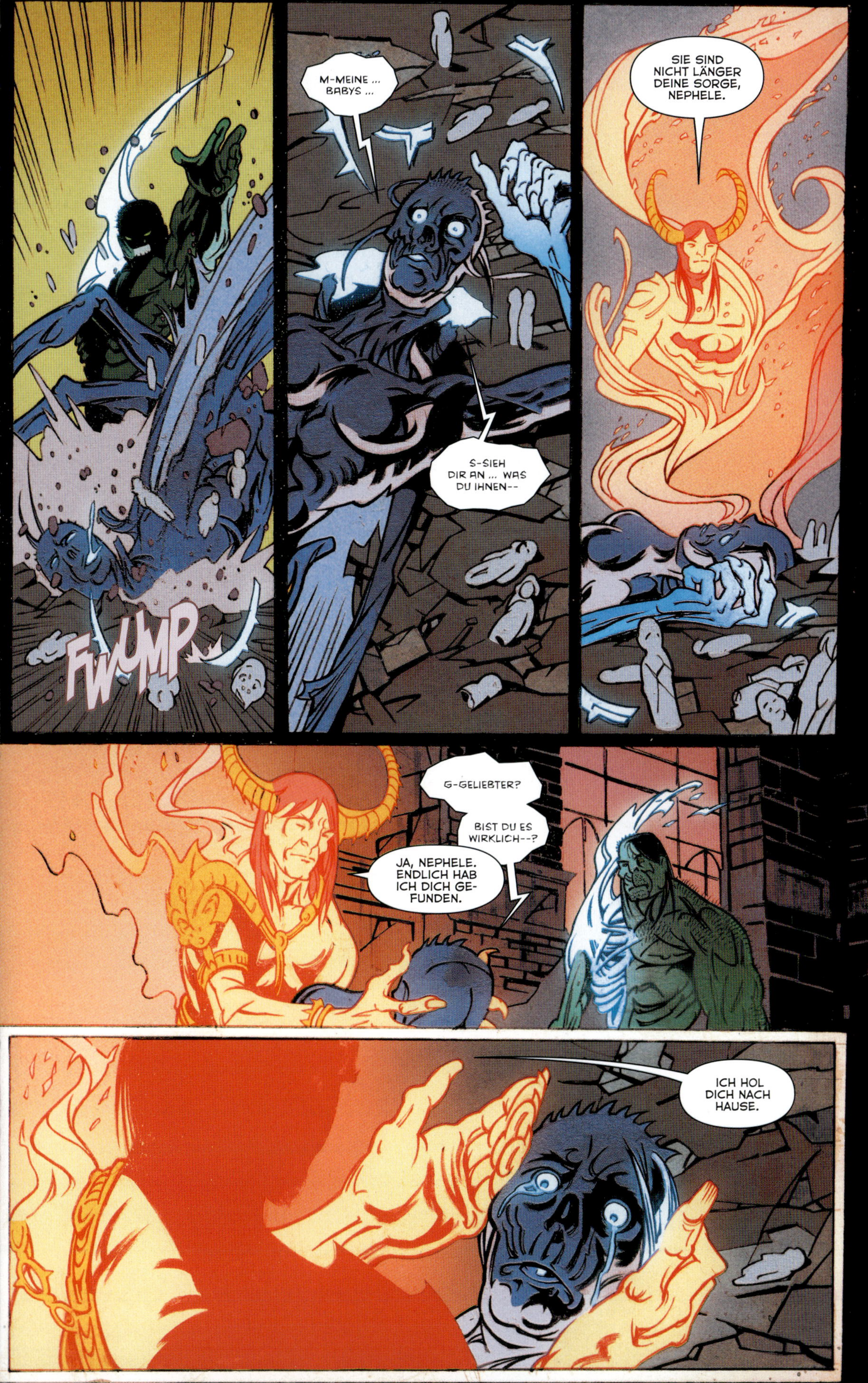
FWUMP
M-MEINE ... BABYS ...
S-SIEH DIR AN ... WAS DU IHNEN--
SIE SIND NICHT LÄNGER DEINE SORGE, NEPHELE.
G-GELIEBTER?
BIST DU ES WIRKLICH--?
JA, NEPHELE. ENDLICH HAB ICH DICH GEFUNDEN.
ICH HOL DICH NACH HAUSE.

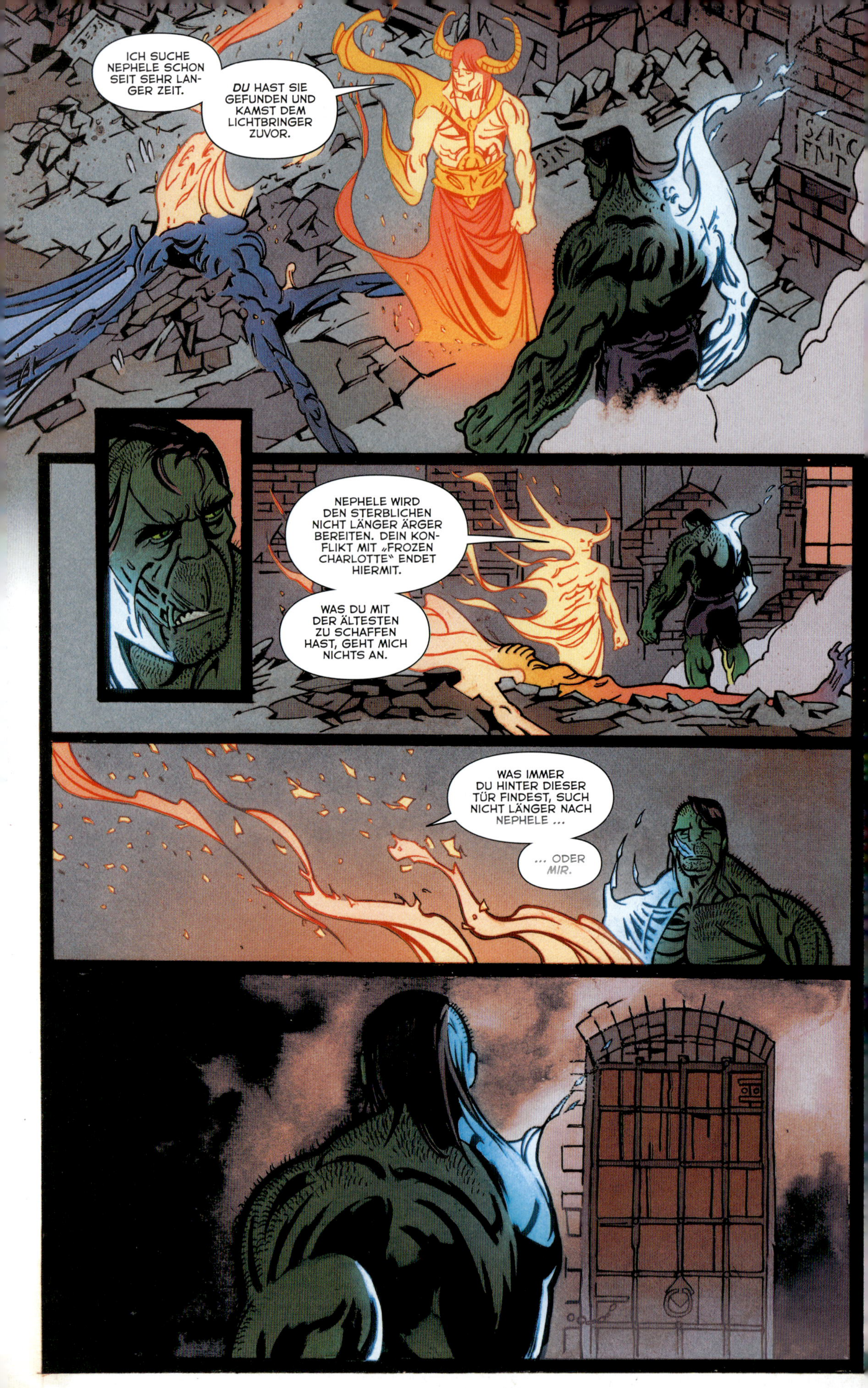
ICH SUCHE NEPHELE SCHON SEIT SEHR LANGER ZEIT.
DU HAST SIE GEFUNDEN UND KAMST DEM LICHTBRINGER ZUVOR.
NEPHELE WIRD DEN STERBLICHEN NICHT LÄNGER ÄRGER BEREITEN. DEIN KONFLIKT MIT „FROZEN CHARLOTTE“ ENDET HIERMIT.
WAS DU MIT DER ÄLTESTEN ZU SCHAFFEN HAST, GEHT MICH NICHTS AN.
WAS IMMER DU HINTER DIESER TÜR FINDEST, SUCH NICHT LÄNGER NACH NEPHELE ...
... ODER MIR.

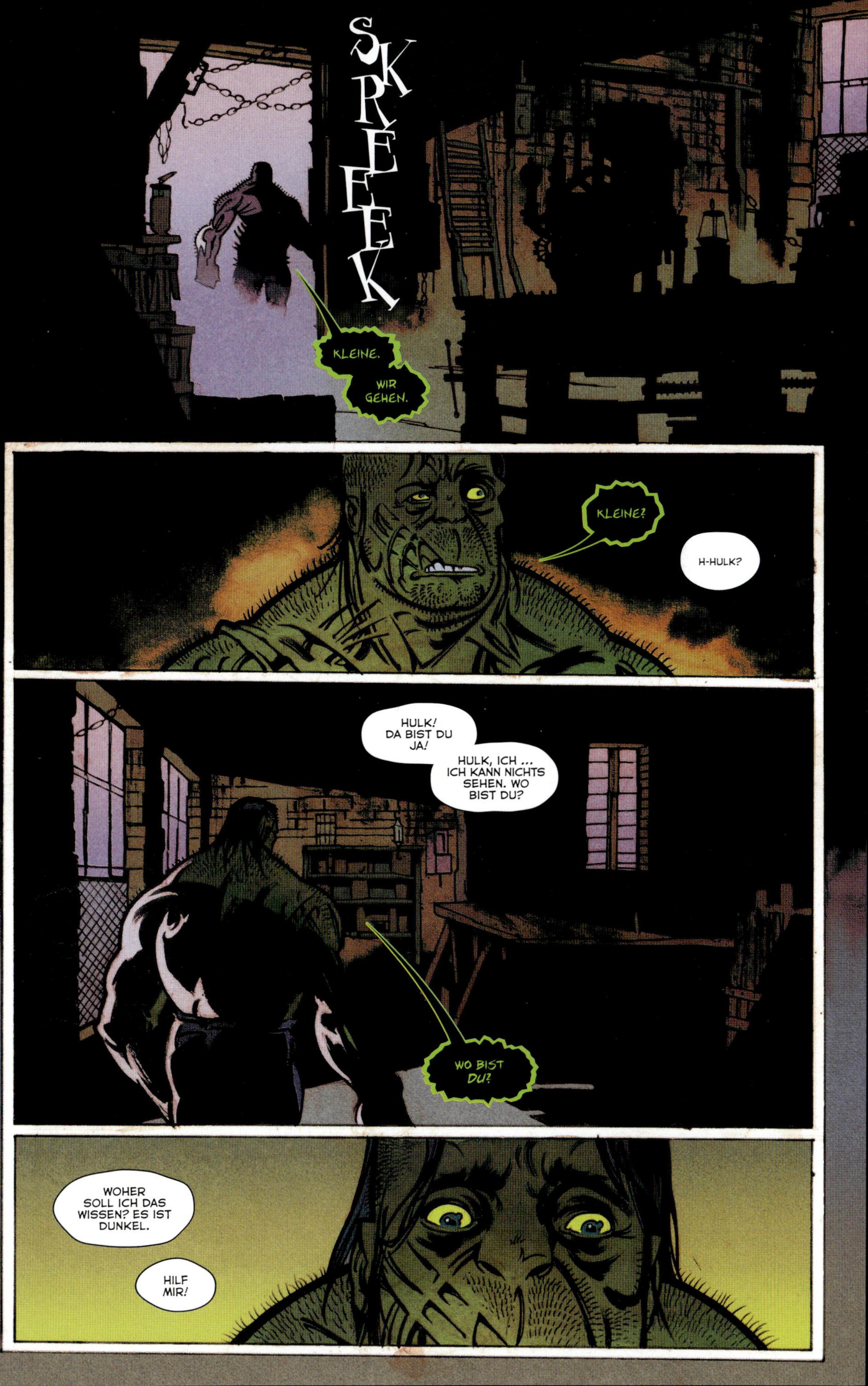
SKREEEK
KLEINE.
WIR GEHEN.
KLEINE?
H-HULK?
HULK! DA BIST DU JA!
HULK, ICH ... ICH KANN NICHTS SEHEN. WO BIST DU?
WO BIST DU?
WOHER SOLL ICH DAS WISSEN? ES IST DUNKEL.
HILF MIR!

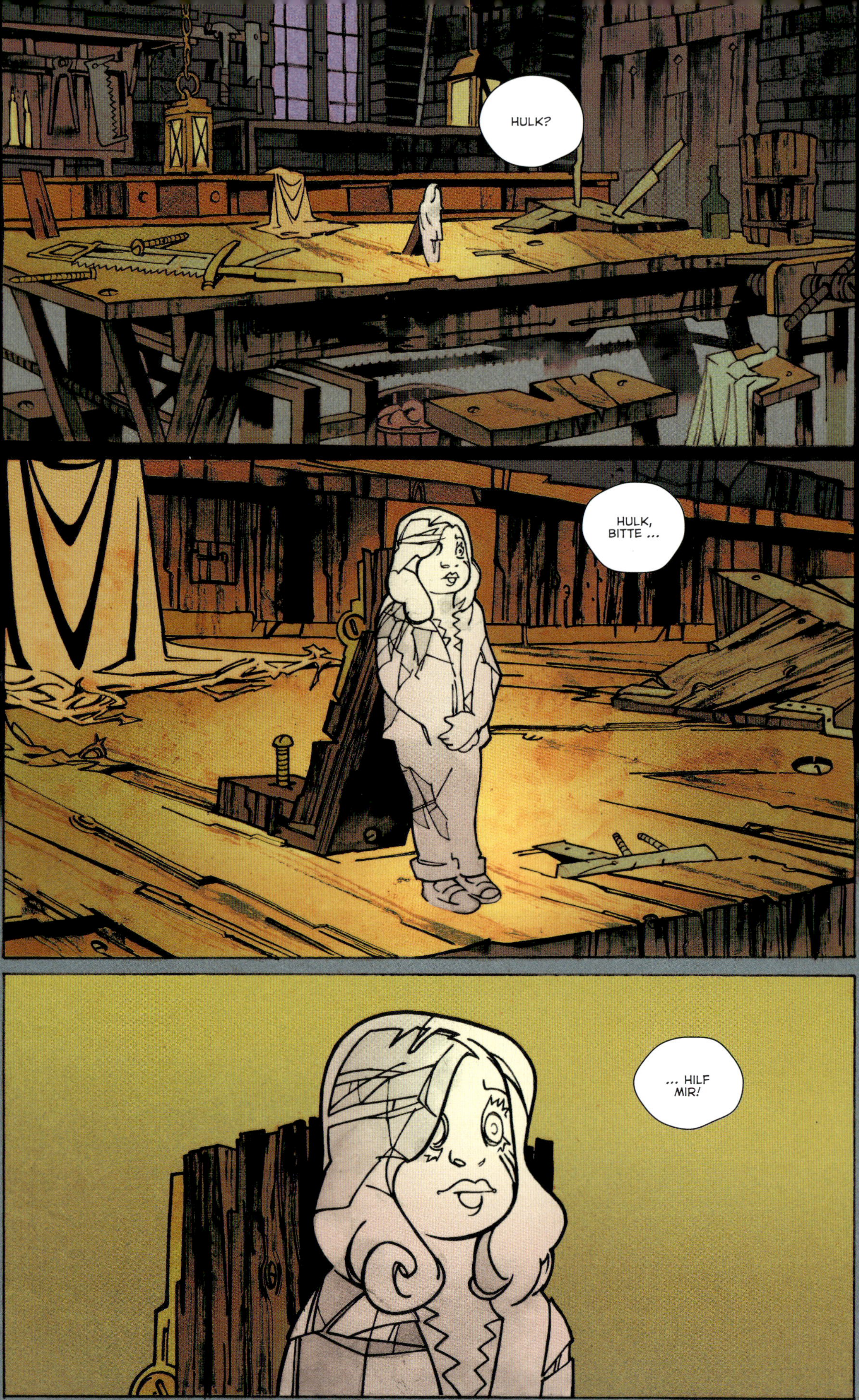
HULK?
HULK, BITTE ...
... HILF MIR!

DIE ÄLTESTE BERICHTET ÜBER
NEPHELE, „FROZEN CHARLOTTE“

Die selbst ernannten „Götter“ der Erde waren schon immer kleine, belanglose Wesen ... Möchtegern-herrscher des Himmels, des Meeres oder des Totenlandes, falsche Herrscher über dieses oder jenes Stückchen Land. Sie verdanken ihr Überleben nur ihrer Bedeutungslosigkeit, denn nur die schützt sie vor der allmächtigen MUTTER DES SCHRECKENS.

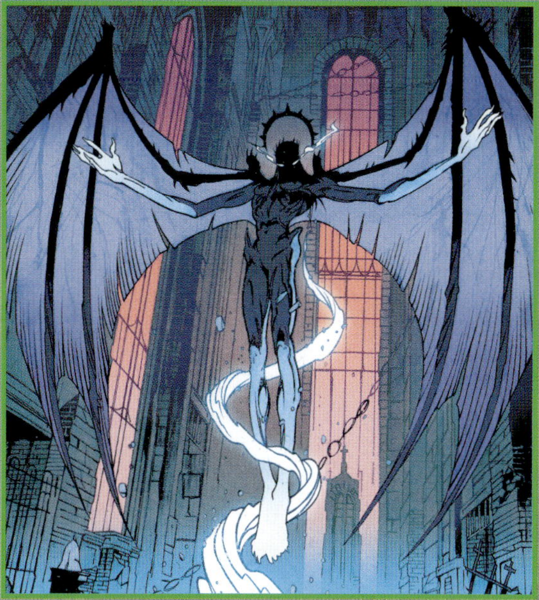

Vor Äonen befehligte ein solcher Gott des Himmels eine große Schar von Engeln, Wesen aus Licht und Flügeln, die Seraphim, Cherubim und Ophanim genannt wurden, allesamt Diener ihres Schöpfers. So auch die NEPHILIM, die weniger mächtig waren als ihre Brüder, aber groß an Anmut und Schönheit. Sie glichen den sterblichen Menschen, waren aber schlank und geschmeidig und ohne jeden Makel, sodass sie selbst von den mächtigsten ihrer Art bewundert wurden. Die erste der Nephilim, NEPHELE, war so schön, dass sie den Blick des größten aller Engel, des strahlenden LUZIFER, auf sich zog. Nephele weckte in ihm ein Verlangen, das im Himmel noch unbekannt war ... ein Verlangen, sie zu berühren und zu besitzen.

„Bald wird die Herrschaft über Himmel und Erde auf mich übergehen“, sagte Luzifer heimlich zu Nephele, „und du wirst meine Königin sein. Den Sitz unseres Schöpfers werde ich niederreißen und an seiner Stelle zwei errichten, und du wirst allen Engeln des Himmels als Mutter dienen.“

Nephele war ihrem Schöpfer immer treu gewesen, aber Luzifers Worte verzauberten sie, und sie verriet nichts von seinem Plan. Nephele wünschte sich sehr, Mutter von Engeln zu sein, wie Luzifer es versprochen hatte, und es war unvorstellbar, dass jemand von der Größe des Lichtbringers scheitern könnte.

Doch er scheiterte. Luzifers Krieg erreichte die himmlische Stadt, das Firmament brannte, viele Engel gingen unter, und am Ende wurden Luzifer und seine Anhänger aus dem Himmel in das Reich des ewigen Feuers und der Qualen geworfen, das ihr Gefängnis sein würde. Obwohl sie wenig getan hatte, um dem Morgenstern zu helfen, wurde Nephele zusammen mit den anderen verdammt. Anstatt sich dem Grauen zu stellen, zu dem der strahlende Luzifer geworden war, floh Nephele aus dem Paradies ins irdische Reich, doch das Gericht des Himmels folgte ihr. Ihre göttlichen Gaben wurden ihr genommen, und sie wurde den Dämonen Luzifers gleich: mit langen Zähnen und Klauen, mit eisigem Atem und todbringendem Blick, eine Obszönität der Natur.

In jener frühen Zeit war die Erde ein dunkler und trostloser Ort. Tausende von Jahren versteckte sich Nephele unter den Sterblichen und lernte Kälte und Regen kennen, die beißende Leere des Hungers und die Brutalität der Menschen gegenüber ihren Mitmenschen. Sie sehnte sich nach dem Paradies, aus dem sie geflohen, nach dem Licht und der Wärme, mit denen ihre Dienstbarkeit belohnt worden war. Bitter erinnerte sie sich an ihre verlorene Schönheit, an die Versprechen des Morgensterns und an ihre falsche Bestimmung als Mutter von Engeln. Doch obwohl das irdische Reich ein harter, grausamer Ort war, stellte Nephele fest, dass nicht alle Sterblichen böse waren. Sie fand auch Unschuld und Güte und den Glauben an ihren Schöpfer und an ihre Mitmenschen. Sie empfand Mitgefühl für die Sanftmütigen und Mutterlosen, sehnte sich danach, für sie zu sorgen, und weinte, wenn ihr kurzes sterbliches Leben zu Ende ging. Sie wütete, wenn ihre Seelen von Engeln und Dämonen geerntet wurden und zu einer Ewigkeit der Dienstbarkeit im Himmel oder den Qualen in der Hölle verdammt waren.

Mit dem, was ihr an Macht verblieb, baute sie tief unter der Erde eine Nachäffung des Paradieses, dessen leere, hallende Räume mit zerbrochenen Glocken und stummen Trompeten übersät waren, die steinernen Hallen dick mit Staub und Spinnennetzen bedeckt. Hierher brachte sie jene Sterblichen, die sie für besonders liebenswert hielt, und formte aus ihren Knochen Puppen, die ihre zerbrechlichen Körper lange überdauern sollten. In diese Puppen sperrte sie ihre unsterblichen Seelen ein, für immer sicher und verborgen vor dem Gericht des Himmels.

Seit Langem treibt „Frozen Charlotte“ ihr Unwesen in den Straßen ihrer Stadt. Seit Jahrhunderten sammelt sie die Seelen ihrer „kleinen Engel“ und füllt ihre verborgene Zuflucht mit Porzellanpuppen, die die Gesichter ihrer Opfer tragen. Und obwohl Luzifer seine Braut endlich gefunden hat, wird er wohl erfahren, dass der verlorene Engel Nephele schon lange fort und nur die rachsüchtige „Frozen Charlotte“ geblieben ist.

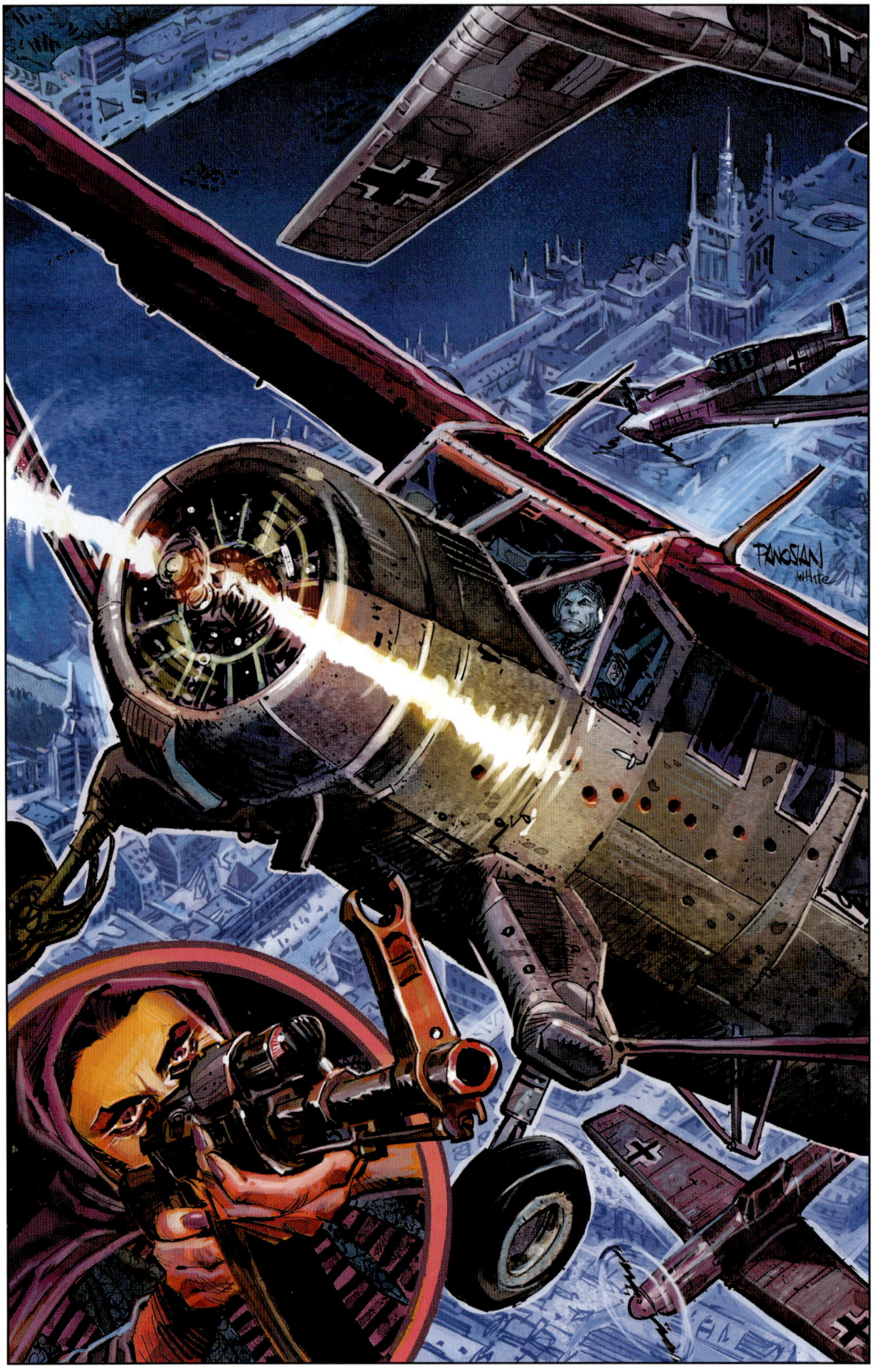

War Is Hell (2019) 1 (II)
Cover von **DAN PANOSIAN**

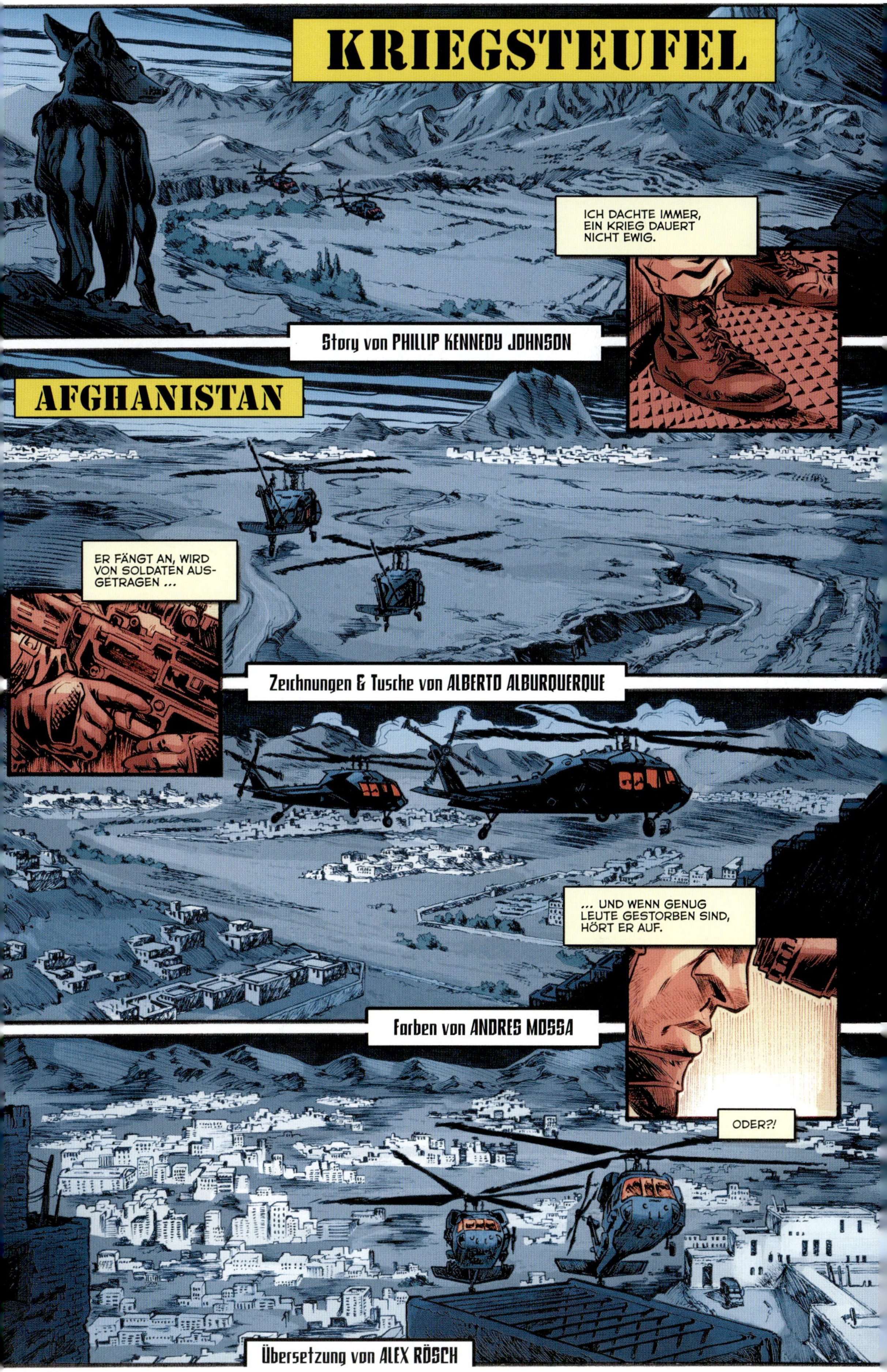
KRIEGSTEUFEL
ICH DACHTE IMMER, EIN KRIEG DAUERT NICHT EWIG.
Story von PHILLIP KENNEDY JOHNSON
AFGHANISTAN
ER FÄNGT AN, WIRD VON SOLDATEN AUS-GETRAGEN ...
Zeichnungen & Tusche von ALBERTO ALBURQUERQUE
... UND WENN GENUG LEUTE GESTORBEN SIND, HÖRT ER AUF.
Farben von ANDRES MOSSA
ODER?!
Übersetzung von ALEX RÖSCH

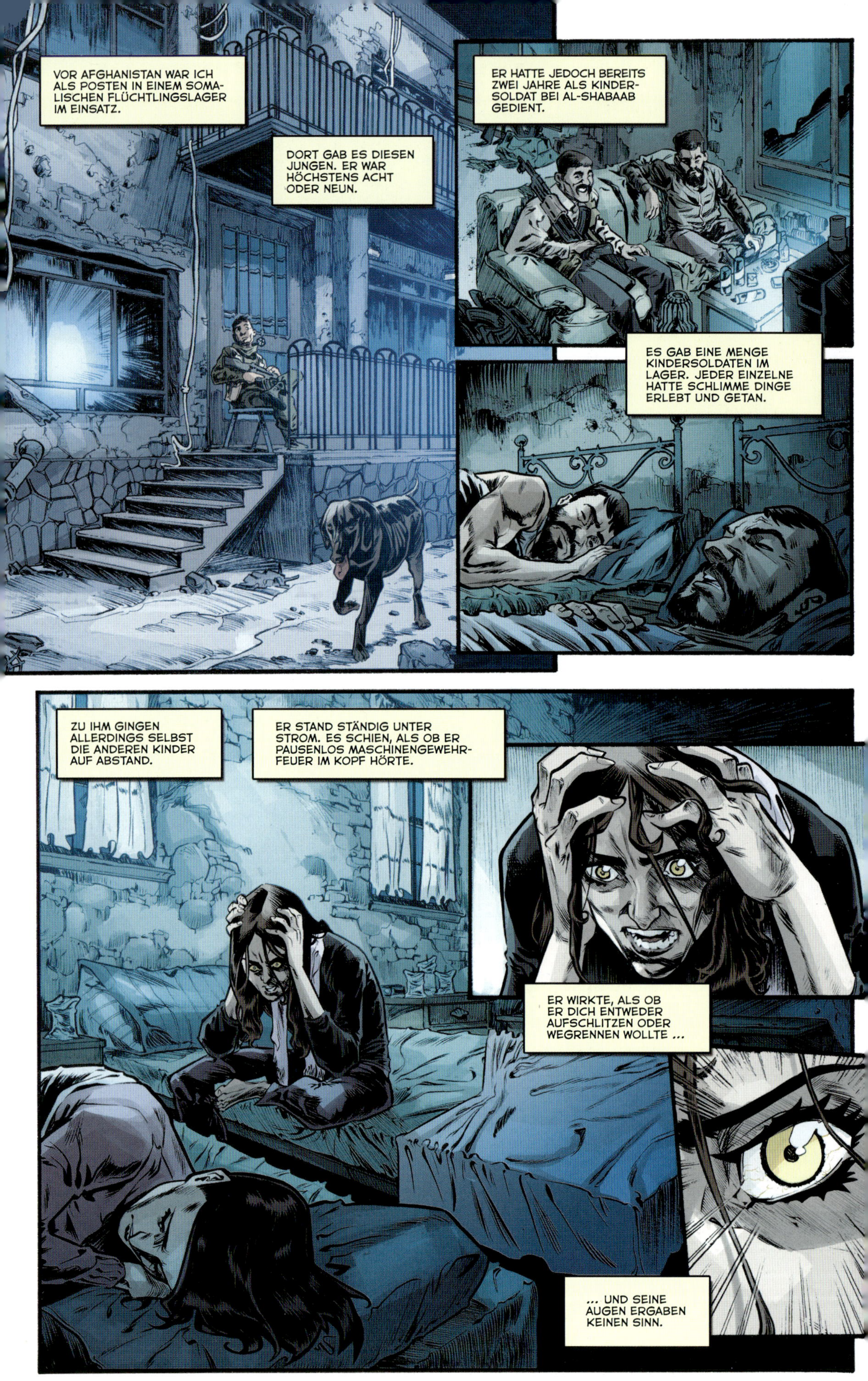
VOR AFGHANISTAN WAR ICH ALS POSTEN IN EINEM SOMALISCHEN FLÜCHTLINGSLAGER IM EINSATZ.
DORT GAB ES DIESEN JUNGEN. ER WAR HÖCHSTENS ACHT ODER NEUN.
ER HATTE JEDOCH BEREITS ZWEI JAHRE ALS KINDERSOLDAT BEI AL-SHABAAB GEDIENT.
ES GAB EINE MENGE KINDERSOLDATEN IM LAGER. JEDER EINZELNE HATTE SCHLIMME DINGE ERLEBT UND GETAN.
ZU IHM GINGEN ALLERDINGS SELBST DIE ANDEREN KINDER AUF ABSTAND.
ER STAND STÄNDIG UNTER STROM. ES SCHIEN, ALS OB ER PAUSENLOS MASCHINENGEWEHRFEUER IM KOPF HÖRTE.
ER WIRKTE, ALS OB ER DICH ENTWEDER AUFSCHLITZEN ODER WEGRENNEN WOLLTE ...
... UND SEINE AUGEN ERGABEN KEINEN SINN.

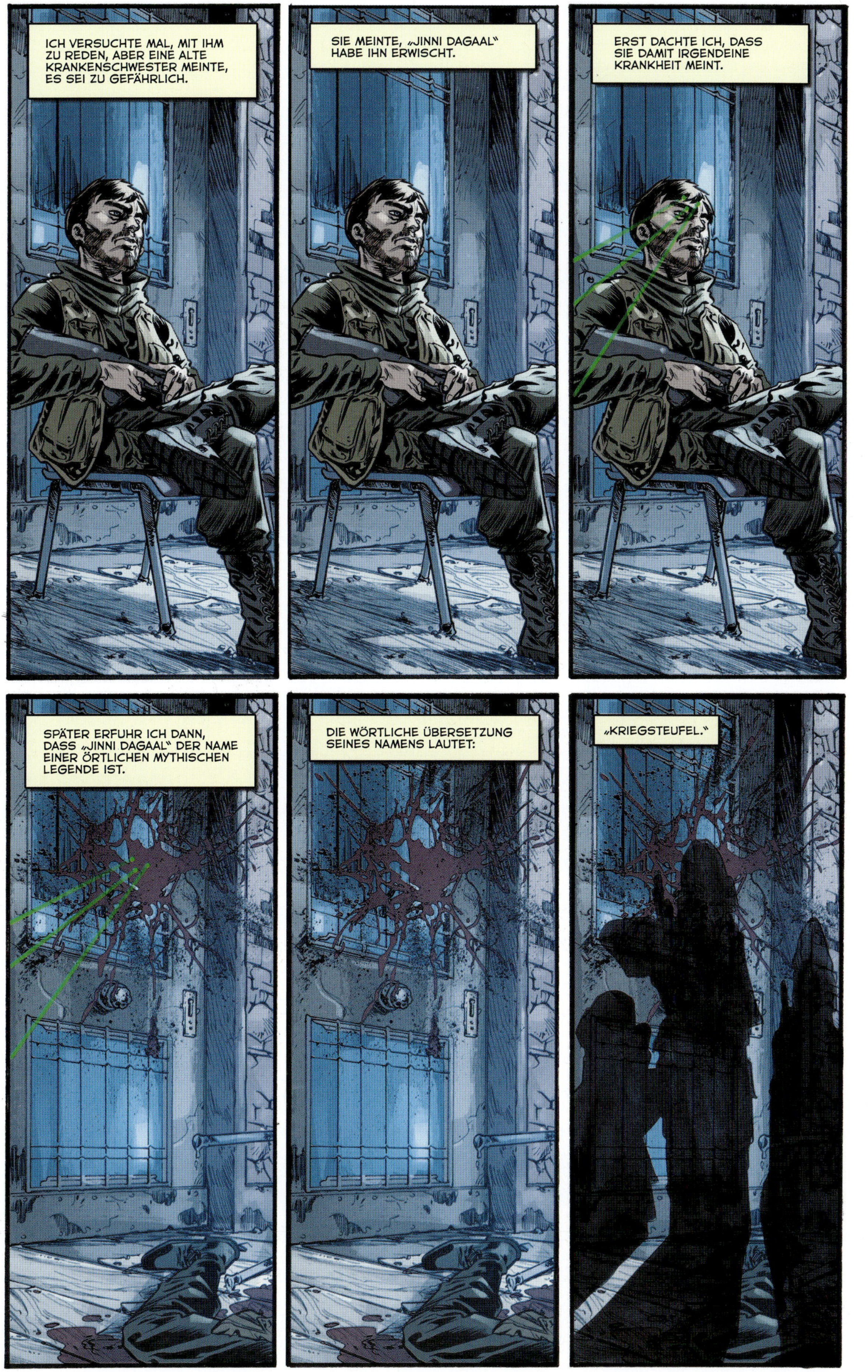
ICH VERSUCHTE MAL, MIT IHM ZU REDEN, ABER EINE ALTE KRANKENSCHWESTER MEINTE, ES SEI ZU GEFÄHRLICH.
SIE MEINTE, „JINNI DAGAAL" HABE IHN ERWISCHT.
ERST DACHTE ICH, DASS SIE DAMIT IRGENDEINE KRANKHEIT MEINT.
SPÄTER ERFUHR ICH DANN, DASS „JINNI DAGAAL" DER NAME EINER ÖRTLICHEN MYTHISCHEN LEGENDE IST.
DIE WÖRTLICHE ÜBERSETZUNG SEINES NAMENS LAUTET:
„KRIEGSTEUFEL."

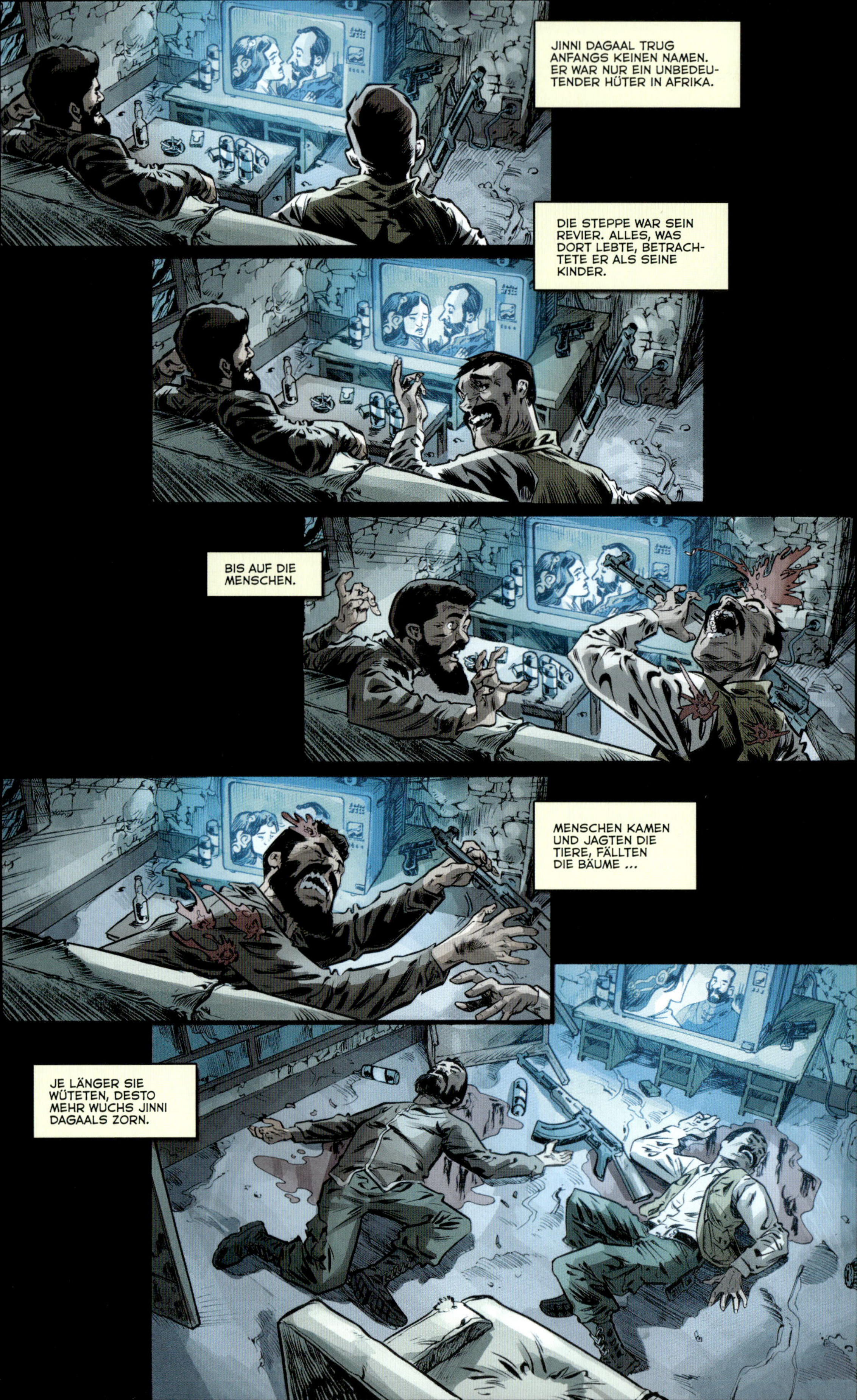
JINNI DAGAAL TRUG ANFANGS KEINEN NAMEN. ER WAR NUR EIN UNBEDEUTENDER HÜTER IN AFRIKA.
DIE STEPPE WAR SEIN REVIER. ALLES, WAS DORT LEBTE, BETRACHTETE ER ALS SEINE KINDER.
BIS AUF DIE MENSCHEN.
MENSCHEN KAMEN UND JAGTEN DIE TIERE, FÄLLTEN DIE BÄUME ...
JE LÄNGER SIE WÜTETEN, DESTO MEHR WUCHS JINNI DAGAALS ZORN.

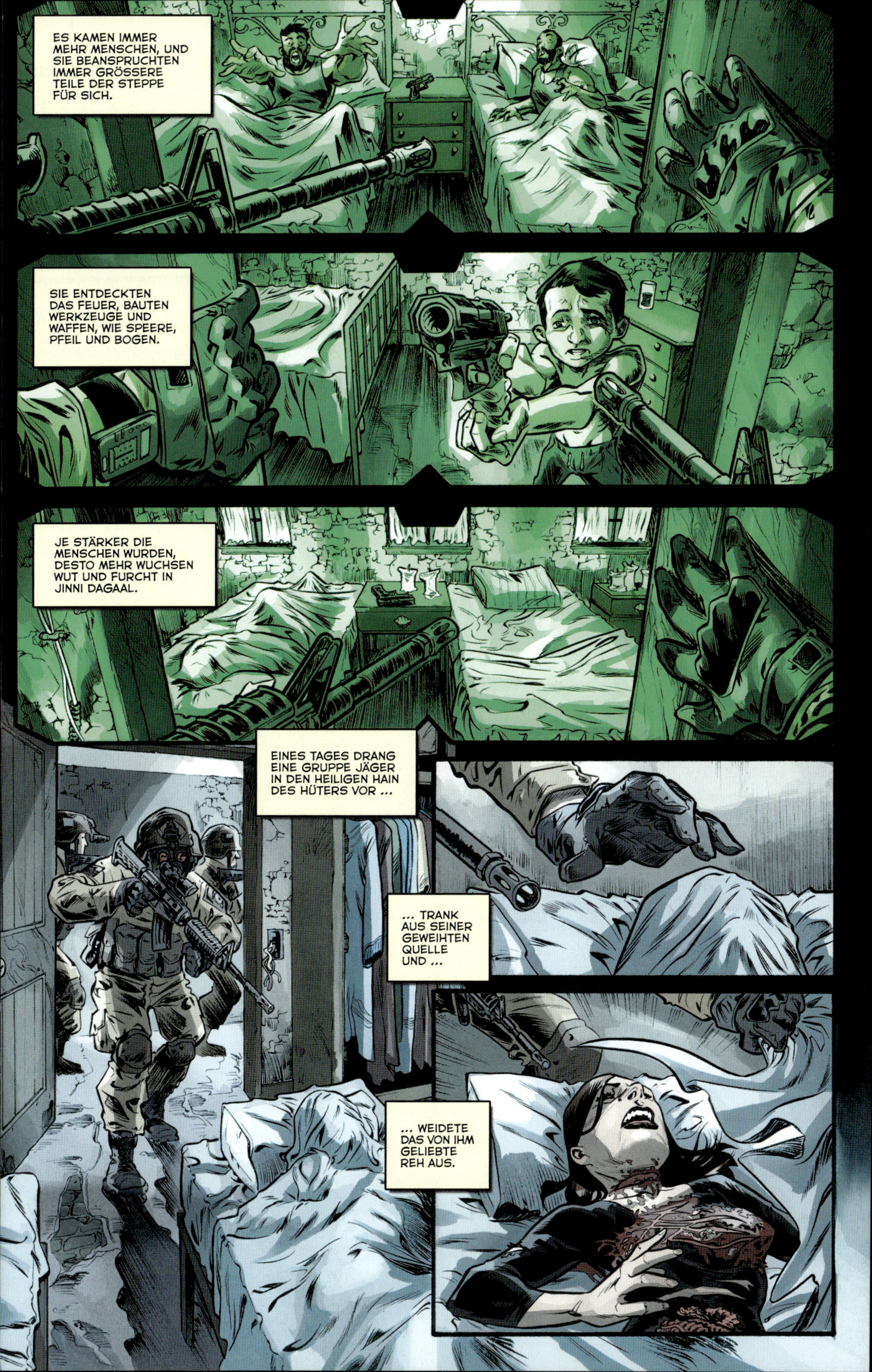
ES KAMEN IMMER MEHR MENSCHEN, UND SIE BEANSPRUCHTEN IMMER GRÖSSERE TEILE DER STEPPE FÜR SICH.
SIE ENTDECKTEN DAS FEUER, BAUTEN WERKZEUGE UND WAFFEN, WIE SPEERE, PFEIL UND BOGEN.
JE STÄRKER DIE MENSCHEN WURDEN, DESTO MEHR WUCHSEN WUT UND FURCHT IN JINNI DAGAAL.
EINES TAGES DRANG EINE GRUPPE JÄGER IN DEN HEILIGEN HAIN DES HÜTERS VOR ...
... TRANK AUS SEINER GEWEIHTEN QUELLE UND ...
... WEIDETE DAS VON IHM GELIEBTE REH AUS.

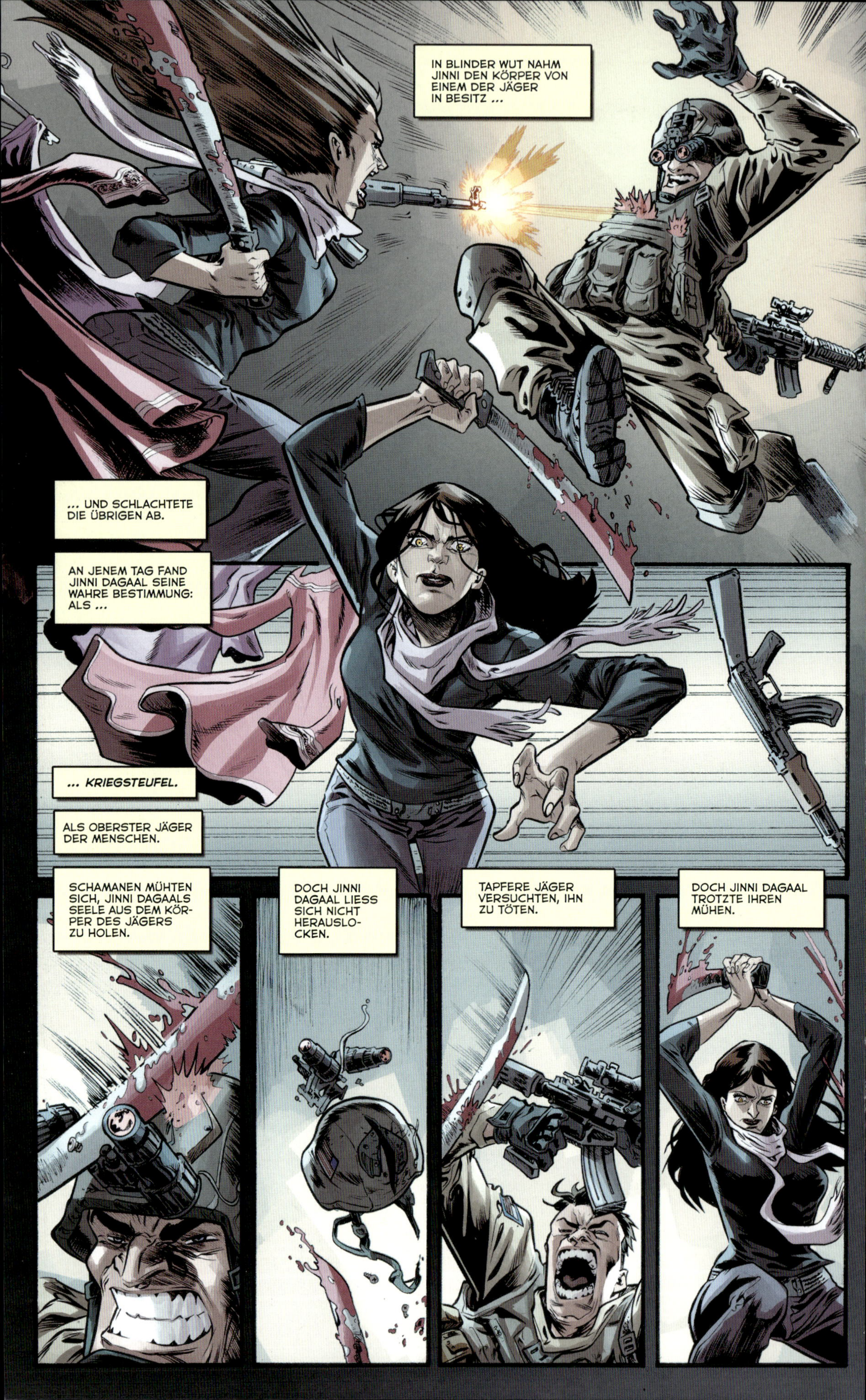
IN BLINDER WUT NAHM JINNI DEN KÖRPER VON EINEM DER JÄGER IN BESITZ …
… UND SCHLACHTETE DIE ÜBRIGEN AB.
AN JENEM TAG FAND JINNI DAGAAL SEINE WAHRE BESTIMMUNG: ALS …
… KRIEGSTEUFEL.
ALS OBERSTER JÄGER DER MENSCHEN.
SCHAMANEN MÜHTEN SICH, JINNI DAGAALS SEELE AUS DEM KÖRPER DES JÄGERS ZU HOLEN.
DOCH JINNI DAGAAL LIESS SICH NICHT HERAUSLOCKEN.
TAPFERE JÄGER VERSUCHTEN, IHN ZU TÖTEN.
DOCH JINNI DAGAAL TROTZTE IHREN MÜHEN.

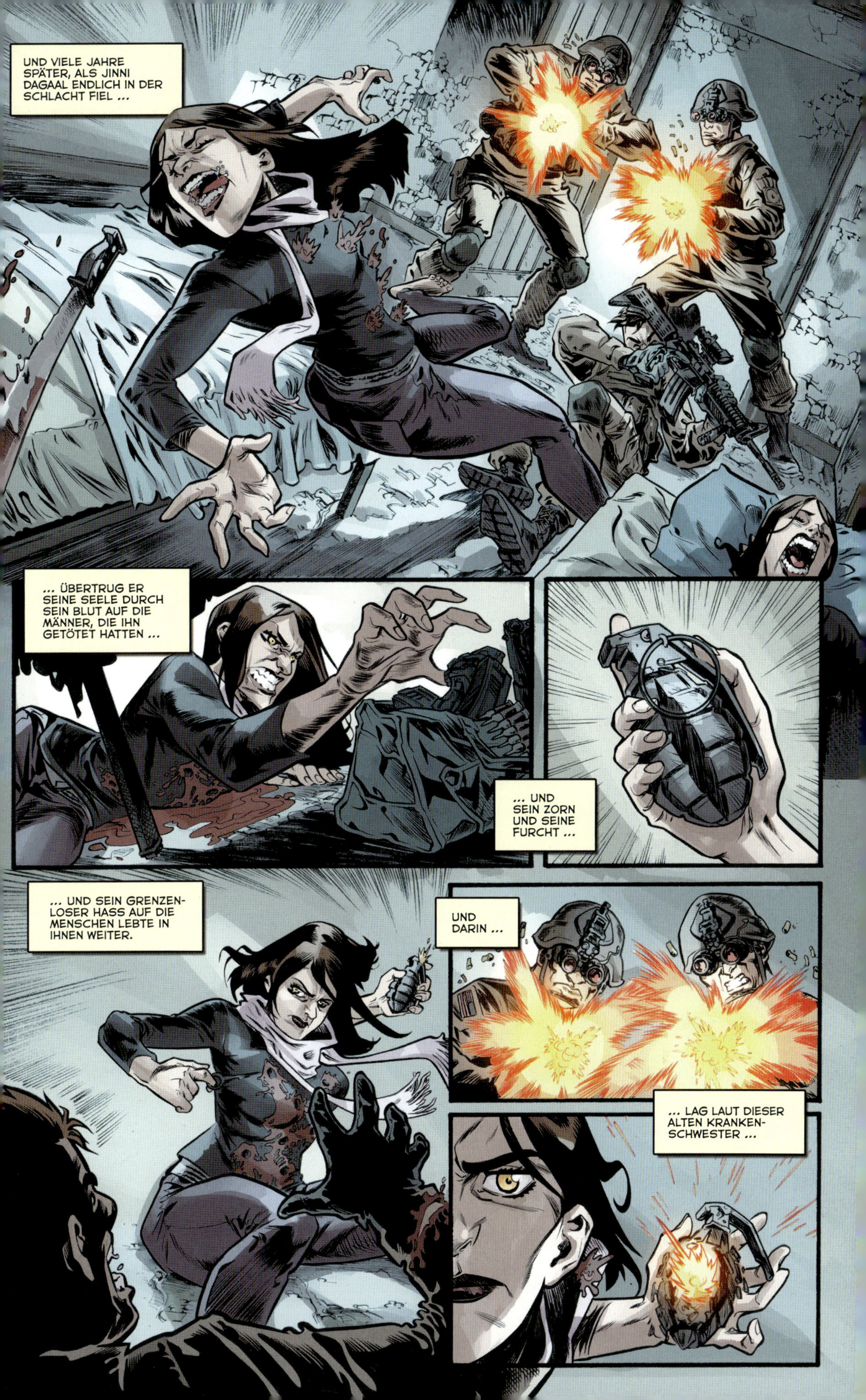
UND VIELE JAHRE SPÄTER, ALS JINNI DAGAAL ENDLICH IN DER SCHLACHT FIEL ...
... ÜBERTRUG ER SEINE SEELE DURCH SEIN BLUT AUF DIE MÄNNER, DIE IHN GETÖTET HATTEN ...
... UND SEIN ZORN UND SEINE FURCHT ...
... UND SEIN GRENZENLOSER HASS AUF DIE MENSCHEN LEBTE IN IHNEN WEITER.
UND DARIN ...
... LAG LAUT DIESER ALTEN KRANKENSCHWESTER ...

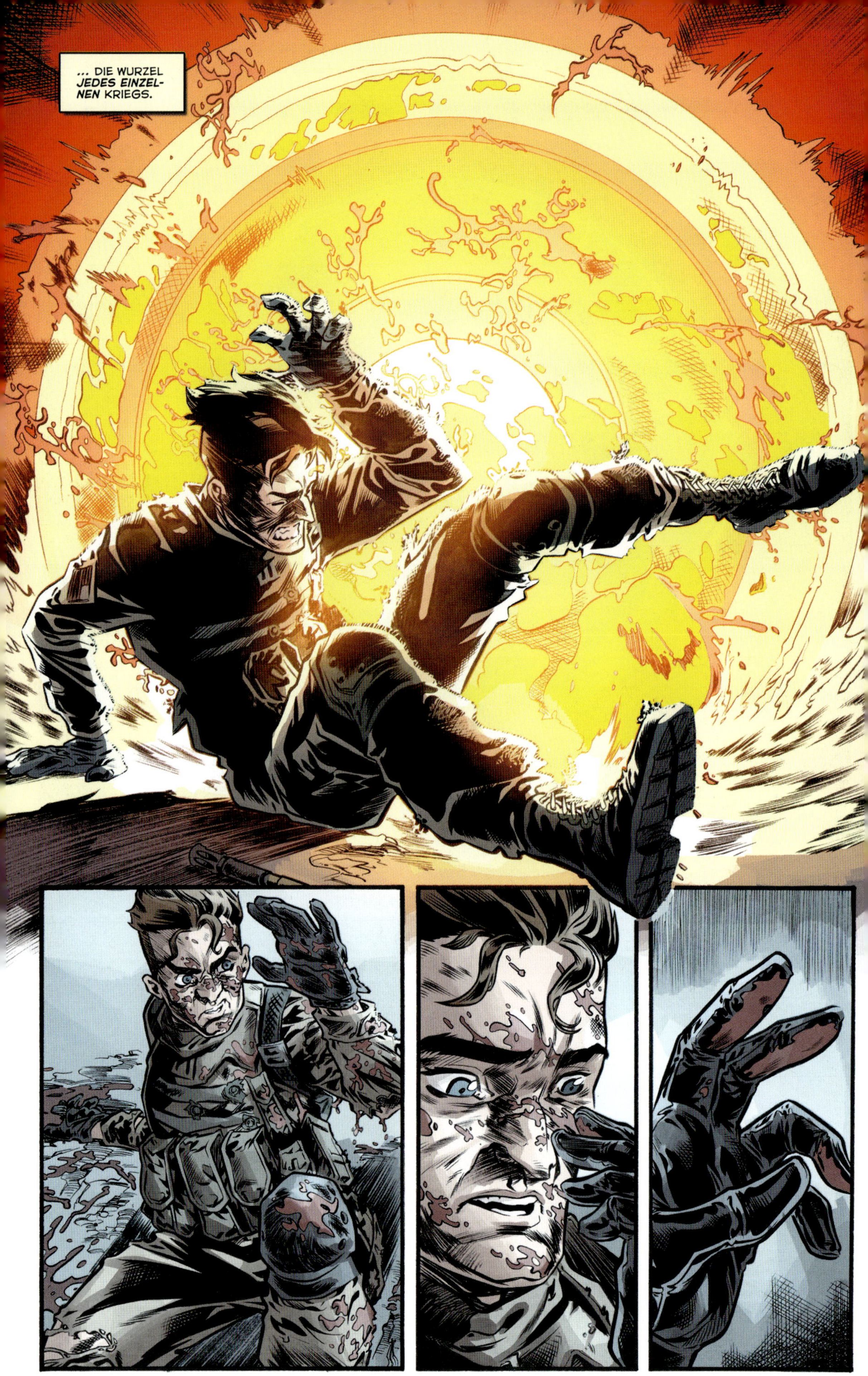
... DIE WURZEL JEDES EINZELNEN KRIEGS.

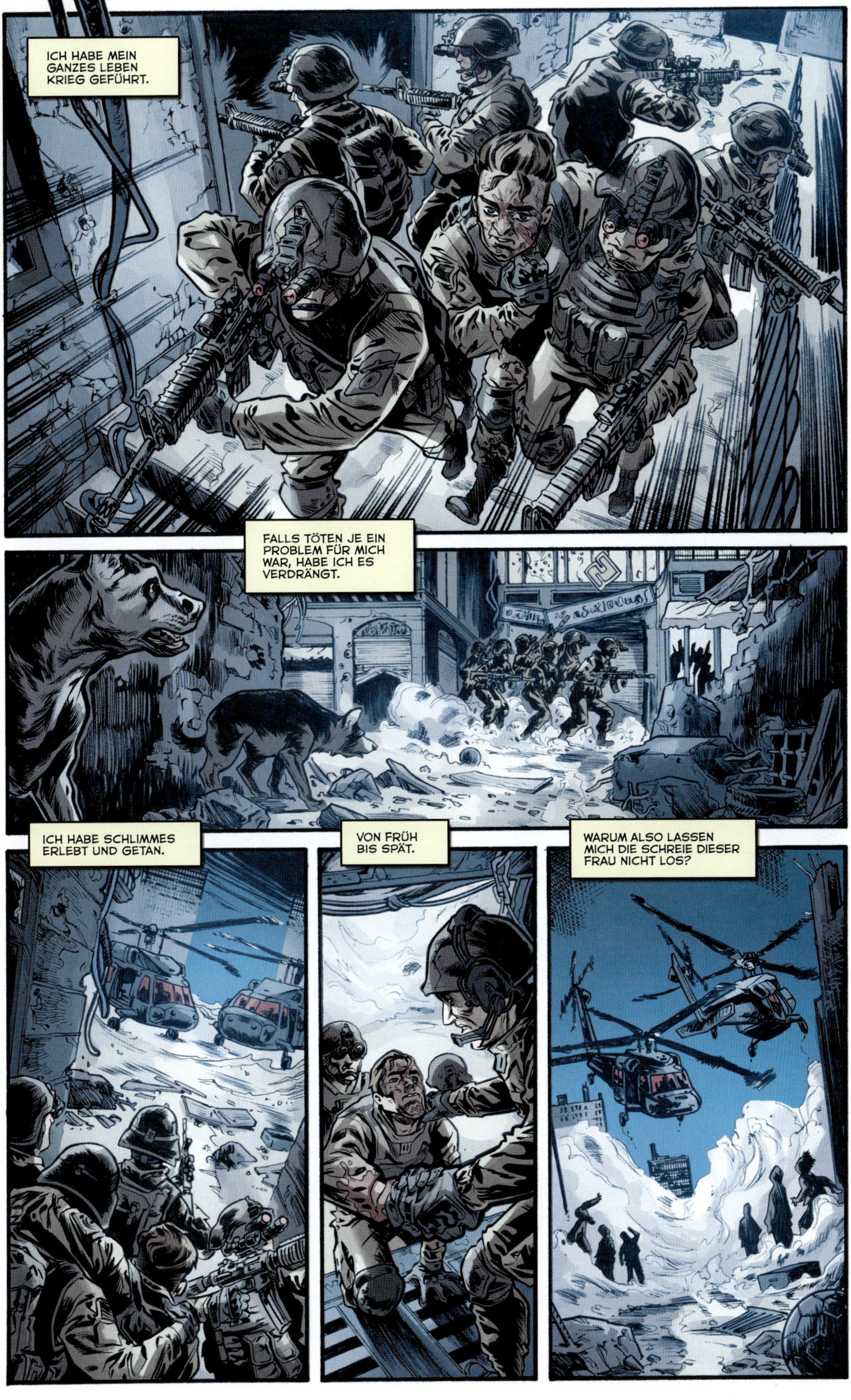
ICH HABE MEIN GANZES LEBEN KRIEG GEFÜHRT.
FALLS TÖTEN JE EIN PROBLEM FÜR MICH WAR, HABE ICH ES VERDRÄNGT.
ICH HABE SCHLIMMES ERLEBT UND GETAN.
VON FRÜH BIS SPÄT.
WARUM ALSO LASSEN MICH DIE SCHREIE DIESER FRAU NICHT LOS?

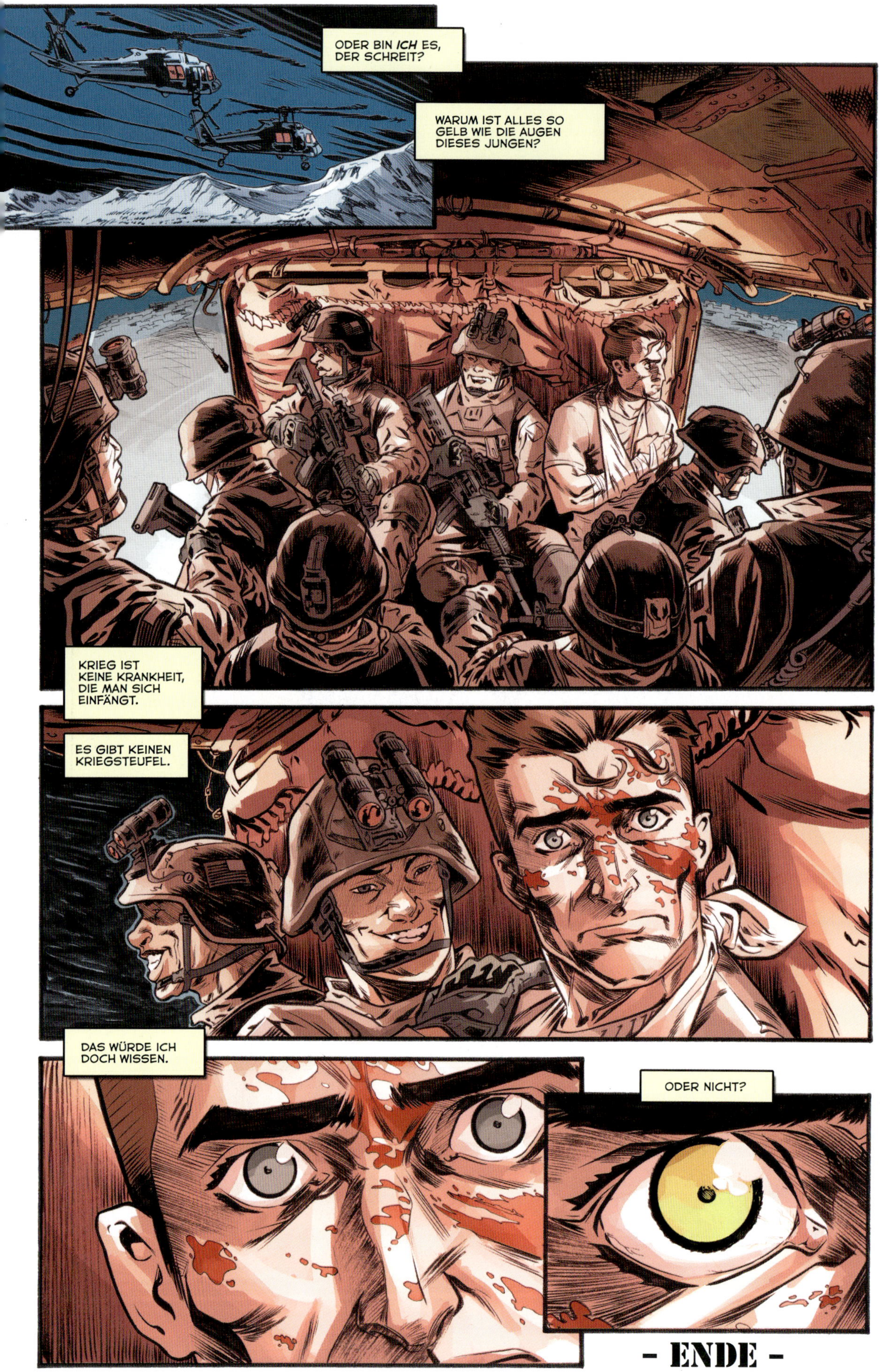
ODER BIN *ICH* ES, DER SCHREIT?
WARUM IST ALLES SO GELB WIE DIE AUGEN DIESES JUNGEN?
KRIEG IST KEINE KRANKHEIT, DIE MAN SICH EINFÄNGT.
ES GIBT KEINEN KRIEGSTEUFEL.
DAS WÜRDE ICH DOCH WISSEN.
ODER NICHT?

- ENDE -

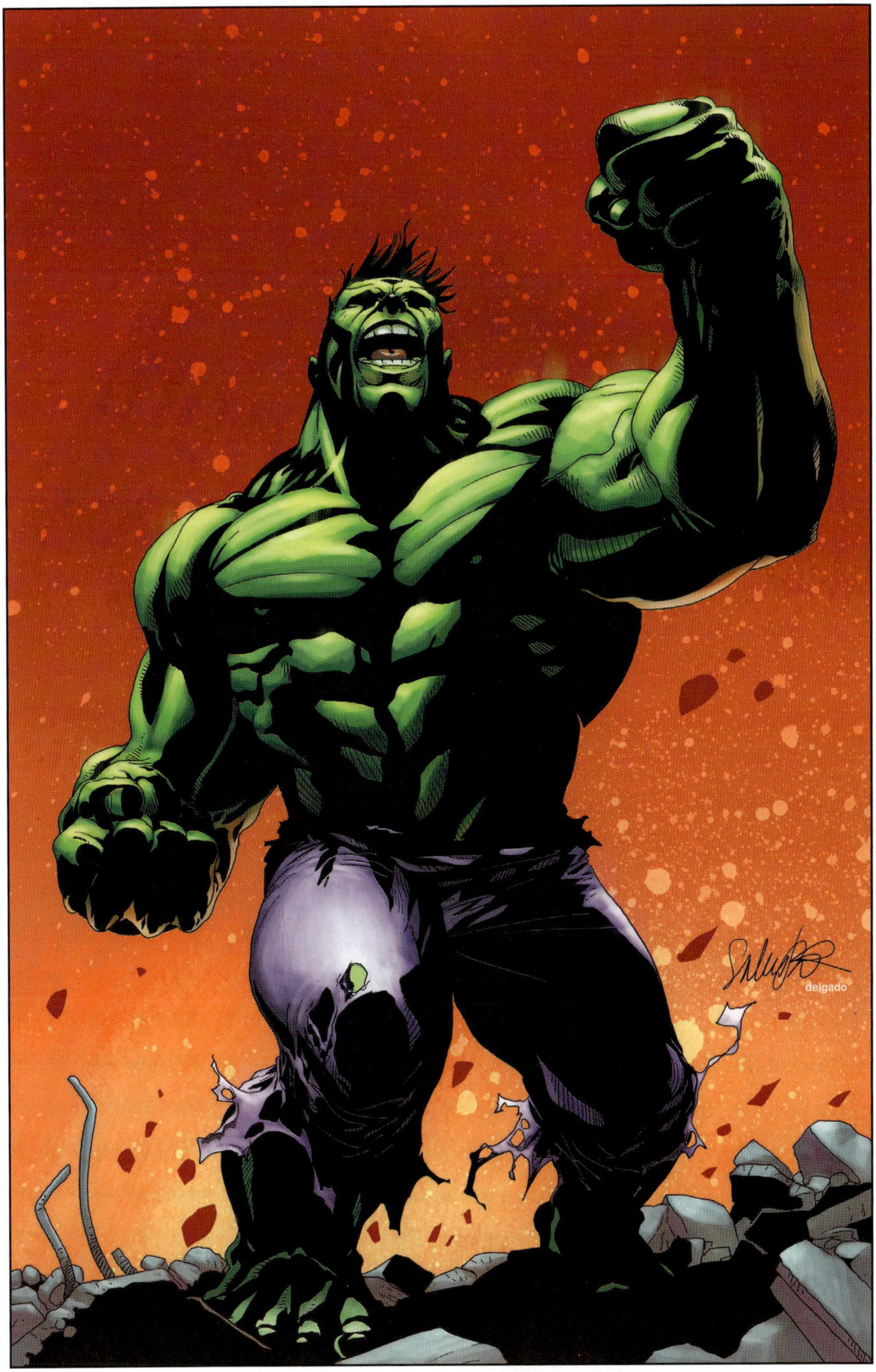

Incredible Hulk (2023) 6
Variant-Cover von **SALVADOR LARROCA**

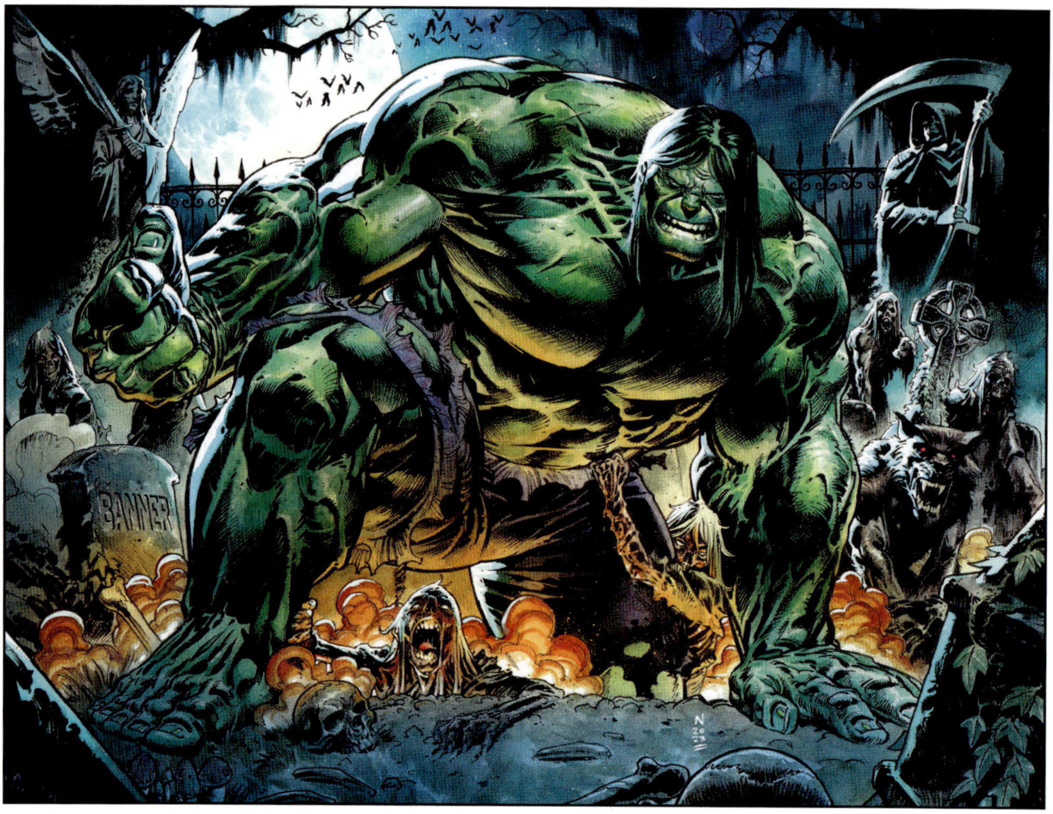

Incredible Hulk (2023) 6
Variant-Cover von **NIC KLEIN**

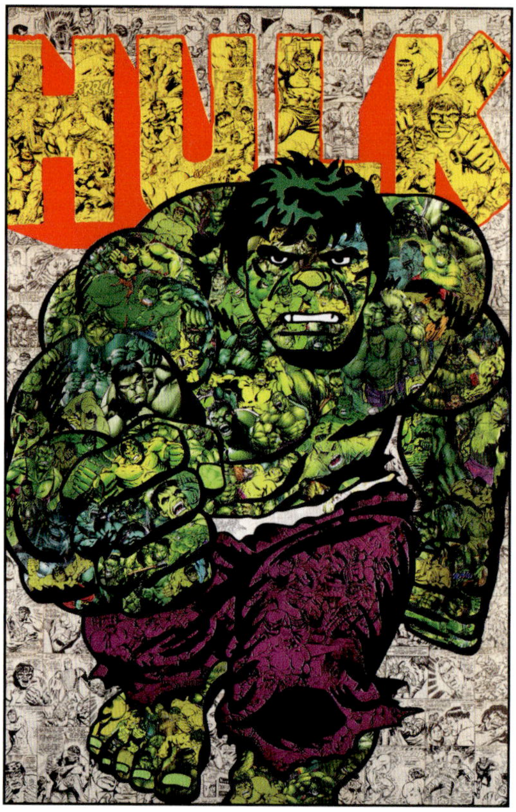

Incredible Hulk (2023) 6
Variant-Cover von **MR. GARCIN**

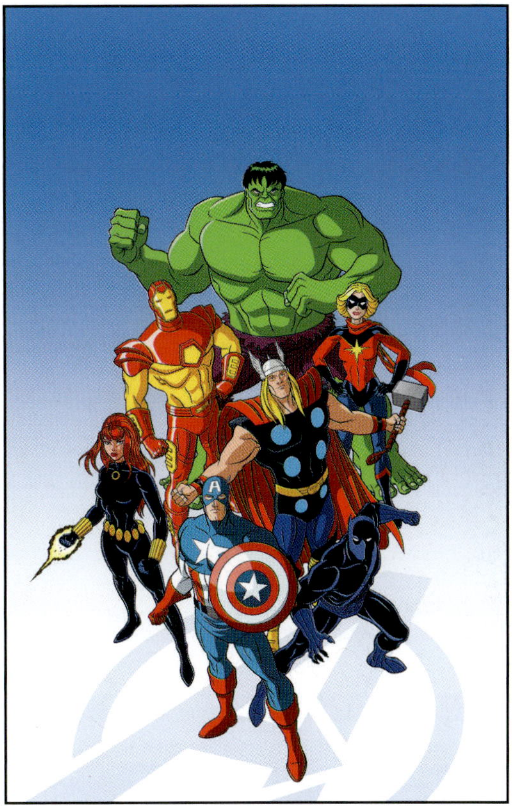

Incredible Hulk (2023) 7
Variant-Cover von **TIM LEVINS**

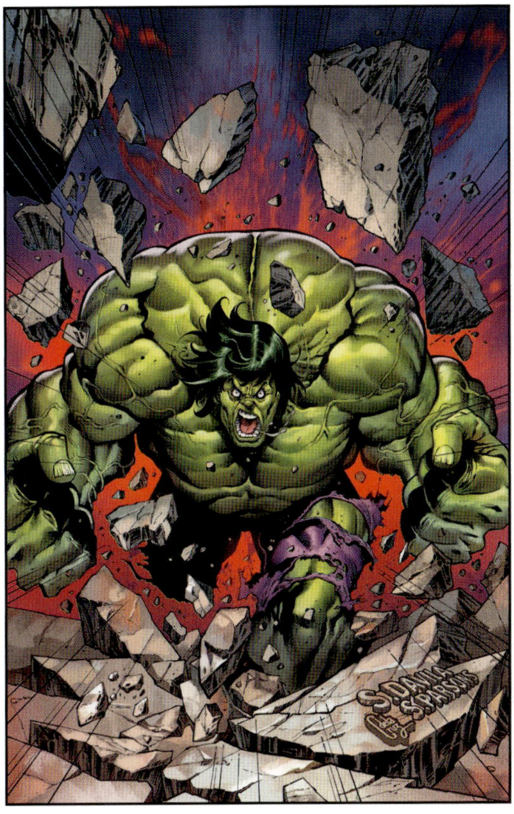

Incredible Hulk (2023) 7
Variant-Cover von **SERGIO DÁVILA**

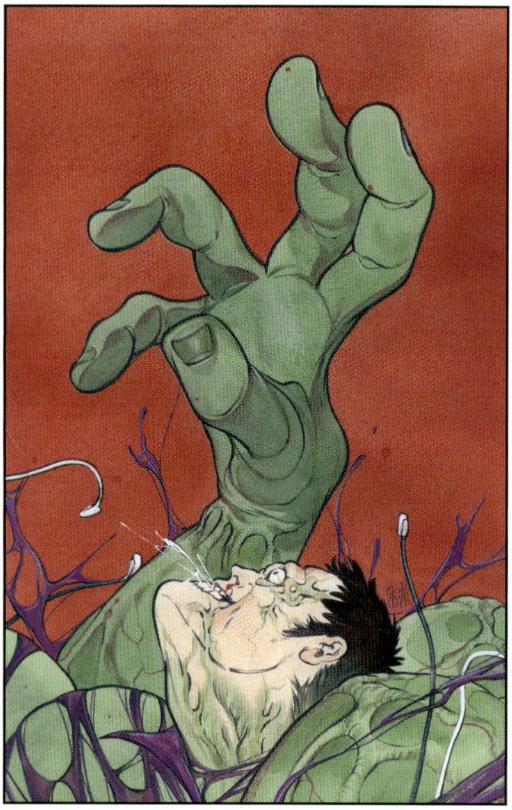

Incredible Hulk (2023) 7
Variant-Cover von **PEACH MOMOKO**

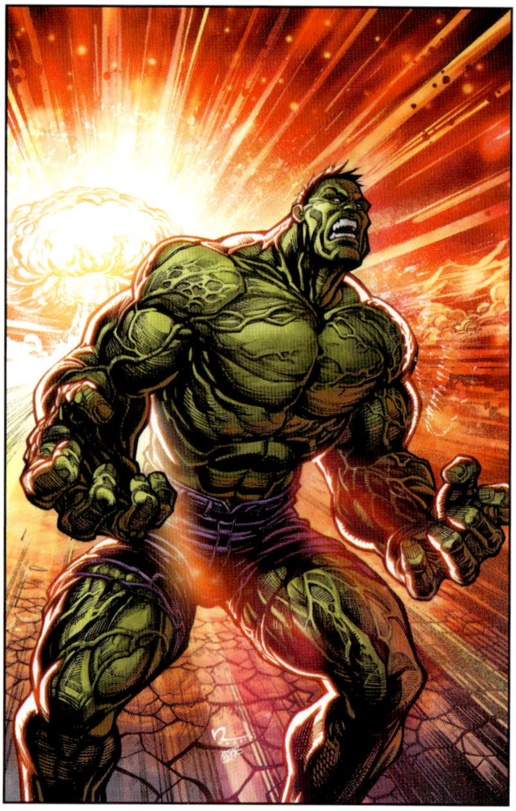

Incredible Hulk (2023) 8
Variant-Cover von **CHAD HARDIN**

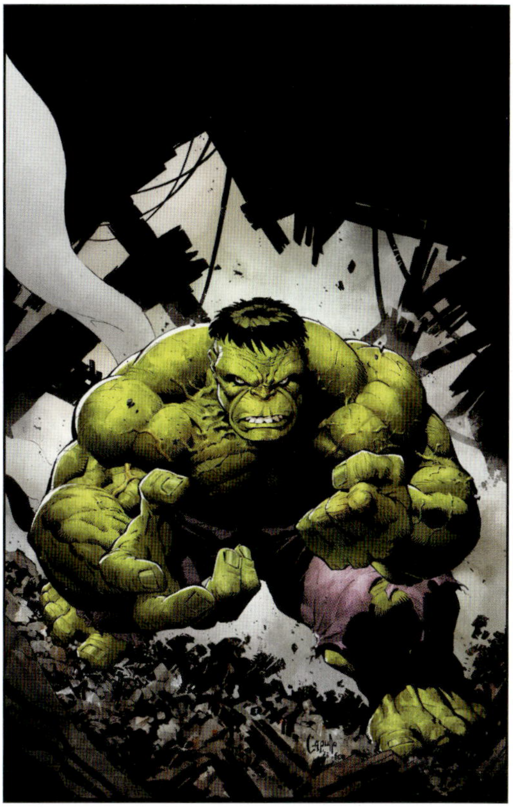

Incredible Hulk (2023) 9
Variant-Cover von **GREG CAPULLO**

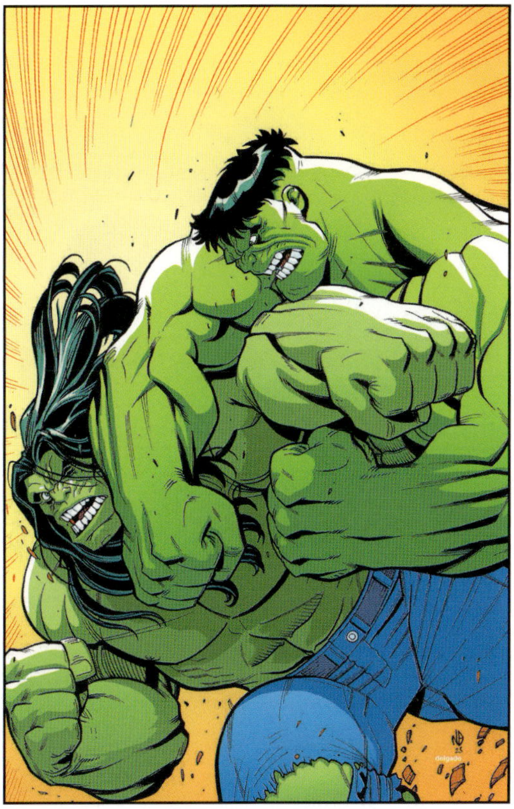

Incredible Hulk (2023) 9
Variant-Cover von **NICK BRADSHAW**

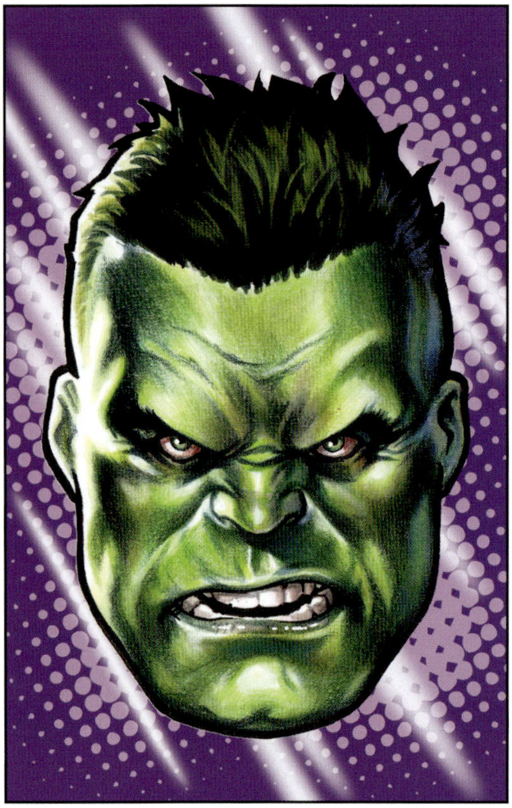

Incredible Hulk (2023) 10
Variant-Cover von **MARK BROOKS**

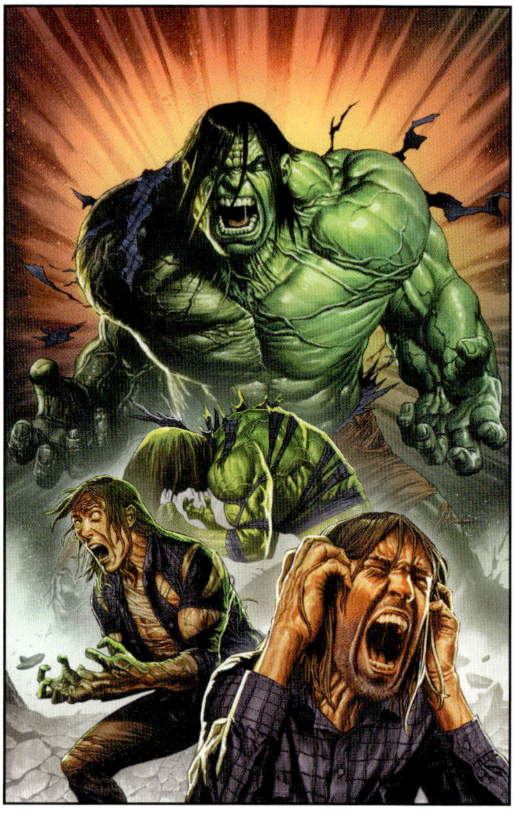

Incredible Hulk (2023) 10
Variant-Cover von **MICO SUAYAN**

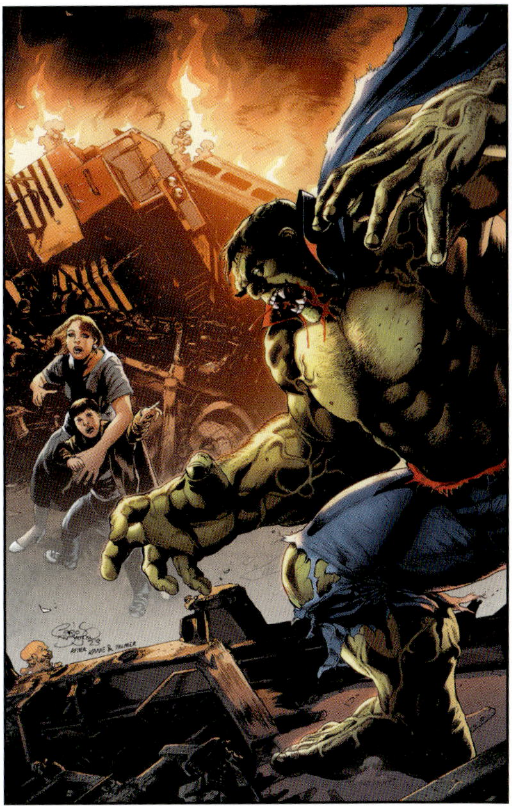

Incredible Hulk (2023) 11
Variant-Cover von **CARLOS MAGNO**

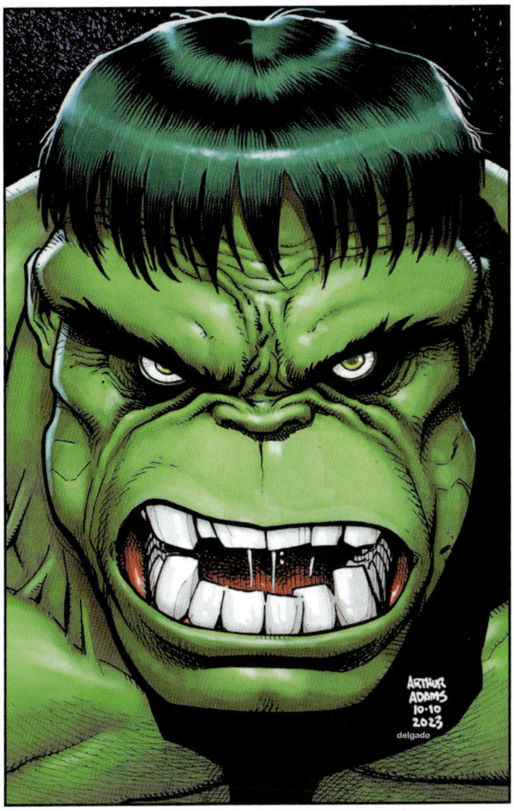

Incredible Hulk (2023) 11
Variant-Cover von **ARTHUR ADAMS**

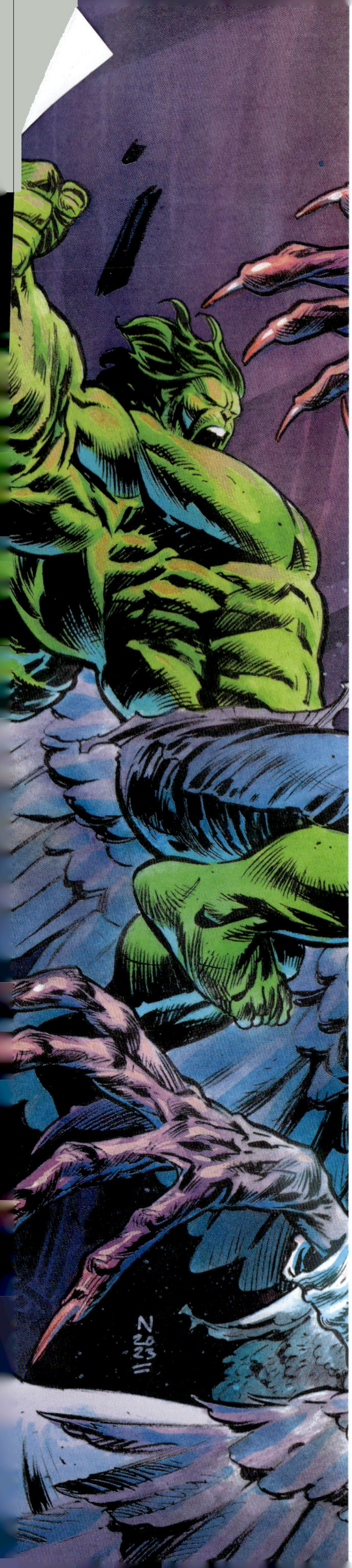

MONSTER-KUNDE

GHOST RIDER & HULK

Das erste Aufeinandertreffen zwischen dem klassischen **Hulk** und dem genauso klassischen **Ghost Rider** (also **Johnny Blaze**) fand 1975 in *Ghost Rider* 11 von Autor **Tony Isabella** und Zeichner **Sal Buscema** statt. Zwischen dem Debüt der **Secret Defenders** von **Dr. Strange** (1992) und dem Event **World War Hulk** (2007) kam es dann zu weiteren Begegnungen der beiden. Und natürlich waren der smarte graue Hulk, Ghost Rider (damals **Danny Ketch**), **Spider-Man** und **Wolverine** 1990 in *Fantastic Four* 347-349 von **Walter Simonson** und **Art Adams** als **New Fantastic Four** der Ersatz für Marvels First Family. In der *Avengers*-Serie von **Jason Aaron**, **Ed McGuinness** und Co., die 2018 gestartet und 2023 zu Ende gegangen ist, waren mit **Jennifer Walters** und **Robbie Reyes** wiederum zwei ganz andere Varianten von Hulk und dem Rider in einem Team.

KRASSE KARRIERE

Früher spielte **Danny Earls** Fußball. Er schaffte es bis in die Jugend-Auswahlmannschaften von Aston Villa und Irland, aber auch in mehrere US-Teams. Danach, und das ist ja wohl mal eine Karriereveränderung, wurde er Comic-Künstler. Bisher zeichnete er Storys für *Star Wars: Darth Vader – Schwarz, Weiß und Rot*, *Alien*, *Marvel Zombies: Schwarz, Weiß und Blut* sowie *Extreme Venomverse*, außerdem Cover mit Batman, Superman oder den Turtles. Die Hulk-Storyline in diesem Band ist seine bisher größte Arbeit. Und hoffentlich nicht seine letzte auf der großen Bühne!

KRIEGSGESCHICHTEN

Kriegs-Comics haben eine lange Tradition, die bei Marvel bis in die 1950er zurückreicht. Um das zu feiern, ließ Marvel 2019 die Reihe *War Is Hell* mit einem Heftspecial wiederauferstehen, in dem neben einer Story von Comic-Legende **Howard Chaykin** eben auch eine Kurzgeschichte von **Phillip Kennedy Johnson** und **Alberto Jiménez Alburquerque** enthalten ist. Bevor er Vollzeit-Comic-Autor wurde, war der gegenwärtige Hulk-Chronist Johnson bei der Army und dort Trompeter in einigen Militärkapellen. Aber auch er hat sich irgendwann für Comics entschieden und wurde ein für den Eisner Award nominierter Autor.

Christian Endres